21世纪高等职业教育精品教材·电子商务专业

U0656992

# 网络编辑

Wangluo Bianji

（第四版）

韩　隽　主　编

吴晓辉　梁利伟　副主编

东北财经大学出版社

Dongbei University of Finance & Economics Press

大连

图书在版编目（CIP）数据

网络编辑 / 韩隽主编. —4版. —大连：东北财经大学出版社，
2022.6
（21世纪高等职业教育精品教材·电子商务专业）
ISBN 978-7-5654-4527-9

Ⅰ.网…　Ⅱ.韩…　Ⅲ.互联网络–新闻编辑–高等职业教育–教
材　Ⅳ.①G210.7 ②G213

中国版本图书馆CIP数据核字（2022）第077928号

东北财经大学出版社出版
（大连市黑石礁尖山街217号　邮政编码　116025）
网　　址：http://www.dufep.cn
读者信箱：dufep@dufe.edu.cn
大连东泰彩印技术开发有限公司印刷　　东北财经大学出版社发行
幅面尺寸：185mm×260mm　　　字数：409千字　　　印张：18.75
2022年6月第4版　　　　　　　　　　2022年6月第1次印刷
责任编辑：郭海雷　周　晗　　　　　　　责任校对：张晓鹏
封面设计：张智波　　　　　　　　　　　版式设计：原　皓

定价：45.00元

# 第四版前言

在社交媒体和新媒介技术力量的推动下我们进入了"媒介化"社会。互联网以它独有的魅力，向我们展示了人类世界的无限可能，开阔了人们的眼界，丰富了人们的生活。正是在不断探索的过程中，我们不断进步，对自己和未来的了解愈发深刻。

2007年，《网络编辑》第一版面世。当时以网络为载体的新兴媒体如雨后春笋般涌现，与传统媒体相互融合，网络编辑应运而生，呈现出了巨大的张力。短短的15年间，我们见证了网络带给社会生活的革命性重构。

第48次《中国互联网络发展状况统计报告》数据显示，截至2021年6月，我国网民规模达10.11亿，较2020年12月增长2175万，互联网普及率达71.6%。10亿用户接入互联网，形成了全球最为庞大、生机勃勃的数字社会。另外，《中国电子商务报告2020》数据显示，2020年，全国电子商务交易额达37.21万亿元（人民币，下同），同比增长4.5%；全国网上零售额达11.76万亿元，同比增长10.9%；农村网络零售额达1.79万亿元，同比增长8.9%；农产品网络零售额达4158.9亿元，同比增长26.2%；跨境电商进出口总额达1.69万亿元，同比增长31.1%。电子商务已经成为我国数字经济当中发展规模最大、增长速度最快、覆盖范围最广、创业创新最为活跃的重要组成部分，也成为衔接实体经济与数字经济协调可持续发展不可或缺的重要推动力量。这些变化成为支撑中国经济发展的底气，而网络编辑面对这一系列变化自身也进行了不断调整。

伴随着越来越强大的新媒体力量的出现，网络编辑所面对的编辑内容、编辑形式都发生了巨大变化。面对新的媒体形态、新的媒体平台，网络编辑工作应该以什么样的方式介入，应该参照什么样的标准？这些伴随着新媒体力量发展不断涌现出的网络编辑新问题，使得我们愈发意识到网络编辑对电子商务、对数字经济发展的重要价值和社会意义，也更加深刻地意识到探索这些问题的现实解决方案已经成为亟待解决的问题。《网络编辑》第四版就在针对这一系列问题的思考中诞生了。

在你们拿到本书时，我首先要代表本书的编者对长期支持我们的读者表示感谢，是你们的鼓励，让我们投入本书的修订编写工作当中，也让我们在一次次探索的过程中离读者更近，离现实更近，离知识更近。

本次修订延续了前三版教材始终贯彻的"产学研结合型"教材编写理念，在坚持网络编辑实务价值取向的基础上，力争使教材贴近学生生活，在追求理论与实践的结合当中让学生学习知识、理解知识、运用知识。为此，本书在编写过程中注重搜集第一手真实案例，通过案例与知识点有机结合，让学生在学习过程中掌握网络编辑的基本知识，了解这些知识与当前网络编辑现实操作的契合点，达到学以致用的目的。特别指出的是，本次修订对新媒体编辑部分进行了重点调整，与时俱进，同时为响应国家课程思政建设要求，在学习目标栏目中新增"素养目标"，以达到立德树人的教育目标。

网络给人类社会带来的日新月异变化也让我们时刻不忘思考网络编辑与社会发展的协同共进。本书编写组会持续关注网络编辑的最新发展，期待读者能够通过这一版本的学习有所收获。

本书编写工作由三位教师和西北大学新媒体研究院助理研究员集体完成。本书由西北大学新媒体研究院执行院长韩隽担任主编并统稿，西安石油大学吴晓辉副教授、渭南师范学院梁利伟副教授担任副主编。修订期间，西北大学巨高飞、白鑫、谢心雨、陈婧、尹培泽五位硕士研究生同学作为研究助理加入编写团队，后期还有赵薇莎、龚庭怡、严天同三位学成归来，又有着国内头部企业新媒体管理运营经验的青年才俊加入共同讨论和部分案例更新工作中。两年中，三位主编不断修订内容总体框架，对每一章内容的思想倾向、整体质量、详细格式等进行了数轮审核。本书各章具体统筹、撰写、修改主要分工如下：梁利伟负责第1、2章，吴晓辉负责第3、4、5、6章，韩隽负责第7、8、9章。最后由韩隽负责全书统稿修订工作。

感谢学界和业界的各位老师在本书编写过程中给予我们的支持和帮助。本书会一直与每位读者共同见证网络编辑发展的每一步。

主编 韩隽

2022年2月

# 目 录

# 第1章
# 认识网络编辑

## 学习目标

□ 知识目标：

　　了解网络编辑和传统媒体编辑的区别，了解网络编辑的职业特点，了解优秀的网络编辑应具备的伦理观念和职业素质。

□ 能力目标：

　　通过对网络编辑工作环境、工作内容的了解，有目的地培养和提高网络编辑自身的文化道德素质。

□ 素养目标：

　　能自觉遵守网络编辑行业规范，规避网络不实、不良信息，发挥传播者的文化引导职能，为互联网受众提供有效、有用的信息。

## 【引例】

### "刚刚体"走红，新华社"小编"如何专业卖萌

2017年6月21日，新华社法人微信公众号一条题为《刚刚，沙特王储被废了》的短新闻在网上"火"了一把。耐人寻味的是，这条微信报道走红并非由于新闻内容本身，而是因编辑与网民之间的热烈互动引发围观，并在朋友圈刷屏。10分钟内，这条微信阅读已突破10万+，当天阅读数突破800万，点赞数也突破10万。新华社法人微信公众号24小时内"涨粉"近50万，成为当日网络现象级话题。这一案例集中体现了新媒体传播的许多新特点，凸显了新媒体语境下编辑角色和传播范式的转变，值得深入分析。

一、编辑的作用在新闻传播中进一步凸显

移动互联网新技术营造了全新的传播生态，颠覆了传统编辑与读者的交流方式。编辑和读者的交互越来越零时差、零距离，编辑主导传播的价值也进一步凸显。新媒体语境中，编辑的作用表现在以下方面：

（1）统筹报道资源，充当主播角色。新闻传播重心加速向移动互联网转移，网民越来越不满足于单向接收信息，而希望在互动中亮明态度，获取更多的信息。与此同时，随着智能手机的普及，新闻的品类也大幅度增加，全息化、直播化特征日益明显，新闻资讯的获取、互动即时性大大增强。在"刚刚体"报道中，新华社"小编"不再是一个冷冰冰的、符号化的身份，而是一个面孔鲜活、有血有肉的人，和读者一样有态度、有观点、有感情、懂幽默。

（2）应变决定成败，拓展品牌形象。个性化的表达，更加考验编辑的综合素质和应变能力。新媒体编辑毕竟代表的是所在单位，既有传播新闻资讯的职责，也有维护单位形象的要求，更有承担新闻舆论引导的使命，需要把握好说话的边界、分寸。在编读互动中，"小编"没有一味迁就读者，面对各种提问甚至是发难，通过摆事实、讲道理，辅以风趣幽默的网络语言，使网民更容易接受，以平等的姿态努力传递正向的社会价值。网民对高频率互动表示认可，为编辑知错就改点赞。

（3）坚守专业素养，塑造权威价值。"刚刚体"的走红既是偶然因素触发，更是专业新闻机构底蕴使然。这是新华社作为"消息总汇"，作为国内顶级专业新闻机构，在持续推进媒体融合发展、打造社交化入口的努力下，必然出现的"井喷"。"刚刚体"爆红之前，新华社法人微信公众号粉丝数已接近千万，体现出公众号自身强大的影响力和过硬的新闻品质。新媒体时代，用户对新闻产品的选择同样"始于颜值，陷于才华，忠于人品"。

二、分享式、全链条传播态势愈加明显

互联网的互动性和开放性，决定了一个新闻作品的刊发或播出只是它传播的开始，好的新闻报道可以引起网民共鸣，引起广大网民共同参与、分享传播。

1.转发分享成为新闻传播的重要方式

互联网时代，受众不仅是被动的接受者，更是主动的参与者。能够传得开、叫得响的作品，不仅具备独特品质，更离不开网民的二次传播和多元升华。网民的参与决

定了作品是否有影响力、有多大的影响力，是否有价值、有多大的价值。

"刚刚体"报道"刷屏"背后的最大推动力，就是网民自发地转发分享，集中体现了网民的关注焦点，形成现象级的传播态势。通过编辑的引导，带动网民参与互动，可以增加新闻内容的附加价值，提升新闻产品的影响力。

2.新闻在传播链条中不断丰富和深化

新闻内容付梓之后便"一锤定音"的时代一去不复返，新闻发布后舆论的发酵作用凸显，"评论比新闻好看"并不是简单的调侃。网友的每一次转发都是作品能量的释放、作品价值的升华。网民的参与增强了新闻报道的生命力，拓展了新闻报道的传播空间和到达范围。在这样的传播环境下，编辑更应主动适应传播新语境，与读者形成良性互动，引导网友不断为新闻价值添砖加瓦，让新闻产品成为可以不断成长的"生命体"。

三、个性化表达在新闻传播中备受青睐

新媒体是全新的话语体系和语境，崇尚个性化、趣味性的表达。这也倒逼传统媒体转变话语风格，创新表达形式，更加注重用户体验。编辑的个性化表达恰恰是这一次"爆红"的引爆点，具体表现在：

1.网言网语，幽默风趣引共鸣

在《刚刚，沙特王储被废了》一文的跟帖评论中，网民发问："就这九个字还用了三个编辑？"这条调侃的评论瞬间激起读者共鸣，而新华社"小编"的回答更是让人眼前一亮："王朝负责刚刚，陈子夏负责沙特王储，关开亮负责被废。有意见？"在互"怼"成风的网络语境中，新华社"小编"的解释既硬气，又不失诙谐幽默，迅速赢得网民好感。

2.见招拆招，话题开放增活力

跟帖评论和"小编"回复带有鲜明的互联网特征。话题的开放性，使得各路网友都能参与进来，甚至有网友调侃："我就是来看评论的。"不过，新华社"小编"并非简单迎合受众，而是注意进行正向引导。

3.坦诚沟通，平等对话强互动

传统媒体时代，新闻媒体作为信息输出端，掌握话语权，而读者是被动接收信息，新闻生产与输出是单向的。在新媒体时代，互联网交互平台使网民和编辑的直接对话成为可能，并且强互动的特征越来越明显。

资料来源　周继坚，张倩."刚刚体"走红，新华社"小编"如何专业卖萌 [J]. 传媒评论，2017（7）.

以上文字从侧面向我们展示了新华社微信公众号编辑们的工作内容。新媒体的编辑属于我们本章所讨论的网络编辑的大范畴，那么，网络编辑的工作特点是什么？网络编辑的具体工作内容是什么呢？他们的工作与传统媒体的编辑有什么不同呢？一名合格的网络编辑应具备怎样的职业素养？在新媒体时代如何做好一名网络编辑？在此简述一下。

## 1.1 网络编辑的职业特点

编辑是新闻媒体内容运转过程——采写、编辑、成品内容——中一个承上启下的环节。一个编辑，他的工作地点相对固定，无论他的工作对象是什么，办公地点一般是在办公室，而不像记者那样具有流动性。他们等待记者将搜集到的信息汇总到他们的工作台，然后对这些信息分类、加工、处理。他们通常既了解和指挥前方的信息采集工作，决定成品信息的取舍，又掌握着播发的决策权。编辑的这种位置和作用在传统媒体中，不论是报纸、电台还是电视台，都基本如此。

网络编辑相对于传统媒体的编辑而言是个全新的职业，它伴随着我国互联网行业的形成与发展应运而生。2005 年 3 月，原劳动和社会保障部公布了"网络编辑员"这一新职业，同时公布了国家职业标准。该标准中对它的定义是：网络编辑，是网站内容的设计师和建设者，通过网络对信息进行搜集、分类、编辑、审核，然后向世界范围的网民进行发布，并且通过网络从网民那里接收反馈信息，进行互动。**网络编辑是指利用相关专业知识及计算机和网络等现代信息技术，从事互联网网站内容建设的人员。**

对网络编辑来说，他们的工作特点与传统媒体的编辑有相似之处，从工作流程上看大致包括采集、编写、成品三部分内容。具体而言，网络编辑主要涉及的工作有：(1) 采集素材，进行分类和加工；(2) 对稿件内容进行编辑加工、审核及监控，撰写稿件；(3) 运用信息发布系统或相关软件进行网页制作；(4) 组织网上调查及论坛管理，与用户互动；(5) 进行网站专题、栏目、频道的策划及实施。另外，从信息生产的角度来看，我们可以把网络编辑的日常工作概括为：信息搜集、信息筛选、信息加工、信息推介和信息整合。

移动互联网时代，网络技术的迅猛发展推动着网络媒体形式的变化，网络编辑的工作内容不断更新且更加多样，除了传统的信息采集和对网络文字、图片、音视频形态的信息进行编辑之外，社交媒体平台、手机等移动客户端的编辑成为重要的工作，还包括新兴的短视频、直播、H5 等互动性内容的编辑。

想要进一步了解网络编辑，我们还可以从不同的角度进行分类：

(1) 按编辑终端分，有网站新闻编辑、手机媒体编辑、社交媒体编辑、新闻客户端编辑、公众账号编辑。

(2) 按编辑形式分，有文字编辑、图片编辑、音视频编辑、3D 编辑、H5 编辑、数据新闻编辑、互动编辑。

(3) 按编辑对象分，有主页编辑、频道编辑、栏目编辑、专题编辑。

(4) 按语种分，有中文编辑、外文编辑、少数民族语编辑。

(5) 按类型分，有新闻网站编辑、门户网站编辑、电子商务网站编辑、政务网站编辑、企业网站编辑、校园网站编辑等。

类别不同，编辑的要求、方式和重点也有很大差异。如网页新闻编辑注重标题制作、文本修改、专题策划，论坛社区编辑注重互动组织，主页编辑注重新闻稿件的价值判断，专题编辑注重稿件的组织、新闻的策划，文字编辑注重稿件的修改、加工，H5编辑注重整体策划、包装和效果呈现。

下面我们来介绍一下网络编辑的工作特点。

### 1.1.1 全天候服务，不分昼夜

对纸质媒体（如报社、杂志社）而言，出版物都有其出版和发行的周期，而互联网实时性和快速性的特点，使网络编辑在工作中有别于其他媒体编辑的一个特点就是全时性。网络编辑每天需要读报纸、看电视，了解新鲜的信息和热点话题；同时，网络编辑也要随时盯着来自不同国家、不同行业的各类网站，以期在上面发现新的兴趣点和新信息。这些网站不断地进行更新，时时都有新的内容。对于对"第一时间"和"第一现场"有要求的网络新闻频道，则更要求网络编辑们擦亮眼睛，随时捕捉新变化、新动向，随时处于"待战"状态。

1998年，新浪网就开始24小时不断地更新新闻，其他很多网站也大都在1999年或2000年的时候，开始24小时更新内容。网络新闻全时性的概念是BBC最先倡导的。1997年年底，在全球网络化新闻竞争的背景下，BBC建立了24小时新闻频道BBC News 24，除了改善新闻节目质量和加强连续报道及深度报道之外，还特别把时效性革命作为其竞争的关键手段，并对时效性下了"在需要时收看新闻"的定义。这意味着网络编辑有必要时刻关注当下的新闻事件，无论新闻在什么时间发生，只要新闻事件本身为网民所要了解的，网络编辑就应提供相应量的信息，特别是突发事件，更是对网络编辑应变能力和工作态度的考验。面对重大突发事件，网络编辑只有保证对事件的及时关注、及时报道，才能使网站在获取网民的关注上占尽先机，从而赢得比同类媒体更多的优势。

在当下的移动互联网时代，时效性更是基本的工作原则。这一特点给网络编辑的工作带来了压力和挑战，从业人员需要随时待命，在工作节奏上相比传统媒体更快。

### 1.1.2 平等地与网民做互动交流

网民是互联网的用户，也是网络媒体的支持者。网民具有人数众多、隐匿性、分散性、多样性的特点，网络编辑和其他媒体编辑人员一样，需要了解网民的口味和兴趣，提供受网民欢迎的内容。此时，网民和网络媒体从业人员保持了良好的互动。互联网提供给网民机会和平台去参与媒体信息的发布和讨论，也提供给网络编辑多种渠道获得网民的反馈。

比如，BBS就集中体现了这种互动性。在这个互动系统中，网络编辑的工作就是营造网站与网民之间的信任关系。这里有一种预设：对网民来说，他们对网站应该有这样的承诺——网民参与网站的议题讨论，平等自由地表达自己的观点和意见，自觉控制自己的言行，不出现危害国家和政府的言论，不泄露国家机密，不发布虚假的、骚扰性的、中伤他人的、辱骂性的、恐吓性的、庸俗淫秽的或其他任何非法的信息，不侵犯别人的著作权、名誉权等权利，不利用网站的服务系统做侵害网站名誉和利益

的事情。对网络编辑来说,他们对网民应该有这样的责任——给网民充分的说话的自由,使网民的正当言论能够出现在BBS上,并以平等的姿态参与网民热衷的话题的讨论,充分尊重网民的意见和言论自由,不搞话语霸权,同时保证网络用户的安全,用户不愿公开的资料要由网站进行严密管理以防泄露或做商业用途。达成这种信任关系,才能调动网民的参与热情。

移动互联网时代,这种交互性体现得更为明显,微信、微博等移动端的信息传递与反馈同步进行,传者和受者互为主体,如直播实时评论、弹幕等表现形式,交互主体性的实现有利于交流双方在信息共享中达到相互认同、相互沟通和相互理解。网络编辑要充分尊重受众的主体精神和传播权利。

互联网的民主精神使网民在公众媒体上的表达自由得到最大限度的满足。网络编辑的工作不仅仅在于信息的传达,还在于发动网民。传媒人陈彤曾说过:"作为网络媒体,最与众不同、需要坚持的还是快速与海量,以及平等地而不是居高临下地和网民互动交流等。"他又说:"真正的高手在网民当中。我们的使命是把事实本身准确、客观并尽可能翔实地反映给受众,不要加进去过多自己的东西,认为'媒体视点高于一般受众'其实是不对的,很多受众的观点是高于媒体的。比如,曾有一次我们谈论一个领域很窄的问题,刚把文章放上去,很快就有人在留言板上指出我们犯了一个不该犯的错误,所以不能居高临下地看网民。""平等、自由是互联网的主旋律。门户网站不是登山训众的摩西,不是救世主,不能居高临下,以'启蒙者'自居。门户网站不过是社会基本信息的传递者和沟通者。商业网站的从业人员,要以平民的心态和身姿为同样是平民的网民服务。"

随着互联网的发展,传统的媒体与网民的传受关系发生了变化,可以说在现在的社交媒体平台上无时无刻不在发生着网民的互动行为,在新浪微博的点赞、转发、评论,在微信公众号的分享、留言,在视频网站的弹幕,在各种渠道的投票、检举等,都是网民与媒体的互动。

对网络来说,网民有着很大的选择权和自主权,所以网络编辑的工作更需要一个网民的视角。在传播内容上,应选择网民所关注的、与他们切身利益相关的、导向正确且健康积极的内容,并以平等的姿态与网民积极互动。

### 课堂互动1-1

#### 网络互动环境变化后的编辑角色比较

1.传统网络媒体互动中的编辑角色分析

(1) 文本互动。传统网络媒体中的编辑角色,特别是网站内容信息的发布,编辑主要进行文本内容的校对,也可以进行内容的编辑与发布。这种网络媒体形式通常只是单方面信息的传播和交流,缺少与受众群体的互动交流。

虽然,有些网站上设置了评论区和互动热线,但是这种互动方式的时效性无法得到保证。对于贴吧或者论坛而言,一般都是通过上传帖子与受众进行交流,编辑通常不会直接参与到交流互动中，只是对回复的内容进行管理，而且有些作者就是编辑，所以无法将编辑的职能体现出来。

（2）群体互动。网络群体互动主要分为两种：一种是公共群体互动，这种互动方式主要通过留言板来进行；另一种是社区群体互动，在社区论坛上进行交流，其与用户的参与有着直接关系。群体互动是多人之间的互动交流，编辑是对这些言论进行审查和清理，在与群体互动方面还存在一定的不足，在群体互动中没有占据重要的位置。但是有些群体互动会向着不好的方向发展，由于群体互动而产生网络暴力行为，编辑应对这一行为进行控制。

2.移动新媒体网络互动中的编辑

（1）对内容进行把关。目前公众账号的互动形式已经发生了改变，编辑的主要职责还是对信息内容进行控制和把关，这是新媒体形势下编辑的主要内容。微信公众号中内容的选择都会与公众号的定位联系在一起，将内容传递给关注公众号的粉丝。内容的形式有很多，编辑会对这些内容进行把关。

（2）可以获取互动效益。通过微信公众账号的互动交流可以获取较大的效益。关注微信公众账号后可以收到信息的推送，关注的人数越多，互动效益越大，公众号的号召力也会得到提升。编辑可以将广告植入互动内容中，进行多种理念和价值的传播，这种互动方式可以获取较高的互动效益，而编辑是主要的获取人。

（3）编辑权力相对较小。新媒体环境中，编辑的互动能力比较强，但是受到的约束也比较大。比如，通过微信公众号与受众群体进行互动，受众群体可以进行自主选择。由于公众号的种类比较多，为了满足受众群体的需要，提高受众群体的关注度，编辑会根据受众的价值取向来采用多种互动形式，如可以通过设置奖励的方式，提高受众的参与度。另外，公众号发布的内容也需要跟随受众的心理变化情况进行优化和调整，这种互动方式不会出现单一、枯燥的内容，编辑的形式也向着多样化的方向发展。全方位、多角度的网络互动让编辑在受约束情况下推出让受众满意的内容，从而达到相应的互动效益。

与传统媒体编辑相比，新媒体编辑的责任有所增加，特别是在网络互动方面，但是也会受到更多的约束。随着互联网技术的快速发展，人们的阅读要求也在不断发生变化，编辑角色需要结合这方面的发展趋势对自身进行准确定位，以服务人们为主要目标。编辑不只是进行内容的完善与编排，而是与受众群体进行交流互动，走进人们的内心，这是新媒体发展所带来的机遇。但是，这种发展趋势也容易忽略产品本身的价值，为了迎合人们的价值取向，而不能保证产品内容的质量，这就会影响网络的互动发展。

资料来源　马丽娜.基于网络互动双重媒体模式的编辑角色分析［J］.科技风，2019（22）：91.内容有删改.

要求：分析在新媒体环境下，网络编辑如何有效地和网民进行互动？

分析提示：在不同的发展环境和发展模式中，首先要确定编辑角色的定位，根据当前的发展情况，从长远发展进行考虑，在保证互动效果的基础上，对互动形式进行创新和完善。要在当前的环境中找准自己的定位，明确自身的发展目标，才能更好地与网民互动。

### 1.1.3 网络编辑的工作对象是多元的

如果说平面媒体，诸如报社、杂志社、出版社的编辑每天面对的是文字、图片，电视台、电台的编辑面对的是音频、视频的制作、剪辑、播出，那么，网络编辑面对的工作对象是前两者的综合。网络多媒体和超链接的特点满足了网民多元化的需要，也使网络编辑的工作对象变得多元化。所以，网络编辑的工作不仅仅是从传统媒体那里整合信息，对文字进行加工润色，对图片进行筛选、剪裁，组织专题，还要懂得网站的建设、网页的制作、音频和视频的编辑，了解多媒体技术，会对一些软件诸如Premiere、After Effects、Fireworks、Photoshop进行熟练的操作。网络编辑可以使用更多的元素，使信息的呈现变得立体。另外，新媒体时代的网络编辑还要及时处理、反馈、整合受众的评论、留言等。

## 1.2 网络编辑的角色定位

在天涯论坛里曾经有人贴出这样一篇文章：《网站编辑：你们的名字叫作网络搬运工？》。作者写道，在做了多年的网络编辑之后，发现自己的职业竟是不需要技术、不需要文采的网络搬运工。

"你所需要的能力是：会按住键盘的Ctrl+C与Ctrl+V键，将文章标题缩短或扩长到所规定的字符数区间，用Photoshop将图片剪切到规定像素。当然，作为一个出色的网站编辑，你最擅长的必须是能将一切你所熟悉与不熟悉的火辣字眼排列组合成最诱人的标题来引诱读者的点击，内容不重要了，要的就是那个点击，年终时更为重要。"

文章得到了一些网络编辑的共鸣，它说出了很多网络编辑的困惑。这个帖子后长长的跟帖证明了这一点。网络编辑只是个剪切、复制别的媒体内容的"无冕贼王"吗？网络编辑真的要靠"道德沦丧"来提升网站的点击率吗？网络编辑真正的角色应该是什么呢？

### 1.2.1 网络技术的操作者

看看各个网站的网络编辑招聘启事，会发现一个相同之处，就是对网络技术的要求。新浪、搜狐、网易这三大门户网站招聘网络编辑都要求具有计算机或网络技术的运用能力：掌握网络设计软件、熟悉HTML代码、能独立设计网页等。现在很多网站都要求网络编辑掌握四大软件Dreamweaver、Flash、Fireworks、Photoshop的操作技术。所以，网络编辑在一定程度上是网络技术的操作者。

网络技术使互联网具有许多传统媒体所没有的优势，使互联网信息的表现内容和手法极大地丰富和生动起来。新技术给网络编辑减轻了不少工作压力和负担，同时，新技术也使网络编辑的工作变得更加科学。例如，网络编辑要做网站的广告推广时，首先要了解网站的用户人群。如何更有效地了解到谁访问了你的网站呢？通过流量统计网站，可以了解到你的网站访问来源于哪里，谁在登录你的网站，他们停留了多久，他们对哪些内容感兴趣。这样，网络编辑做推广就有的放矢了。因此，网络编辑有必要关注新技术，使自己的工作显现出新的特点来。

如果我们对网络编辑角色职能的认识仅仅停留在"网络技术平台的运用者、操作者"这一层面，那么我们的认识就会局限于这一行业操作层面的表面现象上。在网络媒体的运作现状中，在对网络编辑角色职能的认识方面，的确存在着上述的这种局限，而这必然让人陷入对技术和网络的理解误区。

我们也应该看到，以技术为支撑一步一步发展起来的网络现在已经成为大众传媒的一部分，同时成为一个重要的人际交流平台，网络编辑也成为信息流通的控制者和舆论的引导者。也就是说，网络编辑和其他媒体从业人员一样，要履行把关人的职责。这当然也不排斥网络编辑在把关的时候使用和传统媒体编辑不同的把关手段。

## 1.2.2　信息的把关人

传播学中的把关人理论同样适用于网络。网络的特性使网民的主体感增强，E-mail、BBS、Wiki、Blog，以及近几年迅猛发展的微博、微信等新的网络应用，使得网民信息的发布和传播自由限度提高了，许多个人化的传播主体浮出了水面。这会给大家这样的印象：网络编辑对网民所发信息的把关能力在弱化。但是，是不是在承认网民主体性的情况下就不需要网络编辑来把关了呢？我们无法想象没有网络编辑把关的网络会是什么样子，网络编辑也应该是网络内容的净化者，没有网络编辑监管的网络就像没有过滤泥沙的混浊河水。

事实上，整个网络媒体的发展历程伴随着网络编辑把关功能的逐步变化，我们简单分析一下Web1.0时代到Web3.0时代网络编辑的把关功能都体现在哪些方面。在Web1.0时代，我国门户网站刚刚发展，主要任务就是单纯地向受众提供资讯，尚没有含有互动性质的博客之类。因此，在这一时期，网络编辑其实也就指的是网络新闻编辑。网络新闻编辑在Web1.0时代起到了至关重要的作用，并且由于大多数的网络新闻编辑都是从传统媒体的编辑半路出家，所以，网络新闻编辑履行的就是从传统媒体或是兄弟网站收集资讯、转载资讯的任务。概而言之，在Web1.0时代里，网络编辑的把关功能就表现在对信息的收集和筛选上。

进入Web2.0时代后，交互性变强了，博客、播客的出现扩大了传播者的队伍，也突破了Web1.0时代的传播范围，因此，网络编辑的"把关"功能也出现了一定程度的分化。从网络编辑的定位来看，其也不再单单局限于网络新闻编辑这个称谓，而是向更多更广的层次发展。这个时候，就会增生一些新的功能。概言之，Web2.0的"把关"功能有四个，其一是收集，其二是筛选，其三是分类，其四是整合。

与Web2.0相比有较大进步的是，Web3.0在增强互动的基础上增加了营销的概念。Web3.0呈现出的与Web1.0、Web2.0不同的营销特征使得网络编辑的"把关"功能也呈现出了一些新意。这个时代里，网民会充分利用互联网提供的平台平等地获得财富和声誉的机会，如电子商务领域和在线游戏，不管是B2C还是阳光农场，都是一种展示着Web3.0魅力的尝试。如此说来，Web3.0时代网络编辑的把关则主要以"引路"为特征，通过"引路"与广大受众建立起长期的、共同的精神伴侣关系，并且主动为受众开启满足其意愿的大门。总体而言，Web3.0的网络编辑"把关"功能主要表现为五点：其一是收集，其二是筛选，其三是分类，其四是整合，其五是引路。

网络的开放、信息的透明和网民的参与，使网络编辑时刻面临着信息超载的困境，同时给虚假信息提供了滋生的空间而导致风险的蔓延，这大大增加了网络编辑过滤、汇总和把关的难度。具体来说，网络编辑须把好政治关、事实关、知识关和修辞关。政治关要求网络编辑具备较高的政治思想素质，才能正确把握舆论导向。事实关要求网络编辑具备良好的新闻意识和判断能力，才能秉承客观、公正、严谨、求真的职业精神和专业素养，有效遏制虚假信息的传播。

网络编辑把关的目的主要是维护网络的纯净、健康和有序。在网络新闻和各类信息的内容质量方面，网络编辑起着重要的把关作用。不同的网站都会给网络编辑制定一些把关指南，即网络内容的发布规范，供网络编辑们参照执行。

**课堂互动1-2**

### 某知名网站的编辑规范

1.内容编辑方针

（1）坚持正面宣传，正确把握舆论导向，与党和政府的宣传口径保持一致。

（2）以网民需要为出发点，不遗漏用户关心的重要新闻，不断充实网页内容，提供更周到的服务。

（3）提倡"抢新闻"和适时发布，缩短与事件发生和信息源的时差。

（4）杜绝政治性差错，避免知识性、文字性差错。

（5）学习网络媒体经验，集众家之长。

（6）鼓励和提倡信息内容的再加工和处理，避免简单的重复和拷贝，杜绝"ICP"（Internet Copy&Paste）不良倾向。

2.编辑要求

（1）选稿。

①摸准媒体新闻更新规律，及时捕捉新闻，选用新闻价值高，可读性强，具有知识性、实用性、趣味性的稿件。

②对热点新闻注意从不同角度选稿，多方面、连续报道，深度分析，形成气候，但内容相同的只选一篇。

③信息量除达到不遗漏重要新闻外，还要捕捉更多能吸引人的新闻。

④不得选用中伤我国，不利于祖国统一，违反民族、宗教、外交及其他政策，以及宣扬封建迷信、色情、暴力和明显失实、泄密的稿件，选稿时要通读全文，绝对保

证无上述内容。

⑤ICP网站专稿慎用，其转抄稿找到原出处再用。

（2）标题。

①力求简短、醒目、新颖、吸引人。

②最好为一行题，不超过14个字。

③特定媒体原题可省略地名，用代称的，应将地名标出。

④标题首字符不得为空格，题中引号要用全角符号，重要标题可为黑体。

⑤标题前图标一般用小黑点，专题的标题前图标由编辑自定。

（3）电头。

通讯社电头保留，报纸电头如保留，"本报"需改为报名。

（4）标注信息源。

①防止错注为缺省源。

②信息为转载的，最好找到原出处；否则，仍以最后出处为信息源。

（5）正文。

①分段，文章的段首空两格，与传统格式保持一致，因网上看文章较累眼睛，段与段之间空一行可以使文章更便于阅读。

②沿用"今天""昨天"发生错误的，应改成具体日期。

③稿件中的汉字、标点符号变成"？""□"或空格的，应据原稿进行改正。

④注意港澳台地区和国外报纸译名，应将其改成规范译名，译名中的"·"不得写成"."。

⑤文中或署名不应出现"本报"字样，应改为报名或删去；文中出现的繁体字一律改成简体字，标点用横排符号，文尾"完"字删去。

⑥提倡缩编、精编，由报纸内容转成网络文稿，常会形成完全或基本雷同的两段文字，应删去雷同部分。

⑦杜绝错字、别字和自造字，注意平时积累，避免出现用符号代替的情况。

（6）图片。

①除充分利用现成的图文稿件外，可将分别报道的图片新闻与文字新闻加以组合，以利于网民阅读。

②用压缩技术提高显示速度。

③保证图片不变形。

④图形文件扩展名必须为"JPG"或"GIF"。

⑤图形文件大小不能超过5K。

（7）审稿制度。

①每个编辑发稿件前，自己要认真审查一遍。

②两个编辑负责一个频道的，要彼此将对方的稿件复审一遍。三人负责的，则分工复审。部门监制要对内容负责，监督主编、编辑的信息发布。

③编辑没有把握的稿件，经监制、主编审后再发。

④监制、主编抽查已发稿件。

⑤对于把握不好的信息，要向网审请示，杜绝自以为是、想当然的做法。

资料来源 佚名. 知名网站的编辑规范［EB/OL］.［2016-05-19］. https：//www.docin.com/p-1586661771.html.

要求：谈一谈你对网络编辑从事的工作的认识。

分析提示：在分析网络编辑的把关手段时，结合网络信息传播的特点、网民的心理、网络编辑人员素质、网络伦理规范等方面思考。

前面所讲的是网络编辑一直以来最重要的两种角色定位，事实上，网络编辑的角色随着网络媒体的快速发展不断丰富。走到今天，网络编辑在网络媒体中的职业角色不再仅与内容相关，整个网络媒体的内容定位、形象塑造、网络营销、受众关系都是其工作职责的一部分，网络编辑在工作中的各个环节均需具备网站运营意识。网络编辑不再仅仅是网站内容的建设者，线上活动和热门话题的策划者、组织者，用户自生产内容的管理者、服务者，同时还是网站整体形象的协助设计者，网站内容营销的推广者。网络编辑的角色定位可谓是一个"综合体"，它集合了多种不同职位的工作内容于一身，需要具备较高的综合工作能力。

## 1.3 网络编辑的职业素养

一个优秀的网络编辑应该具有什么样的素养呢？我们可以从网络编辑的政治素养、法律素养、媒介素养三个方面来讨论。

### 1.3.1 优秀的网络编辑应该具备的政治素养

新闻工作作为思想政治工作的一个重要手段，担负着联系群众、宣传教育群众、动员组织群众的重要任务。网络编辑作为新闻工作者队伍中的一员、作为党的宣传工作者，同样担负着传播中国先进文化的重任。网络媒体有强大的交互功能，读者可自由组成社区进行交流、发表评论。在这种氛围中，网络编辑如果没有较高的政治素养、不能做个合格的把关人，后果不堪设想。"舆论导向正确，是党和人民之福；舆论导向错误，是党和人民之祸"。作为党的宣传工作者，坚持正确的舆论导向是网络编辑必须遵守的宣传准则，也是网络媒体生存、发展的前提。网络编辑要担负起舆论宣传的重任，就要不断增强政治敏锐性，时刻保持清醒头脑，正确引导社会热点问题；要对新闻宣传的方针、政策、法规融会贯通，用马克思主义新闻观观察、分析各类重大新闻，按新闻规律办事，客观公正，实事求是，保证网络媒体导向正确、内容健康、格调高雅。

### 1.3.2 优秀的网络编辑应该具备的法律素养

网络在带给我们自由、快捷和主动权的同时，也给我们带来了巨大的挑战，人们逐渐认识到了规则和管理的必要性。因为这种形式的自由同时带来了一系列的新问题，信息垃圾堵塞通道、虚假新闻欺骗世人、网络偷窥侵犯隐私、色情暴力误导青少年等，不但给人类造成了新的伤害，实际上还带来了另一种形式的不自由。但无论如何，网络的发展势不可挡，我们已经不可能也不愿意回到"网络前"时代了。对于网络不能忽视的负面效应，我们应该做的是深入探索网络传播的规律，对网络加以适当的管理和控制。对此，政府和互联网企业、从业人员都应积极承担起自己的责任，努力创造健康、安全、便利的网络信息交流环境。

一般来讲，对网络的管理主要包括由政府出面进行的行政管理、法律管理和行业自律三个层面。其中，通过法律对互联网进行管理是一种较为有效、可行的途径，从1994年至今，中国的互联网法律数量不断增加，多层次的互联网法律制度体系基本形成，在网络安全保护、网络信息服务、网络社会管理等领域取得了卓越的立法成就。

分阶段具体来看，1994年4月20日，中国全面接入国际互联网，随着互联网的快速发展，中国互联网立法数量呈现快速增长态势。1994—2001年，中国颁布针对互联网的法律1部、行政法规7部、部门规章4部，此阶段的立法主要以计算机病毒防治和软件保护为主。2002—2008年，中国颁布针对互联网的法律1部、行政法规2部、部门规章11部，此阶段的立法以网络市场和经营场所管理为核心。2009—2014年，中国颁布针对互联网的法律1部、部门规章13部，这个时期的立法以信息保护、电子商务和知识产权保护为主。2015—2018年，中国颁布针对互联网的法律1部、行政法规3部、部门规章22部，此时期的法律以网络空间安全以及"互联网＋"立法为核心。与中央互联网立法的蓬勃发展相适应，有关互联网的地方立法发展也非常迅速，目前已经颁布实施地方性法规12部、地方政府规章42部。①除上述针对互联网的专门性法律文件之外，我国还有大量的法律、法规、规章等可以适用于互联网空间治理。据统计，此类法律文件已达上千件。在这些法律文件的基础上，我国已形成了由法律、行政法规、地方性法规、部门规章、地方政府规章等多个层级法律文件组成，涵盖行政法、民法、刑法等多个法律部门，涉及网络安全保护、网络信息服务和网络社会管理等各个领域的，规范较为全面、内容较为完整、结构较为合理的互联网法律制度体系。

从广义上来说，适用于网络的法律渊源很多，如《中华人民共和国宪法》《中华人民共和国刑法》《中华人民共和国民法典》等主要法律及与其有关的司法解释，其中有些条款是针对整个新闻传播活动的，因此对网络的新闻传播活动也同样适用。其他法律如《中华人民共和国气象法》、《中华人民共和国保守国家秘密法》、《中华人民共和国广告法》及《中华人民共和国著作权法》（以下简称《著作权法》）等的相关条款同样是针对整个新闻媒介的，因此也适用于网络媒体。中国已经加入的国际公约如《世界版权公约》《保护文学和艺术作品伯尔尼公约》等，也对网络上的相关活动有规范作用。

在我国颁布的适用于网络的法规中，针对网络信息传播或与其相关的主要有法律性文件、行政法规和部门规章。法律性文件如《全国人民代表大会常务委员会关于维

---

① 段传龙. 中国互联网立法的成就、问题与完善［J］. 河北大学学报（哲学社会科学版），2019（3）.

护互联网安全的决定》（2000年12月28日第九届全国人大常委会第十九次会议通过，根据2011年1月8日《国务院关于废止和修改部分行政法规的决定》修订），这是我国互联网管理法律体系中具有最高效力的法律文件。行政法规如《中华人民共和国计算机信息系统安全保护条例》《中华人民共和国计算机信息网络国际联网管理暂行规定》等。部门规章比较多，如《互联网电子公告服务管理规定》《互联网站从事登载新闻业务管理暂行规定》《中华人民共和国反不正当竞争法》《网络交易监督管理办法》等。此外，还有一些最高法院司法解释，如《最高人民法院关于审理涉及计算机网络著作权纠纷案件适用法律若干问题的解释》等。这些法规虽然有相当一部分是程序性规定，但就其最终的立法目的而言，本质上它们所指向的都是网络内容。

网络编辑不但要熟悉《中华人民共和国著作权法》《保护文学和艺术作品伯尔尼公约》《世界版权公约》《中华人民共和国广告法》等这些原本针对传统媒体的法律，也要掌握《互联网信息服务管理办法》、《互联网电子公告服务管理规定》、《互联网用户公众账号信息服务管理规定》、《互联网直播服务管理规定》、《移动互联网应用程序信息服务管理规定》、《中华人民共和国电信条例》、《中华人民共和国网络安全法》（以下简称《网络安全法》）等法律法规。同时，网络编辑还要熟知包括著作权、肖像权、隐私权、名誉权、新闻控制与新闻自由以及传播从业人员自律等内容的基本法律法规，树立依法编辑的意识，维护自身和他人的合法权益。所以，无论是新媒体还是传统媒体，适用法律规则是一样的。

**小资料1-1**

### 重要政策解析

国务院新闻办公室、信息产业部曾于2000年11月发布了《互联网站从事登载新闻业务管理暂行规定》（以下简称《暂行规定》），经过近五年的发展，互联网技术、互联网新闻信息服务的形式和内容都已发生了很大变化，《暂行规定》的有关内容已不适应新形势的需要。2005年9月25日，国务院新闻办公室、信息产业部联合发布了《互联网新闻信息服务管理规定》（以下简称《规定》），这是我国规范互联网新闻信息服务的一个重要规章。但是，随着互联网技术及应用的快速发展，《规定》的一些条款已不适合互联网新闻信息服务发展和管理的实际，需要及时修订。2017年5月2日，国家互联网信息办公室公布了新版《互联网新闻信息服务管理规定》，自2017年6月1日起施行。一是适应促进发展和规范管理的需要。近年来，互联网新闻信息服务发展迅速，丰富了人民群众的网络生活，但同时也出现了非法网络公关、虚假新闻等行为，严重侵害了用户合法权益，需要完善立法加以规范。二是适应深入推进依法行政的需要。原《规定》公布实施以来，国家先后制定修订了《网络安全法》等多部法律法规。《规定》作为网信部门监督管理的直接依据，需要严格依照上位法的规定设定相关制度，对不符合上位法规定的制度进行调整。三是适应互联网信息技术及应用迅猛发展的需要。近年来，互联网行业发展迅猛，新技术新应用不断涌现。微博、微信、客户端等出现和普及，改变了原《规定》主要立足于"门户网站"时代的制定背景。四是适应管理体制机制调整的需要。根据部门职责调整，互联网新闻信息服务的管理部门已经由"国务院新闻办公室"调整为"国家互联网信息办公室"。同时，为了应对互联网新闻信息服务迅速发展的形势，需要将原来的国家和省、自治区、直辖市两级管理体制，调整为三级或四级管理体制，充分发挥地方互联网信息办公室的属地管理作用。新版《互联网新闻信息服务管理规定》有以下重点内容：

第一，对于"互联网新闻信息"的概念没有变化，仍然是"包括有关政治、经济、军事、外交等社会公共事务的报道、评论，以及有关社会突发事件的报道、评论。"

第二，监督管理执法工作主体发生变化，变成"国家互联网信息办公室负责全国互联网新闻信息服务的监督管理执法工作。地方互联网信息办公室依据职责负责本行政区域内互联网新闻信息服务的监督管理执法工作"。

第三，对于互联网新闻信息服务的传播渠道做出更详细的规定，包括"互联网站、应用程序、论坛、博客、微博客、公众账号、即时通信工具、网络直播等形式"。

第四，对互联网新闻信息服务的形式明确了三种，"包括互联网新闻信息采编发布服务、转载服务、传播平台服务"。其中，"申请互联网新闻信息采编发布服务许可的，应当是新闻单位（含其控股的单位）或新闻宣传部门主管的单位。"

第五，非新闻单位想获取互联网新闻信息服务资质，须"经所在地省、自治区、直辖市互联网信息办公室受理和初审后，由国家互联网信息办公室决定"，并且明确规定"任何组织不得设立中外合资经营、中外合作经营和外资经营的互联网新闻信息服务单位。""互联网新闻信息服务提供者的采编业务和经营业务应当分开，非公有资本不得介入互联网新闻信息采编业务。"也就是说，有外资背景的新闻网站将不被许可。

第六，从法律层面给地方互联网信息管理部门更大权限，"对用户开设公众账号的，互联网新闻信息服务提供者应当审核其账号信息、服务资质、服务范围等信息，并向所在地省、自治区、直辖市互联网信息办公室分类备案。"

第七，提供互联网新闻信息传播平台服务要求实名制，"应当按照《中华人民共和国网络安全法》的规定，要求用户提供真实身份信息。用户不提供真实身份信息的，互联网新闻信息服务提供者不得为其提供相关服务。"

第八，对转载新闻，提出更明确要求："应当转载中央新闻单位或省、自治区、直辖市直属新闻单位等国家规定范围内的单位发布的新闻信息，注明新闻信息来源、原作者、原标题、编辑真实姓名等，不得歪曲、篡改标题原意和新闻信息内容，并保证新闻信息来源可追溯。"

资料来源 修相科. 新版《互联网新闻信息服务管理规定》要点解读［EB/OL］.［2017-05-02］. http://www.bianji.org/news/2017/05/5722.html.

### 1.3.3 优秀的网络编辑应该具备的媒介素养

任何一种媒介素养的定义，都可以理解为对一系列能力要素的描述。新媒体时代网络编辑的媒介素养可以分为编辑的信息获得素养、信息处理素养和信息传播素养，三者从不同角度分述了编辑在数字时代需要具备或加强的能力素质。信息获得素养体现了编辑在信息获取的过程中需掌握的信息获取方式、信息选择能力及信息甄别能力，是编辑进行信息处理、信息传播的前提。信息处理素养体现了编辑对信息的文字加工能力、技术处理能力及相应的协调沟通能力，是编辑生产信息产品的必经过程，也是编辑能力的重要体现。信息传播素养则包括了编辑营销推广、协调沟通的能力，是编辑在进行信息成果转化和应用过程中的重要能力素养。这三个方面相互融合，共同促进，是一名优秀的网络编辑应该具备的基本媒介素养。随着新技术和应用不断发展，网络编辑要动态理解和更新自身的素养，不断了解编辑技术的前沿动态，把握新趋势，不断掌握新的应用方法，并不断学习如何融会贯通到日常编辑工作当中。

可以看出，在网络编辑的工作技能方面，最被大家认可、最重要的一个方面就是主动学习意识和学习能力。一般学习能力是人们在学习、工作及日常生活中必须具备并广泛使用的能力。职业或专业的水平越高，对人的一般学习能力的要求亦越高。网络编辑是新技术的使用者，网络内容的极大丰富和精彩纷呈需要网络技术的支撑，而且日益先进的网络技术也可以把网络编辑们从繁重的脑力和体力劳动中解放出来。只有不断地学习，掌握新的技术、新的潮流走向，把握网民新的口味，创造新的网络内容和形式，才能成为高速行驶的网络航船的掌舵者。

因此，具有较强的学习能力也成为网络编辑竞聘的一个重要条件。沪江网招聘网络编辑有这样一个原则："你以前是学什么的不重要，关键是你将来能学会些什么。如果你习惯一成不变，很难适应不断调整和变化（工作目标、环境、职务等）；或者你懒得学习新知识，不屑于关注行业发展的趋向，那么沪江还是不适合你。"网易招聘网络编辑把具有很强的学习能力放在了能力要求的第一位。

陈彤在对新浪网这个学习型组织做评述时说："一个好的网络编辑常常需要独自一人承担从构思策划、采访到网络发布信息等多个环节的制作和页面展现。因此，编辑需要不断学习，在工作中提高专业技能和综合素质。一是学习基本专业知识，如财经频道的编辑只有了解资本市场的基本规律，才能准确地报道股票市场新闻。二是需要学习新闻传播方面的知识，了解新闻规律、了解受众不仅需要书本上的知识，更要从实践中总结规律。三是要掌握互联网技术方面的基本技能，包括网络语言、数码图片的处理等技巧。"[①]

也有学者提出网络编辑应该是复合型人才。鉴于网络的特性，其内容的组织方式、呈现手段、编读互动往来都与传统的编辑手段大相径庭，这就是复合型的由来，意指一专多能。一专是专在对内容的独到精致的把控上；多能是组织内容、呈现内容、营销内容的网络手段，它包括掌握搜索引擎的深度搜索的功能、对必要的用于图片处理和网页设计的软件（如 Photoshop、Fireworks、Dreamweaver）以及 CMS 系统相关软件能够熟练操作，更包括对读者阅读体验的深刻关照及网站内容整体营销效果的

---

① 陈彤，曾祥雪. 新浪之道［M］. 福州：福建人民出版社，2005：131.

设计和预估，甚至包括与读者联合互动的网络社区活动的策划和推演等。与传统媒体相比，网络编辑作为网络内容的建设者，其个人素质对媒体本身的影响更深远。这一方面由于传统媒体内部制度和工作流程都比较成熟，编辑个人发挥的余地有限；另一方面，网络媒体需要编辑快速处理大量信息，缺乏传统媒体要求的层层把关制度，对及时性的要求有时远远超过对准确性的要求。这就对网络编辑的整体素质提出了比传统媒体编辑更高的要求，而综合素质的培养需要网络编辑具备主动学习、不断学习的意识和能力。

具体来讲，新时代的网络编辑需要具备以下几方面的能力：

一是选择和判断的能力。互联网的快速发展，在为人们带来海量信息的同时，也增加了人们判别新闻价值的难度。未经甄别的信息存在诸多风险，如政治风险、常识风险、助谣传谣风险等。如何在大量的信息资源中挑选有价值的内容，剔除虚假和不良内容，是网络编辑必备的职业素质之一。搜集、筛选、整理信息是网络编辑每天必做的工作，但这绝不意味着网络编辑工作没有技术含量，只是简单地粘贴、复制，恰恰相反，只有具有较高的选择和判断能力，才能在海量繁杂的信息资源中寻找到可读性强、贴近生活、吸引受众注意的信息，并将其推送到相应的栏目，使其产生一定的影响。

二是整合和加工的能力。互联网媒体的丰富性，为网络信息的展示形式提供了极大的空间和想象力，但与此同时，网络媒体快捷性和碎片化阅读的特点，又使网络信息同质化现象严重。为了更好地加强信息资源在受众中的影响力和延展性，网络编辑不仅需要运用不同的信息渠道和平台形式采集信息，还要在形式和内容上对信息加以整合加工，使之能适应受众的心理诉求和其他媒体的需要，成为全新的信息样式。同时，利用各种数字化手段和信息要素，使其达到更符合自己所在网站的风格和定位，实现宣传和推广的作用。

三是挖掘与处理信息的能力。网络编辑只有不断提高挖掘与处理信息的能力，才能在海量庞杂的信息资源中寻找到有用的信息点，并根据社会热点和网民心理诉求，运用网络媒体宣传形式和数字化技术手段，在对文字、图片、视频等进行数据分析的基础上，制作呈现符合网站定位的新闻。应该说，移动互联网时代的编辑正在从审读编辑向深度加工编辑转化，担当着信息挖掘者的身份。大数据的出现和相关挖掘处理技术的推广，让网络编辑可以在新闻线索、门户网站数据和用户使用痕迹中发现当下社会上人们最为关心的信息。

四是传播和推广的能力。网络媒体的互动性使其可以随时接受受众对信息的反馈，并根据社会和受众的需要加以调整和推广。新媒体的传播形式，要求网络编辑不仅能熟练地对信息资源进行编辑整合，还要能利用数字化技术和微博、微信、电子邮件等社交软件与受众广泛进行互动交流，有目的、有意识地对网站内容和栏目进行推广和宣传，以加大在受众群体中的影响力和知名度。因此，新媒体时代需要编辑具备整合传播策划能力，既要擅长融合产品多形式内容生产，又要精通各种介质的融合分发。

2018年，腾讯新闻发布了《中国传媒人才能力需求报告（2018）》，其中提出对编辑人才知识积累与专业素养的新要求是："上会看天气，下能接地气，心中有正气"，这里的"正气"就关系到编辑的伦理道德。

## 1.4　网络编辑的职业伦理

卢梭说过："有两样东西，我越想便越觉得伟大、觉得敬畏。一个是头顶的星空，一个是心中的道德法则。"

2006年4月16日上午，在北京市少年劳动教养所举办的"网络不健康内容毒害与后果"专题报告会上，5名正处于花季的少男少女，用自己的亲身经历控诉了网络不健康内容对他们的影响。

2009年12月14日，中央电视台播出了"关注网络扫黄"系列报道——色情信息"入侵"百度少儿搜索。报道称，搜索引擎百度2006年"六一"节前夕面向少年儿童推出的"少儿搜索"测试版能轻易搜索到大量色情信息。搜索结果中有大量的成人聊天室，这些网站充斥着少儿不宜的画面，不堪入目。

公安部原新闻发言人武和平曾透露，被抓获的青少年罪犯当中，有近80%的人被网络不良信息诱惑，这些人因为沉湎于网络，或者受到网络黄色信息的侵蚀而作案甚至作大案，诈骗、强奸、抢劫、抢夺的犯罪比例非常高。这些情况表明网络"黄毒"的危害已经相当大。

除了在商业利益的驱使下，网络色情信息泛滥外，诸多网站为了提升点击率也不惜编制虚假信息，使网络成为流言的聚集地。2003年3月29日，我国内地网络媒体上发生的"比尔·盖茨被暗杀"假新闻事件，给网络编辑们留下了深刻的教训。"CNN：微软总裁比尔·盖茨在洛杉矶遭到暗杀死亡"的消息最先发布在一些主流新闻媒体网站上，新浪、搜狐等传播影响力巨大的门户网站以及一些媒体网站甚至一些电视媒体通过"走马灯字幕"在第一时间转发。同时，与网络媒体内容紧密相连的手机短信也在第一时间发出该消息，成千上万的新闻短信订阅用户很快获取了这一假新闻。这一网络假新闻事件的发生，震动了中国网络媒体界，有严厉批评者称"这是中国网络媒体有史以来最重大的丑闻"。所有这些问题都要求网络管理的加强，但现今，网络管理的法律、法规尚不健全，网络监管技术上还有壁垒，比较实际有效的方法就是我们的"把关人"进行内容上的除污和净化。网络媒体从业人员首先需要自律。

连续几届中国网络媒体论坛都在关注网络媒体的社会责任和网上舆论导向问题。在2003年中国网络媒体论坛上，时任国务院新闻办公室副主任蔡名照说："各个网站要根据国家法律、法规和社会主义道德规范的要求，完善网站内部管理制度，加强自我约束和管理，特别要规范信息发布工作，自觉抵制不良信息和不道德行为。"在2005年中国网络媒体论坛上，蔡名照又强调推进行业自律，倡导网络文明的重要性。"互联网作为一个新型媒体，加强自我管理和自我约束，是实现有序发展的内在要求。推进互联网行业自律，就是要做到自觉维护主流思想、自觉传播先进文化、自觉抵制低俗之风、自觉维护公平竞争的环境，共筑网络诚信体系。中国互联网协会要加强国际合作，借鉴世界各国的有益经验，进一步加强行业自律和公众监督，端正网风，弘扬正气，使互联网成为传播先进文化的重要阵地。"2008年，中国网络媒体论坛签署了《建设诚信互联网宣言》，倡议互联网加强新闻的审稿、编辑、加工和把关，建立杜绝虚假新闻的长效机制，认为互联网的前途在于诚信。2010年，中国网络媒体论坛签署了《建设绿色互联网南京宣言》，倡议把网络媒体建设成为宣传科学真理、传播先进文化、弘扬文明风尚、促进社会和谐的舆论阵地。

网络新闻自律行动主要依靠各网站本身，依靠每一位网络编辑加强伦理道德修养。

### 1.4.1　新媒体传播伦理

进入移动互联网时代，学界和业界都开始关注新媒体传播的伦理问题。清华大学新闻与传播学院教授胡钰认为，以移动化、微传播为特征的新媒体传播改变了媒体生态，也让新闻传播机制呈现新特点，网民个体的自生产、再传播成为普遍行为。新媒体的繁荣让新闻传播的活跃度大幅度提升，同时给新闻传播有序发展带来了挑战。预防新闻传播失范，一方面靠制度从外部进行约束，另一方面靠伦理从内部进行约束。新媒体传播并非无禁区，需要树立一些核心伦理理念，形成基本伦理共识。

第一，尊重客观事实。新媒体中的新闻传播追求"无事不报、无报不快"。一个新闻事件出来，往往快速报道、转发、传播，而且越是反常的内容传播得越快，甚至加上情绪化的评论，造成新媒体中充斥许多不实信息。这种"快传播"很大程度上忽视了"事实第一性、新闻第二性"的新闻本源理念，它不追求在事实基础上进行传播，因而削弱了新闻传播的公信力。不容否认的是，不论传播方式如何，尊重客观事实始终是新闻传播的底线。每一次新闻传播都是对传播者信誉的展示，传播者必须对新闻源和新闻事实进行核实，在理性判断的前提下进行传播。

第二，尊重知识产权。新媒体传播中的大多数新闻内容并非原创，而是源自其他机构或作者的作品。当前，新媒体新闻传播中的一个突出问题是渠道过剩、内容不足。这种现象源于新闻采写的专业性和信息源的有限性。新闻内容作为新媒体传播中的核心资源，凝结了原创者的劳动，应予以充分尊重。这种尊重体现在新闻作品的署名权上，即凡转发新闻内容一定要注明作者及其代表机构名称；也体现在新闻作品的收益权上，即如果点击率带来传播平台的收益，应与内容提供者分享。

第三，尊重个人隐私。在新媒体的新闻传播中，传播者获取信息更加便捷、非法传播后追惩力不强，因而对涉及个人隐私的内容保护不够。大量揭秘性传播、透露个人信息的无意识传播，乃至"人肉搜索"的攻击性传播，构成了对个人隐私的侵犯。维护良好的新媒体新闻传播秩序，必须把尊重个人隐私作为道德底线和行为共识。

第四，尊重社会公益。新闻作品既是公共品，也是商品。前者体现在新闻作品的社会服务功能上，后者体现在新闻作品的市场信息价值上。对许多传统媒体而言，其商业价值是通过以提供新闻产品为主业的整体影响力来实现的。而在新媒体的新闻传播中，许多传播者将新闻作品的商品属性无限放大，力求实现自身平台商业价值最大化。这种行为忽视了新闻作品的公共品属性，会出现低俗新闻、有偿新闻、有偿不闻，甚至出现赤裸裸的新闻交易行为，导致新闻传播的社会效益受损。从新闻传播的社会职能上看，新媒体一样要坚守社会效益优先原则，不能为了经济利益而侵害社会公益。

第五，尊重国家利益。新媒体的新闻传播打破了国内与国际的界限，成为国际传播的大舞台。在这一舞台上，支持中国的正面声音在传播，诋毁中国的负面声音也不时出现。在这种负面声音中，不乏恶意丑化中国形象的谣言，利用"揭秘""独家新闻"等方式来否定中国领导人、中国政策、中国历史的内容。对此类"新闻"，新媒体传播者要有敏锐的辨别力和牢固的思想定力，坚决不传，自觉维护国家利益。

新闻伦理的实现，离不开新闻传播者的自律。实现这一自律，需要媒体从业者提高新闻伦理素养。在自媒体传播中，几乎所有网民都是新闻人。因此，新闻伦理素养培育面对的就不仅是新闻媒体，更要面对全体网民的新闻传播行为。这就需要充分发挥新媒体自身的传播效力，积极建设微博、微信与客户端中的新闻伦理传播平台，在新媒体中增强自我引导力，逐步在全社会形成良好的新闻传播秩序。

2019年6月22日，在主题为"反思与重构：智能传播时代的媒介法规与伦理"的学术年会上，华中科技大学新闻与信息传播学院教授、博士生导师牛静宣读了《自媒体用户信息传播伦理规范》（以下简称《规范》）。该《规范》是我国首个由学者拟定的、用以规范自媒体传播行为的伦理准则。

自媒体为公众提供了表达的途径，满足了公众表达的需求，起到推动社会进程的作用，但由于自媒体平台准入门槛较低，平台上出现诸多伦理失范现象。自媒体用户在行使表达权时要充分尊重并避免侵害每位公民的基本权利，因此自媒体用户的信息传播行为应当受到伦理约束。基于此，牛静教授带领华中科技大学媒体伦理研究团队，历时数月，拟定出该《规范》。

该《规范》分为前言与正文两部分，前言部分主要有《规范》拟定的背景、路径、目的等。前言中介绍说："自媒体用户，指的是在信息存储分发平台上注册、登录，以各种形式传播内容的个人或组织。该《规范》旨在建立自媒体用户检视、调节信息传播行为的指南和伦理约束体系，培育自媒体用户伦理素养和责任感，从而在维持自媒体用户表达权利和尊重他人获取可靠、得体信息之间寻求平衡。"

该《规范》正文部分共有12条20点，每一条都提醒自媒体用户发布内容时需要注意的伦理问题。正文条例有：

（1）负责地发布内容、避免误导；

（2）及时地更正错误、公开道歉；

（3）正当地采集信息、拒绝欺瞒；

（4）尊重个体多样性、禁止歧视；

（5）当事人知情同意、保护隐私；

（6）关怀悲剧相关者、减少伤害；

（7）谨慎待未成年人、保护权益；

（8）不违背公序良俗、以免效仿；

（9）维护司法的权威、无罪推定；

（10）树立著作权意识、抵制剽窃；

（11）注意文明地用语、表达得体；

（12）援引公共利益时、理由充分。

正文对以上 12 条伦理原则进行了详细的解释，如在"尊重个体多样性、禁止歧视"原则中解释道："自媒体用户应当尊重社会的多样性。在发布内容时，应避免发布基于种族、民族、国籍、宗教、语言、地域、社会地位、性别、年龄、相貌、性取向、婚姻状况、健康状况等的歧视性或其他任何使人招致歧视的内容。"

牛静教授在谈到《规范》内容时指出："我们在拟定伦理规范时，每一原则都以精练的语言进行概括，同时辅以可操作性的解释，以方便自媒体用户了解什么样的信息发布行为是符合伦理要求的，从而增强指导性。"

该《规范》拟定时除了参阅国内不同类型的自媒体平台制定的规范性条文外，主要参阅了国际上近百个国家的 139 篇媒体伦理规范，吸取了这些伦理规范中蕴含的为社会所公认的、基本的传播伦理理念，如关于隐私的规定。研究团队从英国《编辑业务准则》、阿尔及利亚《新闻职业道德宪章》、希腊《媒体伦理法典》、斯威士兰《全国记者协会道德规范》、澳大利亚《新闻隐私信条的声明》、立陶宛《新闻工作者和出版商的伦理规范》等 40 余个国家的媒体伦理规范中挖掘出"尊重""知情同意"的核心观念，制定出自媒体用户应当尊重他人隐私的伦理规范。

### 1.4.2 网络编辑的自律条款

**中国互联网协会**（Internet Society of China，ISC），成立于 2001 年 5 月 25 日，是一个非营利的全国性社团组织，主管单位是工业和信息化部。该协会的成立由国内从事互联网行业的网络运营商、服务提供商、设备制造商、系统集成商以及科研、教育机构等 70 多家单位共同发起（协会网址为：https：//www.isc.org.cn/）。协会目前主要提供非法信息举报服务，其在工信部的委托下，设立了 12321 网络不良信息举报中心和 12377 网络违法信息举报中心。除了网络非法信息，其还负责协助工信部承担关于移动电话和固定电话等业务中心的举报、分类和调查工作。

此外，为了促进行业交流，开展行业自律，协会从 2002 年开始每年定期举办中国互联网大会，至 2019 年已成功举办 18 届，是中国互联网业界极具知名度的行业会议。如 2004 年大会主题为"构建繁荣诚信的互联网"，2007 年大会主题为"和谐网络，品质服务"，2011 年大会主题为"网络中国——责任与活力"，2012 年大会主题为"开放@诚信@融合——迎接移动互联新时代"，2018 年大会主题为"融合发展 协同共治——新时代 新征程 新动能"。

中国互联网协会先后制定并发布了《中国互联网行业自律公约》《互联网搜索引

擎服务自律公约》《互联网企业生活服务类平台服务自律规范》等一系列自律规范，促进了互联网的健康发展。在以《中国互联网行业自律公约》为代表的自律规范中，规定了自律的原则和公约的执行两个方面。

该公约共分为4章，即总则、自律条款、公约的执行与附则。4章划分为31条：总则部分5条，对公约的制定目的、规范对象、基本原则、执行机构等进行了阐明；自律条款部分13条，对网络从业者提出了总体与具体个别的道德要求；公约的执行部分7条，对互联网协会的职责、权限等问题进行了说明：互联网协会对公约成员有管理、协调、维护其权益、适度处罚的权利，也有被监督与公正执行本公约的责任；附则部分6条，对该公约的生效时间、解释权、修改条件、签约者的加入与退出等做了具体说明。

《中国互联网行业自律公约》中的自律条款部分对网络从业者提出了总体与具体的道德要求。

其整体要求如下：

（1）遵守国家有关法规、政策以及我国签署的国际规则。

（2）接受社会各界的批评与监督，抵制与纠正行业不正之风。

（3）内部竞争合法、公平、有序。

其具体要求如下：

（1）不制作、发布和传播危害国家安全、社会稳定，违反我国法律、法规以及社会公德的有害信息，依法对用户在网站上发布的信息进行监督，及时清除有害信息。

（2）不链接含有有害信息的网站，确保网络内容的合法、健康。

（3）制作、发布或传播网络信息，要遵守有关保护知识产权的法律、法规。

（4）引导广大用户文明使用网络，增强网络道德意识，自觉抵制有害信息的传播。

（5）对接入的境内外网站进行检查监督，拒绝接入发布有害信息的网站，消除有害信息对我国网络用户的不良影响。

（6）营造健康文明的网络环境，引导青少年健康上网。

（7）尊重他人知识产权，反对制作含有有害信息和侵犯他人知识产权的产品。

**小资料1-2**

### 中国网络视听节目服务协会

中国网络视听节目服务协会成立于2011年8月19日，是网络视听领域唯一的国家级行业组织（一级协会），也是我国互联网领域规模最大的行业协会之一。协会现有会员单位700余家，包括中央广播电视总台、湖南电视台、浙江电视台等广电播出机构，人民网、新华网、中国网、咪咕文化、华数等主流新媒体机构，阿里巴巴、腾讯、百度等互联网企业，优酷、爱奇艺、搜狐视频、B站等视听节目服务机构，中影、华策、慈文、正午阳光、完美世界等影视节目制作公司以及华为、中兴等网络技术公司，涵盖了网络视听行业全产业链。

协会成立以来，在各方面积极发挥作用。如，维护会员单位合法权益，在政府与企业间发挥桥梁与纽带作用；积极推动网络文化建设，不断推进行业自律，组织会员单位树立媒体责任，抵制不良和有害内容；积极开展节目评议工作，以评优和文艺评论为工作抓手，引领网络视听作品创作方向，促进网络传播秩序规范，弘扬社会主义核心价值观；积极开展网络视听节目审核员培训、行业研究，深入调研，为政策制定建言献策，为行业发展提供权威数据和研究成果；积极开展行业交流，推动经验分享和思想互动，推动媒体融合发展；积极推动版权保护，打击盗版盗链等违法侵权行为。

为推动网络视听专业领域的研究与发展，协会先后成立了"公益广告委员会""网络剧微电影委员会""网络视听节目版权保护委员会""互联网电视工作委员会""音频工作委员会"等二级机构，以及"专家评议委员会""网络视听学术委员会"等咨询机构。同时，协会还与北京、上海、山东、广东、湖南、浙江和湖北等地方网络视听协会建立了沟通协调机制和协作关系，共同推动行业发展。

协会主办的"中国网络视听大会"是国家广播电视总局主导的、国内唯一聚焦网络文艺内容建设和媒体融合发展的国家级综合性行业活动，已成为国内网络视听文化和"大视听"领域规格最高、规模最大、具有"年度风向标"之誉的行业盛会，得到了中央领导、主管部门和行业的高度认可。

2012年5月17日，中国网络视听节目服务协会向业界发出《关于抵制色情暴力等有害视听节目的倡议书》，呼吁网络视听节目服务单位自觉传播优秀文化，抵制有害节目，加强行业自律，营造健康文明的网络环境。

2012年7月13日，由广电总局推动、中国网络视听节目服务协会在京发布《中国互联网视听节目服务自律公约》（以下简称《公约》）。《公约》对网络视听节目做出了要求，主要有：要求实行节目内容先审后播制度；要求各缔约单位坚守社会责任，坚持社会效益优先，大力弘扬优秀文化，积极推动产业发展，严格实行行业自律；积极生产制作和传播内容健康、形式新颖、生动活泼、贴近受众的网络视听节目，包括网络剧、微电影、影视类动画片、纪录片等；要求各缔约单位不传播法律法规禁止的节目，共同抵制腐朽落后的思想文化，不传播危害未成年人身心健康、违背社会公德、损害民族优秀文化传统的节目内容；要求各缔约单位实行网络视听节目内容总编辑负责制度；实行节目内容先审后播制度，建立和完善快速处理响应机制；要求各缔约单位建立互联网视听节目行业信息共享互助机制，健全"互联网视听节目信息库"系统，积极推荐优秀节目，及时删除有害内容。对信息库系统中仅应由缔约单位掌握的信息，负有保密责任。

2019年1月9日，中国网络视听节目服务协会正式发布《网络短视频平台管理规范》（以下简称《规范》）和《网络短视频内容审核标准细则》（以下简称《细则》）。《规范》和《细则》针对网络视听领域存在的不足和薄弱环节，分别对开展短视频服务的网络平台以及网络短视频内容审核的标准进行了规范。《细则》明确了 21 类、100 项内容,"丧文化""一夜情""非主流婚恋观"等都不得出现在短视频中。

(1)先审后播,弹幕也要审核。《规范》明确规定,网络短视频平台应当积极引入主流新闻媒体和党政军机关团体等机构开设账户,提高正面优质短视频内容供给。网络短视频平台实行节目内容先审后播制度。平台上播出的所有短视频均应经内容审核后方可播出,包括节目的标题、简介、弹幕、评论等内容。

关于审核员制度,《规范》提出,网络平台开展短视频服务,应当根据其业务规模,同步建立政治素质高、业务能力强的审核员队伍。审核员应当经过省级以上广电管理部门组织的培训,审核员数量与上传和播出的短视频条数应当相匹配。原则上,审核员人数应当在本平台每天新增播出短视频条数的千分之一以上。

(2)将共享"违法违规上传账户名单库"。《规范》明确,网络短视频平台应当建立"违法违规上传账户名单库"。一周内三次以上上传含有违法违规、重大违法内容节目的 UGC(用户原创内容)账户,平台应当将其身份信息、头像、账户名称等信息纳入"违法违规上传账户名单库"。

各网络短视频平台要对"违法违规上传账户名单库"实行信息共享机制,对名单库中的人员,各网络短视频平台在规定时期内不得为其开通上传账户。根据上传违法节目行为的严重性,名单库中的人员的禁播期分别为一年、三年、永久三个档次。

(3)短视频平台应设未成年人家长监护系统。在内容方面,《规范》明确规定,网络短视频平台不得未经授权自行剪切、改编电影、电视剧、网络电影、网络剧等各类广播电视视听作品,不得转发 UGC 上传的电影、电视剧、网络电影、网络剧等各类广播电视视听作品片段。在未得到 PGC(专业生产内容)机构提供的版权证明的情况下,也不得转发 PGC 机构上传的电影、电视剧、网络电影、网络剧等各类广播电视视听作品片段。

网络短视频平台应当遵守国家新闻节目管理规定,不得转发 UGC 上传的时政类、社会类新闻短视频节目,不得转发尚未核实是否具有视听新闻节目首发资质的 PGC 机构上传的时政类、社会类新闻短视频节目。

网络短视频平台应当建立未成年人保护机制,采用技术手段对未成年人在线时间予以限制,设立未成年人家长监护系统,有效防止未成年人沉迷短视频。

短视频作为一种新兴业态,繁荣了文化市场、丰富了人民群众的精神文化生活,与此同时也存在需要规范与治理的问题,尤其是版权保护问题,而网络短视频平台是解决这一问题的关键。《规范》的发布,对加强网络短视频平台自律和内容版权保护有着重要意义。

资料来源 中国网络视听节目服务协会(http://www.cnsa.cn)。倪伟.《网络短视频平台管理规范》发布:网络短视频将先审后播 [EB/OL].[2019-01-10]. http://media.people.com.cn/n1/2019/0110/c40606-30513476.html.

**小资料1-3**

## 重要政策解析

2017年6月1日起，《网络安全法》正式施行，这是我国第一部全面规范网络空间安全管理问题的基础性法律，是我国网络空间法治建设的重要里程碑，是依法治网、化解网络风险的法律重器，是让互联网在法治轨道上健康运行的重要保障。《网络安全法》将近年来一些成熟的好做法制度化，并为将来可能的制度创新做了原则性规定，为网络安全工作提供切实法律保障。

《网络安全法》的基本原则包括：

第一，网络空间主权原则。《网络安全法》第一条"立法目的"开宗明义，明确规定要维护我国网络空间主权。网络空间主权是一国国家主权在网络空间中的自然延伸和表现。习近平总书记指出，《联合国宪章》确立的主权平等原则是当代国际关系的基本准则，覆盖国家与国家交往的各个领域，其原则和精神也应该适用于网络空间。各国自主选择网络发展道路、网络管理模式、互联网公共政策和平等参与国际网络空间治理的权利应当得到尊重。第二条明确规定《网络安全法》适用于我国境内网络以及网络安全的监督管理。这是我国网络空间主权对内最高管辖权的具体体现。

第二，网络安全与信息化发展并重原则。习近平总书记指出，安全是发展的前提，发展是安全的保障，安全和发展要同步推进。网络安全和信息化是一体之两翼、驱动之双轮，必须统一谋划、统一部署、统一推进、统一实施。《网络安全法》第三条明确规定，国家坚持网络安全与信息化并重，遵循积极利用、科学发展、依法管理、确保安全的方针；既要推进网络基础设施建设，鼓励网络技术创新和应用，又要建立健全网络安全保障体系，提高网络安全保护能力，做到"双轮驱动、两翼齐飞"。

第三，共同治理原则。网络空间安全仅仅依靠政府是无法实现的，需要政府、企业、社会组织、技术社群和公民等网络利益相关者的共同参与。《网络安全法》坚持共同治理原则，要求采取措施鼓励全社会共同参与，政府部门、网络建设者、网络运营者、网络服务提供者、网络行业相关组织、高等院校、职业学校、社会公众等都应根据各自的角色参与网络安全治理工作。

《网络安全法》提出制定网络安全战略，明确网络空间治理目标，提高了我国网络安全政策的透明度。《网络安全法》第四条明确提出了我国网络安全战略的主要内容：明确保障网络安全的基本要求和主要目标，提出重点领域的网络安全政策、工作任务和措施。第七条明确规定，我国致力于"推动构建和平、安全、开放、合作的网络空间，建立多边、民主、透明的网络治理体系"。这是我国第一次通过国家法律的形式向世界宣示网络空间治理目标，明确表达了我国的网络空间治理诉求。上述规定提高了我国网络治理公共政策的透明度，与我国的网络大国地位相称，有利于提升我国对网络空间的国际话语权和规则制定权，促成网络空间国际规则的出台。

《网络安全法》进一步明确了政府各部门的职责权限，完善了网络安全监管体制。《网络安全法》将现行有效的网络安全监管体制法治化，明确了网信部门与其他相关网络监管部门的职责分工。第八条规定，国家网信部门负责统筹协调网络安全工作和相关监督管理工作，国务院电信主管部门、公安部门和其他有关机关依法在各自职责范围内负责网络安全保护和监督管理工作。这种"1+X"的监管体制，符合当前互联网与现实社会全面融合的特点和我国监管需要。

《网络安全法》强化了网络运行安全，重点保护关键信息基础设施。《网络安全法》第三章用了近三分之一的篇幅规范网络运行安全，特别强调要保障关键信息基础设施的运行安全。关键信息基础设施是指那些一旦遭到破坏、丧失功能或者数据泄露，可能严重危害国家安全、国计民生、公共利益的系统和设施。网络运行安全是网络安全的重心，关键信息基础设施安全则是重中之重，与国家安全和社会公共利益息息相关。为此，《网络安全法》强调在网络安全等级保护制度的基础上，对关键信息基础设施实行重点保护，明确关键信息基础设施的运营者负有更多的安全保护义务，并配以国家安全审查、重要数据强制本地存储等法律措施，确保关键信息基础设施的运行安全。

《网络安全法》完善了网络安全义务和责任，加大了违法惩处力度。《网络安全法》将原来散见于各种法规、规章中的规定上升到人大法律层面，对网络运营者等主体的法律义务和责任做了全面规定，包括守法义务，遵守社会公德、商业道德义务，诚实信用义务，网络安全保护义务，接受监督义务，承担社会责任等，并在"网络运行安全""网络信息安全""监测预警与应急处置"等章节中进一步明确、细化。在"法律责任"中则提高了违法行为的处罚标准，加大了处罚力度，有利于保障《网络安全法》的实施。

《网络安全法》将监测预警与应急处置措施制度化、法治化。《网络安全法》第五章将监测预警与应急处置工作制度化、法治化，明确国家建立网络安全监测预警和信息通报制度，建立网络安全风险评估和应急工作机制，制定网络安全事件应急预案并定期演练。这为建立统一高效的网络安全风险报告机制、情报共享机制、研判处置机制提供了法律依据，为深化网络安全防护体系，实现全天候、全方位感知网络安全态势提供了法律保障。

资料来源　中华人民共和国民政部信息中心（https：//xxzx.mca.gov.cn/）。谢永江.《网络安全法》解读［EB/OL］.［2016-11-07］. http://www.cac.gov.cn/2016-11/07/c_1119866583.htm.

## 职业工作站

"两微一端"、短视频等迅速发展，需要补充大量的网络编辑。一般说来，新媒体招聘网络编辑有共通的普遍要求。下面是某新媒体编辑岗位的职责与要求：

岗位职责：

1.根据网站（含微信、微博、博客、论坛）发展的总体方向，策划、建设相关的栏目；

2.负责网站相关栏目的信息搜集、编辑工作；

3.负责网站内容的日常更新、维护、审核、发布等工作;

4.负责网站文章的撰写、整合、优化等相关工作;

5.负责微博、微信内容发布、粉丝互动、话题制造、活动执行工作;

6.跟踪分析微博、微信等微媒体的数据;

7.对互联网有浓厚兴趣,善于捕捉网络热点,思维敏捷有创新。

任职要求:

1.新闻学或传播学相关专业本科及以上学历;

2.热爱新媒体,具备良好的新闻敏感度,对新媒体运营有自己的理解;

3.扎实的文字功底,有关注和阅读大量订阅号的习惯;

4.具有良好的理解能力、沟通能力和团队协作能力;

5.高度的责任心,良好的抗压能力。

## ◀本章小结▶

本章主要向大家介绍了网络编辑的职业特点、角色定位、应该具有的工作技能和应该遵守的伦理规范。在伦理规范部分,更注重从理论的角度来探讨网络编辑作为一个职业所应具有的信条、准则。网络编辑是一些什么样的人?他们以互联网为工作平台,其工作内容和传统的编辑有哪些不同?这种新型的职业对他们的能力提出了什么样的要求和挑战?他们应该具有什么样的工作技能?他们的职业道德准则是什么?他们的责任感和荣誉感要求他们去践行什么样的道德行为准则?这些问题都是本章和大家讨论的话题。你能在本章中对网络编辑的工作环境和职业特点有个大致的了解,并可以体会他们从事这个职业的一些酸甜苦辣。

## ◀主要概念和观念▶

□ 主要概念

网络编辑 中国互联网协会

□ 主要观念

网络编辑应是信息的把关人 网络编辑应自律

## ◀基本训练▶

□ 知识题

▲ 简答题

(1)请简述网络编辑的工作特点。

(2)网络编辑从事的工作主要有哪些?

(3)劳动和社会保障部对网络编辑的定义是什么?

▲ 填空题

(1)编辑是新闻媒体内容运转过程的三个环节_____、_____、_____中一个承上启下的环节。

（2）美国报纸主编人协会曾经制定了《报业信条》，要求报人遵守责任、_____、_____、诚信、公平、正直、庄重等准则。

▲ 选择题

△ 单项选择题

（1）网络新闻全时性的概念首先是由（　　）倡导的。

A.ABC　　　　　　　B.BBC　　　　　　　C.NBC　　　　　　　D.CBS

（2）为了促进行业交流，开展行业自律，中国互联网协会从（　　）年开始每年定期举办中国互联网大会。

A.2002　　　　　　　B.2003　　　　　　　C.2000　　　　　　　D.2016

△ 多项选择题

（1）网络编辑的基本素养包括（　　）。

A.政治素养　　　　B.法律素养　　　　C.媒介素养　　　　D.伦理道德

（2）新媒体时代网络编辑的媒介素养主要包括（　　）。

A.信息获得素养　　B.信息处理素养　　C.信息传播素养　　D.知识素养

□ 技能题

▲ 单项操作训练

比较同一新闻事件在网络报道时不同的网络标题，分析好的新闻标题的特点。

▲ 综合操作训练

浏览新浪网、新华网、今日头条等发布的新闻，分析三家网络编辑在选稿方面是怎么把关的。

🔲 综合应用 ➡

□ 案例题

### 网络假新闻

2018年11月18日，据《北京青年报》报道，一段快递小哥雨中痛哭的视频引发了不少关注。报道中称，据网友爆料，上海一快递员冒雨送快递，一车快递被偷得没剩几件了，在雨中痛哭20多分钟。目击者小晴（化名）告诉北青报记者，视频拍摄于11月15日下午，地点在上海华师大三村，当时她听到有人在楼下大喊，所以打开窗看到了事发经过。小晴称，她看到快递员哭得很厉害，一直喊"这叫我怎么办，怎么办"。其间还有一位大爷前去安慰。11月18日下午，北青报记者从事发地附近的上海公安局普陀分局长风新村派出所了解到，15日下午确实接到一位快递员报警称其派送的快递丢失，快递员报警时说公司可能将损失算在他身上，截至目前快递仍未找回。然而事情的真相是，11月18日晚间，视频拍摄者在微博上澄清，称她只看到快递员在雨中哭泣，所谓快递被盗是其个人推断。11月19日，多家上海本地媒体发布了进一步的调查情况。上海普陀区公安分局称他们并未接到类似警情，消息不实。11月15日以来，视频拍摄地所属的长风新村派出所未接到过快递小哥报案称快递被盗的警情。快递小哥系韵达快递公司的快递员，当日其在华师大三村送快递时因与女友吵架站在雨中哭泣，并没有发生快递被偷的情况。11 月 19 日 12 时，普陀公安局官方微博发布了通告。警方提醒，在网络中发帖时不要主观臆断，在不明事件具体情况下编造不实信息，网络空间不是"法外之地"，一旦造成严重后果需要承担相应的法律责任。

从对这条假新闻的出炉过程进行的追溯来看，这是一条非常典型的未经核实的用户生产内容经由媒体报道落地成为假新闻的案例。最初的线索来自网友在新浪微博上传的视频和文字，上传者在不知快递员因何哭泣的情况下发布了自己的推测。此后，视频网站、微信账号的转载加速了这则内容的发酵，逐渐将原因归结为"快递被偷"。11 月 18 日 16 时许，《北京青年报》跟进此事，并在相关报道中增加了一句"当地派出所接到过快递丢失的报警"。即便的确有派出所接到过快递丢失的报警，但是所谓的报警与哭泣的快递员之间也不能建立因果关系。

资料来源　佚名. 2018 年十大假新闻出炉，你信了几个？［EB/OL］.［2019-01-03］. http：//py.qianlong.com/2019/0103/3040481.shtml？from=timeline.

问题：面对网络假新闻的泛滥，你认为网络编辑应该如何把关？

□ 实训题

以菜鸟裹裹官网（https：//www.cainiao.com/）为例，假设你是该网站编辑，试分析该网站的内容特点和编辑特色。

□ 讨论题

谈一谈如何有效防止网络侵权。

# 第2章
# 网站与网站编辑

## 学习目标

□ 知识目标：

　　了解网站的概念、网站与网络的关系和网站的分类标准，了解网站定位的意义，掌握网站定位的各种元素；了解建立网站结构的原则，掌握网站的几种常见结构；了解网站创意设计的基本原则和创意设计中的相关要素；了解网页编排设计的基本原则。

□ 能力目标：

　　依据网站的分类标准，掌握不同网站定位的依据和基本定位原则，能够合乎规范并熟练地进行网站创意和网页编排。

□ 素养目标：

　　能够根据网站定位的实际需要，以具有前瞻性、系统性的意识协调网站创意设计素养，网站编排与结构优化素养，网站编辑创新素养和遵守国家网站编辑法律法规的思想素养。

## 【引例】

### 看腾讯"七十二变"

提起腾讯，我们并不陌生。如果问起腾讯是什么，你会回答是 QQ、是微信、是游戏、是视频等等。总之，在我们的生活中，随处可以看到作为中国互联网三巨头 BAT 之一的腾讯的影子。

腾讯的发展过程是其商业生态系统的形成过程，包含腾讯自身的发展和整个网络共同体成员的发展，以及其与技术环境、产业环境、政策环境的互动作用。腾讯的早期成长是通过 QQ 实现用户资源积累的，并走过了产品模型仿制、应用创新和盈利模式的探索过程。

2005 年，马化腾提出"在线生活"的战略主张，腾讯先后进入门户网站、电子商务、在线游戏、网络搜索等多个领域。"在线生活"的背后是腾讯 QQ 社区，上述所有服务通过社区关系串联起来，进一步增强了腾讯和用户之间的关系黏性。基于强关系用户池这一核心能力，腾讯得以实现多业务组合并举，占据生态系统的绝大部分节点。

2010 年以前，腾讯对于其领导的生态系统或某些业务领域主要采取的是支配主宰者战略（Dominator Strategy）。支配主宰者战略是通过纵向一体化或横向一体化来管理和控制某一生态系统或业务领域的战略。它通过多元化业务扩张，试图占据网络中的所有节点，它控制了商业生态系统中的价值创造和价值分配活动，常采用封闭型的产品结构以防止其他成员利用它作为平台改进或扩展其自身产品的潜在可能。腾讯这一时期发展的侧重点在于控制和拥有互联网业务领域的绝大多数应用，同时也确定、占有和指导网络中所进行的绝大多数活动。

在即时通信市场，腾讯战胜了网易、新浪、搜狐等推出的通信类产品。2005 年，腾讯推出 QQ 空间，追随 My Space 和 Facebook，并在随后的四年中，分阶段与 51.com、人人网和开心网展开竞争，以在 SNS 市场上取得支配地位，腾讯最终成为社交化浪潮中的胜出者。

2008 年，腾讯已拥有 QQ、QQ 空间、QQ 游戏和腾讯网等多个亿级用户入口平台，这在全球互联网企业中绝无仅有，腾讯走上了"行业创新公敌"的发展道路，腾讯和其他互联网企业的竞争很大程度上成为一种"零和游戏"。

2010 年，"3Q 大战"将这场零和游戏推向最高峰。360 软件和 QQ 软件对自身用户进行绑架，用户必须在两家公司之间进行"二选一"，这种封闭式竞争使得腾讯品牌形象降至最低点。研究显示，当环境压力增大到超过某一核心物种所能容忍的极限时，生态系统会发生"大规模重组"。"3Q 大战"后，马化腾宣布腾讯进入"战略转型筹备期"，转型的原则是"开放与分享"。"3Q 大战"对腾讯的变革产生决定性影响，腾讯由封闭走向开放，"丛林法则"转向"天空法则"，腾讯由支配主宰者为主的角色逐渐转向网络核心者为主的角色。

资料来源　张梅芳，朱春阳. 由支配主宰者到网络核心者——腾讯商业生态系统的角色演进 [J]. 编辑之友，2018（8）：56-60.引文标题和内容有所改动和删减.

互联网的迅速发展，使得网络成为目前社会中最具有时效性，也是最丰富的媒体。越来越多的人得益于网络的发展和壮大，每天无数的信息在网络上传播。世界上第一个网站是万维网（World Wide Web），它是英国物理学家蒂姆·伯纳斯·李于1989年在欧洲核子研究中心任职的时候，做出的这一改变人类历史文明的发明，其将HTML确立为网页的标准标记语言。原本是为了方便世界各地的物理学家进行交流，但是欧洲核子研究中心十分慷慨，将它献给了全人类。

1991年8月6日，世界上第一个网站正式上线，由蒂姆·伯纳斯·李在一台NeXT计算机上创建，它解释了万维网的概念，如何使用网页浏览器和如何建立一个网页服务器等普及型的内容。虽然是最早的网页，但它提出了非常先进的理念，即提倡媒体信息搜索和普及社会化的资料文件，这也是互联网开放共享的本质。本章将从网站的相关概念开始介绍，使同学们了解网站编辑的相关内容。

# 2.1 网站概述

在无边的网络里畅游要想不迷失方向，人们需要一个通道、一个指向标，网站的出现就为人们提供了一个通向网络世界的大门。许许多多不同的网站组成了纵横交错的平台，人们凭借这些平台寻找自己想要的东西。

## 2.1.1 网站相关概念

因特网起源于美国国防部高级研究计划管理局建立的阿帕网。**网站（Website）就是在因特网上根据一定的规则，使用 HTML 等工具制作的用于展示特定内容相关网页的集合。**可以说，网站就是一个应用框架，它将各种应用系统、数据资源和互联网资源集成到一个信息管理平台上，并以统一的用户界面提供给网站访问者。

简单地说，网站是一种沟通工具，人们可以通过网站来发布自己想要公开的资讯，或者利用网站来提供相关的网络服务。衡量一个网站的性能通常是从网站空间大小、网站位置、信息传递速度（俗称"网速"）、网站软件配置、网站提供服务等几方面考虑，最直接的衡量标准是网站的真实流量。对网站及相关概念的了解及辨析也是认识网站的基础。

**1）网页**

网页是构成网站的基本元素，是承载各种网站应用的平台。通俗地说，你的网站就是由网页组成的，如果你只有域名和虚拟主机而没有制作任何网页，你的客户仍旧无法访问你的网站。

网页是一个文件，它可以存放在世界某个角落的某台计算机中，是万维网中的"页"，是超文本标记语言格式（标准通用标记语言的一个应用，文件扩展名为 . Html 或 .html）。网页通常用图像文档来提供图画，要通过网页浏览器来阅读，通常包括静态网页与动态网页。静态网页也称为普通网页，网页的内容已经确定，无论用户何时、以怎样的方式访问，网页的内容都不会改变。动态网页则可以根据不同的浏览者显示不同的信息，常见的留言板、论坛、聊天室等都为动态网页。

**2）URL**

在因特网中，每一信息资源都有统一的且是网上唯一的地址，该地址就叫URL，是统一资源定位标志，就是指网络地址。URL由三部分组成，即资源类型、存放资源的主机域名、资源文件名。在浏览器的地址栏里输入网页的URL，就可以访问这个网页了。例如，输入网址 https：//www.bilibili.com/ 时，就是采用HTTP（协议）访问哔哩哔哩网的首页。

**3）IP地址**

IP（Internet Protocol，网络之间互联的协议）就是为计算机网络相互连接进行通信而设计的协议。在因特网中，它是能使连接到网上的所有计算机网络实现相互通信的一套规则，规定了计算机在因特网上进行通信时应当遵守的规则。任何厂家生产的计算机系统，只要遵守IP协议就可以与因特网互联互通。正是因为有了IP协议，因特网才得以迅速发展成为世界上最大的、开放的计算机通信网络，因此，IP协议也可以叫作"因特网协议"。IP地址被用来给Internet上的计算机编号。大家日常见到的情况是每台连网的PC上都需要有IP地址，才能正常通信。

**4）域名**

域名（Domain Name System，DNS），简称网域，是由一串用点分隔的名字组成的Internet上某台计算机或计算机组的名称，用于在数据传输时标识计算机的电子方位（有时也指地理位置）。

例如，www.Wikipedia.org是一个域名，与IP地址208.80.152.2相对应。DNS就像一个自动的电话号码簿，可以直接拨打Wikipedia的名字来代替电话号码（IP地址）。直接调用网站的名字后，DNS就会将便于人类使用的名字（如www.Wikipedia.org）转化成便于机器识别的IP地址（如208.80.152.2）。

网站是网络世界主要的载体和表现形式。它既是人们进入网络世界的主要入口，也是人们在网络世界生存的平台。尽管网络世界被称为虚拟世界，但随着与人们生产、生活相关的部门纷纷建立自己的网站，在网络世界里生存已成为现实。

CNNIC的调查报告中有关域名的数据显示，截至2020年12月，我国域名总数为4 198万个。其中，".CN"域名数量为1 897万个，占我国域名总数的45.2%；".COM"域名数量为1 263万个，占我国域名总数的30.1%；".中国"域名数量为170万个，占我国域名总数的4.0%；新通用顶级域名（New gTLD）数量为745万个，占我国域名总数的17.7%。在网站空间相关数据中，截至2020年12月，我国网站[①]数量为443万个；网页数量为3 155亿个，较2019年底增长5.9%，其中，静态网页数量为2 155亿个，占网页总数量的68.3%；动态网页数量为1 000亿个，占网页总数量的31.7%。

## 2.1.2　网站类型

如此众多的网站可以根据不同的主体、功能进行分类，也正是因为其功能特点和

---

① 网站：指域名注册者在中国境内的网站。

主体特点，人们才能在众多的网站中找到自己需要的网站。本节以主体性质和功能为主，对网站类型进行介绍。

**1）按照主体性质分类**

在网络世界中，网站的经营主体可以是机构也可以是个人。我们常见的网站大多是以某一机构为经营主体，传播内容代表某一机构的立场和观点，树立和维护某一机构的形象。根据经营主体的不同，网站可以分为如下的类别：

（1）政府网站。政府网站一般是各级政府设立的，为政府办公信息化服务的，即电子政务。我国政府网站所提供的主要服务有机构、职能介绍，政府公告，法律法规，政府新闻，行业地区信息，办事指南等；提供在线咨询或投诉的政府网站则很少。

截至 2020 年 12 月，我国共有政府网站[①]14 444 个，主要包括政府门户网站[②]和部门网站[③]。其中，中国政府网 1 个，国务院部门及其内设、垂直管理机构共有政府网站 894 个；省级及以下行政单位共有政府网站 13 549 个，分布在我国 31 个省（自治区、直辖市）和新疆生产建设兵团。

（2）商业网站。**商业网站，就是在网上从事商业活动的网站，通过网络利用网站的各种职能赚取利润。**如我国著名的商业网站新浪网，它的收入很大一部分来自该网站的广告收入。据新浪网 2020 年第二季度财报，新浪网的广告收入为 3.922 亿美元，公司净营收为 5.077 亿美元。同样是商务网站的网易，它的主要收入来源则是网络游戏增值服务。网易公开的财报显示，2020 年网易的净收入为 736.7 亿元人民币，网络游戏服务净收入为 546.1 亿元人民币，游戏净收入占整体净收入的 74%，其净收入与利润的增长要归功于公司的多款移动端游戏，如《明日之后》、《梦幻西游》和《率土之滨》的强势表现。

当然，商业网站不仅仅是这类综合性门户网站，它还有其他的表现形式，如淘宝网、当当网等从事网上电子交易的网站等。我国的商业网站主要提供电子商务、新闻、网上社区、电子信箱等服务。除了以 B2B、B2C、C2C、O2O 等类型为主的电子商务服务外，还有网上酒店预订、网上股票交易、网上订票、网上拍卖议价等商务服务。电子邮件服务和主页空间服务也分为免费和收费两种。

（3）企业网站。与商业网站相区别，**企业网站是指业务主要在网站外进行的企业所建立的网站。**企业网站是企业在互联网上进行网络营销和形象宣传的平台，相当于企业的网络名片，不但对企业的形象有良好的宣传作用，同时可以辅助企业的销售，通过网络直接帮助企业实现产品的销售。企业可以利用网站进行宣传、产品资讯发布、招聘等，企业网站是企业通向互联网的平台和门户，是企业开展网络营销的重要条件，如海尔集团的网站。

---

① 政府网站：指各级人民政府及其部门、派出所和承担行政职能的事业单位在互联网上开办的，具备信息发布、解读回应、办事服务、互动交流等功能的网站。
② 政府门户网站：指县级及以上各级人民政府、国务院部门开设的政府门户网站。乡镇、街道原则上不开设政府门户网站，确有特殊需求的特殊处理。
③ 部门网站：指省级、地市级政府部门，以及实行全系统垂直管理部门设在地方的县处级以上机构开设的本单位的网站。县级政府部门原则上不开设政府网站，确有特殊需求的特殊处理。

如果将互联网类比作一个超级市场，当企业建立了自己的网站时，也就意味着企业在网络虚拟市场上有了自己的摊位，可以宣传自己、展示自己的产品。企业网站存在的主要目的就是宣传、推销自己，为客户提供更为及时、到位的服务。这种服务不仅仅是面向个人客户，也是链接企业各类供应商、经销商的重要途径。

（4）教育、科研机构的网站。这类网站主要是各高校、科研机构建立的网站，用于校内和校外的资源共享与信息交流，为教学与科研服务。一般情况下教育网站的后缀域名是 edu，代表教育的意思，也有部分域名是 com/cn/net。2020 年初因新冠肺炎疫情的影响，以"慕课"为主的线上教育网站成为学生线上课程学习的主要渠道之一。

**小资料 2—1**

**什么是"慕课"**

慕课（MOOC），即大规模开放在线课程，是"互联网+教育"的产物，英文直译"大规模开放的在线课程（Massive Open Online Course）"，是新近涌现出来的一种在线课程开发模式。

"M"代表 Massive（大规模），与传统课程只有几十个或几百个学生不同，一门MOOC 课程动辄上万人，最多达 16 万人；第二个字母"O"代表 Open（开放），以兴趣导向，凡是想学习的，都可以进来学，不分国籍，只需一个邮箱，就可注册参与；第三个字母"O"代表 Online（在线），学习在网上完成，无须出行，不受时空限制；第四个字母"C"代表 Course，就是课程的意思。慕课不是一个具体的网站，而是提供大规模在线课程的模式。

在 2020 年受新冠肺炎疫情影响的假期延长期间，教育部公布了北京大学"理论语言学"等 2 686 门课程为第一批"国家级精品资源共享课"。学生在家可以通过慕课网站之一的爱课程（https：//www.icourses.cn/home/）进行学习。2020 年 12 月 9 日—11日，在清华大学举行的世界慕课大会上，世界慕课联盟正式成立，《慕课发展北京宣言》同期发布。联盟首批 20 位成员包括康奈尔大学、清华大学等。

（5）其他非营利性机构的网站。这主要是由服务于社会福利、医疗卫生、贫困地区发展等方面的非营利性机构建立的网站，如中国红十字会的网站。这类网站的作用主要是介绍与宣传自己、信息发布、宣传某种造福于人类的理念、通过网络开展募捐等。

（6）个人网站。个人网站是指个人或团体因某种兴趣、拥有某种专业技术、提供某种服务或把自己的作品、商品展示销售而制作的具有独立空间域名的网站。个人网站是由个人创建的网页包含的内容，而不是个人性质的公司、组织或机构的代表。个人网站主要是个人或团体为了满足自己的兴趣爱好而制作的网站，其内容多种多样，可以展示个人风采，也可以是自己感兴趣的内容。相对于机构和企业的网站，个人网站更加灵活自由。

**2）按照网站的功能分类**

功能和服务是网站建设的核心，按照网站功能和服务的不同，可以分为以下几个类别：

（1）综合类或门户网站。这类网站是指通向综合性的互联网资源，并提供有关服务的网站。综合类网站一般内容丰富、功能多样，将多数网民可能需要的内容与服务都集中到网站中，并在主页加以集中体现。这类网站有新浪、搜狐、网易、腾讯等。另外，很多地方门户网也属于这类网站，例如浙江在线。

（2）资讯类网站。这类网站的主要目的是提供信息，很多这类网站也提供检索和互动交流功能（例如留言、论坛等）。目前很多政府网站、行业网站、企业网站都可以归入资讯类网站。严格地说，新闻也是一种资讯，因而新闻类网站也可以归于资讯类网站，如人民网、新华网等国家新闻媒体网站，新浪、搜狐等商业门户网站。

（3）交易类网站。这类网站也就是人们通常所理解的电子商务网站，网站的主要目的是实现网上交易。这类网站一般都有商品展示、订单生成、网上支付等功能，并且比较重视网站的安全性和稳定性。随着网站功能的完善和发展，部分交易类网站也有频道或栏目可提供相关的资讯。

交易类网站有阿里巴巴、淘宝、当当等。其中，阿里巴巴是B2B（Business to Business）类型的网站，反映企业与企业之间的营销关系，也就是通常所说的网上批发业务；淘宝网是C2C（Consumer to Consumer）类型的网站，反映个人与个人之间的营销关系，也就是通常所说的网上拍卖、二手交易和个体商户零售业务；当当网是B2C（Business to Consumer）类型的网站，反映商家与客户（就是企业对个人）的营销关系，也就是通常所说的网上商店零售业务。

阿里巴巴、淘宝、当当都属于专门的交易平台网站。企业为了在网上销售产品所建立的电子商务网站也可以属于交易类网站，如格力的网上商城。

（4）索引类网站。这类网站主要是提供网络信息的检索服务，一般可以分为两类，即分类目录索引网站和关键词搜索网站。前者如以前的雅虎英文网（现在雅虎英文网已经发展为一个综合性的网站，但仍然提供目录索引服务，其目录索引地址是雅虎英文网的一个二级域名），后者如Google、百度、搜搜、搜狗等。现在搜索引擎和目录索引常常相互融合，例如Google也提供目录索引，雅虎在目录索引中也加了关键词搜索功能。

（5）交流类网站。这类网站主要是为人们网上交流和交往提供服务的，主要有三类：网络论坛、博客类网站、交友类网站。

网络论坛一般是指通常所说的BBS（Bulletin Board System），即电子公告板。网络论坛的主要功能是为人们提供一个网上交流与互动的场所。网络论坛具有使用方便、回复较快、匿名发布等特点，在我国发展也很快。博客类网站一般是专门为网民开设博客提供服务的网站，例如博客中国。很多综合性网站也提供博客服务，例如新浪博客。交友类网站主要是为维系特定关系服务的网站，如同学关系、婚恋交友服务等。

（6）休闲娱乐网站。这类网站是为人们提供休闲娱乐服务的网站，如游戏网站、音乐网站、视频网站等。

（7）其他的功能网站。除了上述的网站类型外，还有很多提供其他功能与服务的网站，包括一些提供特色功能的网站，例如提供域名服务与网络空间服务的网站。

在实际的网络世界中，网站的分类并不绝对，经常是一个网站提供多种功能与服务（但通常以某种服务为主）。网站功能与服务的设置是与网站的运营目标、目标受众人群的特点等因素分不开的。

这种按照网站提供的功能和服务来分类的方式，实际上也是互联网对人们的生活和工作的影响范围和程度的反映。互联网现在还在快速发展中，随着这些新技术、新应用不断进入人们的生活，为人们所接受，就可能产生能提供新的功能和服务的网站。

**3）各类型网站的移动端**

近年来，技术在推动媒体融合过程中的作用愈加凸显，伴随着大数据、物联网、云计算、人工智能、移动通信、虚拟现实等技术的广泛运用，原有的新闻生产方式和媒体运营方式、营销手段都发生了相应变化。因此，媒介融合是大势所趋。

2014年，媒体融合上升为国家战略，新政频出，从政策层面推动媒体融合。2014年8月18日，《关于推动传统媒体和新兴媒体融合发展的指导意见》出台，在政策方面为媒体融合发展明确了方向，2014年也被称为"媒体融合元年"。之后，相关部门制定了一系列融合文件，同时，相关部门对文化事业发展投入的力度也逐年增加。近年来，中央文化产业发展专项资金累计支持新闻出版项目近千个，资助金额超过76亿元，仅2014年新闻出版项目就获得了21亿元的支持，其中新闻出版数字化转型、绿色印刷、实体书店被列为文化产业发展专项资金重点支持方向。

"两微一端"成为媒介融合的主要产品，并逐渐向"三微一端"迈进，成为传统媒体进军互联网和移动互联网的主要端口。2014年以来，传统媒体和新媒体的融合，孕育和产生了大量新媒体产品，其中微博、微信和客户端成为颇受关注的主流媒体，不少传统媒体以此为依托和转型突破口，取得了一定成效。进入2015年，随着4G网络的快速发展和Wi-Fi的普及，基于移动智能终端的微视频发展迅速。目前，不少传统媒体开设的微博已有超过千万级别的粉丝，相关统计显示，在200家报纸和137家杂志中，微信入驻率达93.5%和87.6%，其中都市报微信入驻率达100%。

另外，跨界合作成为媒体融合新常态。在传统媒体和影视、金融、游戏、科技等领域的跨界合作中，表现最为突出的是与掌握渠道资源的通信运营商和拥有技术实力的网络技术公司的跨界合作。

综上，"三微一端"逐渐成为政府、企事业单位、各类社会组织在新媒体时代的重要宣传或运营渠道，它们将传统的网站平台与新的移动终端融合在一起，拥有了多平台多渠道的信息发布矩阵。如，政府部门建设网站，同时利用移动端更有效、更便捷地实现了政务公开与服务。据 CNNIC 的调查，截至 2020 年 12 月，我国在线政务服务用户规模达 8.43 亿，占网民整体的 85.3%。不仅政府部门，企事业单位、各类社会组织也都重视移动端的建设运营与信息发布，这是移动互联网时代催生出的媒介生态所带来的新的媒介形态。

## 2.2　网站定位

明确了网站的分类，只不过是网站建设中的第一步，接下来就要确定网站到底以什么样的核心服务来吸引网民的关注，这就涉及网站的定位问题。事实上，网站的定位是决定网站能否成功的重要因素，包含着网站经营主体对网站的期许以及这种期许与网民兴趣之间的融合，是任何网站在建设之初都要慎重考虑的重大问题。

### 2.2.1　网站定位的意义与原则

**1）网站定位的含义**

定位是营销学中的一个名词，最早由阿尔·里斯（Al Ries）和杰克·特劳特（Jack Trout）在 1972 年提出。他们从传播学的角度出发，认为定位即在潜在顾客的心中为产品确定一个适当的位置。后来的营销学者们主张定位不仅是产品生产出来之后的传播行为，更重要的是必须对产品进行改变，即根据产品的特征及该特征带来的利益、特定的使用场合、特殊的使用群体、比竞争对手的产品用途更多等方面进行设定。

如同企业、产品一样，**网站定位**就是确定网站的特征、特定的使用场合及特殊的使用群体及其特征带来的利益，即网站在网络上的特殊位置、核心概念、目标用户群、核心作用等。网站定位营销的实质是对用户、市场、产品、价格以及广告诉求的重新细分，预设网站在用户心中的形象地位。

**小资料 2-2**

### 知名网站定位案例

1. 大型门户网站

网易：用户主体定位于青年人，主打网络游戏与电子邮箱。差异化的用户群体定位使得网易在未来门户内容的竞争中，避免了与其他门户网站的优势雷同的情况。

新浪：定位于主流门户网站，具有主流、正统的品牌形象，主打新闻，"看新闻，到 sina，绝对没错"成为新浪的一大看点。

2. 交易类电子商务网站

国内知名电子商务网站定位汇总见表 2-1。

表2-1                       **国内知名电子商务网站定位**

| | |
|---|---|
| 天猫商城 | 天猫是B2C领域的龙头企业，在进入2018年之后，经新零售重构的天猫有三大定位：中国消费升级的引擎、品牌数字化转型主阵地、新零售主力军 |
| 淘宝网 | 淘宝网是国内最大的C2C网站，市场定位以服饰、数码、美容、时尚、居家和运动等产品为主，消费者主要集中在爱上网的青年人 |
| 京东 | 京东商城是B2C平台，在2019年提出定位：以零售为基础的科技服务公司。零售是京东的核心，技术是京东的未来 |
| 苏宁易购 | 苏宁是中国最大的3C家电B2C网站，其定位是互联网+新零售方向，打通线上和线下销售渠道，线下体验线上购物 |
| 唯品会 | 唯品会是国内只做正品特卖的购物网站，其定位是：一家专门做特卖的网站 |
| 当当网 | 当当网开始战略转型，其定位也由网上书籍和音像销售向B2C大卖场转变，其总裁提出要模糊当当和网上书店的概念 |
| 拼多多 | 拼多多将自己定位为一家致力于为最广大用户提供物有所值的商品和有趣互动购物体验的"新电子商务"平台，"服务中国最广大人群的消费升级"，打造C2M（客对厂反向定制）模式 |

**2）网站定位的重要性**

"凡事预则立，不预则废。"网站定位是网站建设"预"的重要一步，是从整体上对网站的建设、发展进行构思和设计。网站定位解决的是网站建设的思路问题而不是技术问题，尽管网站定位并未涉及网站的具体建设环节，但是网站的架构、内容、表现等都是围绕网站的定位展开的。因此，网站定位对网站的建设及未来的发展都是很重要的。

（1）为网站的发展确立明确目标。网站定位是对市场、用户、竞争者以及自身情况等综合思考的产物。它是在对整个环境、用户的心理习惯、竞争者的表现等有了深入了解的基础上，对自身资源进行梳理，找到适合网站发展的方向。科学、合理的定位是为网站的发展目标、特定目标用户、网站核心内容等网站发展的根本性问题提出可行性要求，使网站的各项工作有共同的目的和指向，避免网站发展的盲目性。同时，网站定位对网站的发展规划有着重要作用。无论是网站的长期规划还是短期计划，都是围绕实现网站定位制定的。

（2）确立网站的整体风格。网站的整体风格体现在网站的总体布局、形象设计、内容显示甚至是品牌推广、市场营销上。应根据网站定位所确立的发展思路，设计出既能反映网站核心思想又能满足特定用户群阅读需求的网站。从浅层次上，是关注网站界面的一致性、连续性、色彩、文字的统一、协调，布局的简洁、合理等；从深层次上，网站整体风格的形成，往往会对网站核心文化理念的形成有重大影响。例如，新浪网的定位是最出名的中文论坛和新闻的首选网站，服务的人群是喜欢看新闻的人，网络技术爱好者，高层次、高品位的交流者。目前，新浪已成为中国甚至华人世界最具权威性的网络媒体之一，网站文化的确立与当初的定位十分吻合。当前，网络媒体已成了与电视媒体、杂志媒体、报纸媒体、广播媒体并列的第五大媒体。

（3）提高网站的生存能力和竞争能力。网站定位正确，会在激烈的市场竞争中争取到一块发展的空间。为了谋求生存、发展，网站必须突出自己的特色和个性，针对用户提供个性化服务。比尔·盖茨说过："我们已经从这个媒体（互联网）中受益，不过，我不以为人人都了解这个媒体的丰富潜能。在所有这些潜能中，我认为最重要的就是提供个性化（个人化）内容的能力。"

网站定位确切地指明了其特定优势和劣势，通过对网站定位的把握，可以扬长避短地分析出在什么条件下与对手竞争，在什么条件下不能与对手竞争。因此，很多人认为，网站定位其实就是网站的市场定位，谁的市场定位更准确，谁就能赢得市场。

**3）网站定位的原则**

关于网站的定位，有不同的着眼点和侧重点，相应地也有不同的定位方法，但都要遵循以下几个主要的原则：

（1）有明确的目标市场。这大体包含两方面内容：第一，明确网站究竟是做什么的，即网站将提供什么样的内容与服务；第二，明确网站的服务对象，即明确目标受众。只有明确了以上两方面的内容，才能确定网站的目标和发展方向，避免盲目性。

在确定网站内容和服务时，最好能用几个关键词或一两句话进行概括，避免含糊不清。关键词和概括性口号可以在网站标题、首页等重要位置加以体现，以便用户能快速了解网站的内容特色和服务特色。

在确定网站目标受众时，需要弄清楚目标受众的范围、特点、喜好、数量以及数量随时间变化的趋势等内容。受众量的多少直接决定了网站的发展方向和发展空间，如果受众数量严重不足，则无论网站做得多好，也注定难以获得成功。

（2）明确自身的优势和劣势。在定位网站前，要加强对自身的了解，知道自己擅长什么、有哪些优势，又有什么劣势和不足。一般来说，主业应该做自己擅长、熟悉的方面，而不要去做不擅长、不熟悉的方面，做到扬长避短。做自己有优势、熟悉的方面，才能更好地把握网民的需求，为他们提供真正有价值的服务，网站才容易成功。例如，如果自己的经验和资源是在网络娱乐信息方面，却偏偏要将重点放在网络游戏方面，就会面临较高的市场风险。

（3）了解市场状况。首先需要了解竞争情况：当前市场中有哪些主要竞争对手、这些竞争对手的实力如何、竞争的激烈程度如何等。如果当前市场中竞争对手的实力太强或竞争过于激烈，就要进行慎重考虑。

此外，还需要了解市场的容量。市场的容量不应太小，否则不利于网站的生存，并且市场应有潜力，即市场的容量能够不断扩大。一般而言，朝阳产业的市场容量会不断扩大，而夕阳产业的市场容量会逐渐萎缩。市场的容量实际上与前面介绍网站的目标时讨论的受众情况直接相关。

（4）要量力而行。网站在建设和运营过程中，需要用到资金、技术、人力等资源。在定位网站时，要对所需要的各项资源有较为准确的估计。所需要的资源要在所能承受的范围之内，否则会使网站的建设和运营陷于被动，甚至可能因此而失败。

（5）要有盈利模式。对于商业网站来说，要有自己的盈利模式。从长期来看，商业网站要想健康发展，没有稳定的收入来源是不行的。好的、可行的盈利模式是网站稳步发展的基石。因此，在定位网站时，要设计好盈利模式。虽然盈利模式在网站运营后可以更改，但最好在策划和定位时就有所考虑。

（6）争取有特色、有创新。在互联网上数量众多的网站中，经常有新网站诞生、老网站死亡。网站如何以有自己特色的内容、服务、外观、风格等吸引用户，并获得长久的发展，是网站定位和策划时需要认真考虑的一个问题。特色可以源于网站的内容和服务。通过对目标受众和竞争对手进行深入的分析、对自己网站进行深入的挖掘，设计出有自身特色的服务和功能，有助于提升网站的价值，有助于吸引网民和在市场中获得竞争优势。

特色也可以是网站的外观、风格等。设计良好、特色鲜明的外观和风格能给用户留下鲜明深刻的印象，这有助于吸引用户再次浏览，有助于留住客户。比有特色更上一层楼的是创新。如果能设计出有创意的、以前没有的服务和功能，就能带来无与伦比的竞争优势。

（7）不要盲目追随、模仿。在互联网世界中，经常能见到这样的情况：某个网站很成功，然后在较短的时间内就出现了很多类似的网站，然而这些追随和模仿别人的网站多数是不成功的。其中有很多原因：别人能做的网站，未必适合自己；更重要的是先进入市场的网站已经抢占了先机、获得了市场的认同，并且网民对他们认同的网站有一定的依赖性，后来者要获得网民的认同难度较大，尤其是完全模仿别人的网站。

这也不是说一定就不能模仿，但要想成功是有很多条件的，需要对自身特点、市场状况等进行深入分析。如果在模仿中做出自己的特色，能够在某个细分市场为网民提供他们需要的内容和服务，也有可能成功。后面介绍的跟进式定位就是一种模仿定位。

### 2.2.2　影响网站定位的因素

在了解了网站的定位原则后，就需要考虑影响网站定位的主要因素。

**1）公司的战略**

网站的定位与策划应当符合并服务于公司的战略，在公司战略规划的大背景下发挥网站的作用。网站的定位还应当体现公司的战略，并能为公司战略的实现带来积极的影响。因此，在给网站定位时，首先应当弄清楚公司的战略，并考虑清楚网站在公司战略中扮演的角色和作用，绝不能与公司的战略相左。

**2）资金和技术**

资金对企业的重要性不言而喻，对网站的建设和运营也是如此。在网站定位策划中，要考虑到网站建设和运营对资金的需求，并应当考虑到意外的、不可控的情况出现时对资金链的影响，避免出现资金链断裂的情况。

技术也是网站定位应当考虑的因素。关于技术的选择，主要应考虑以下两点：一是选取最适合于网站建设的技术，而不一定是最新、最先进的技术；二是选取有利于网站运营、维护和升级的技术。总之，适合于网站的建设、运营、维护，乃至以后升级的技术就是适合的、应选择的技术。

如果公司不具备所需要的技术，就需要引进技术。这可以通过外包或者引进人才等措施来实现。

### 3）人力资源

人力资源也是网站定位时需要考虑的关键因素之一。之所以把人力资源单独列出来，是因为网站建设所需的技术是可以用资金购买到的，但团结稳定、积极向上的团队，不一定是用资金能购买到的。关于人力资源，应当考虑如下情况：

首先，现有的团队应当能担负起网站建设和运营的责任。如果不能满足这个要求，则需要按计划和进度引进相关人才，做好人才储备。引进人才的工作应当提前一定的时间进行，虽然现在各种人才都很多，但合适的人才，尤其是高端人才，是不容易得到的。当然，如果计划把网站的建设和运营都外包出去，则基本不需要考虑人力资源因素。

其次，负责网站建设和运营的人力资源队伍应当保持相对稳定，避免出现人员大量流失使团队不稳定等情况。

最后，关于人才的培养。除了从外部引进人才之外，内部培养也是一条重要的途径。从长远来看，内部培养、建立一个良好的人才再生机制才是获得人才的最有效的途径之一。内部培养人才具有诸多优点，例如不需要外部引进人才所需的磨合期，培训得当的话还能增强团队的凝聚力和向心力。

### 4）盈利模式

盈利模式是商业网站应当高度重视的关键问题。没有好的盈利模式，再好的网站也会陷入困境。当前，网站的盈利模式主要有以下几种：

（1）在线广告。在线广告目前仍然是网站主要的收入来源之一。不同的网站可以根据自身受众的特点，吸引相应的广告商。

（2）电子商务。电子商务主要是 B2C、C2C、B2B。其中 B2C 可直接赚取相应的利润，B2B 主要是收取会员费和竞价排名的费用，而 C2C 主要是收取服务费。随着在网上消费的人数不断增加和网上支付安全性的提高，电子商务已经成为主要的网络盈利模式之一。

（3）会员收费。会员收费主要是通过为收费会员（很多网站称这类会员为 VIP 会员）提供与免费会员差异化的服务来获利的。对收费会员的服务还可以再差异化，并收取不同的费用，有些资源下载类网站，例如影视网站，就采用了这种盈利模式。除了向 VIP 会员收取会员费外，还可以通过组织线下活动来盈利。

（4）信息收费。网站对有价值的信息与资料进行收费，只有付了相关费用才能在网上咨询和浏览，例如，收费的行业资讯、研究报告、论文、电子图书等。网站也可以将这些信息打包，销售给其他网站或媒体。

（5）竞价排名。竞价排名主要用于搜索引擎，即某个企业在某搜索引擎注册关键词（一般为能代表其产品或服务的关键词）并付费后，当潜在客户通过该搜索引擎寻找相应的信息时，此企业将出现在该搜索结果的醒目位置，并由付费的多少决定搜索结果中的排名次序。

（6）网上教育和咨询。通过在网上提供教育与咨询服务来收费，例如各种远程教育网站和网校等。

（7）付费游戏。通过提供网络游戏及其附属产品（例如虚拟游戏装备）来收费，例如一些专业的游戏网站。一些综合性网站也推出了网络游戏产品。

（8）企业信息化服务。这类服务是靠专门为企业的各类信息提供展示的平台来收取费用，例如一些招聘网站。另外，帮助其他企业建设和运营网站的网站也属于这一类。

网站盈利模式大体上是上述几种，但随着互联网的快速发展、新技术和新应用的不断出现，也可能产生新的盈利模式。在选择盈利模式时，应当根据网站的实际情况尽量明确化、细化，不要含糊不清。另外，也不能脱离公司实际，否则所采用的盈利模式有可能成为空中楼阁。

上面讲了网站定位需要权衡的因素，这些因素是错综复杂的，因此，在网站建设初期，就有必要在充分调研的基础上进行细致而全面的分析和权衡，找到最适合自己企业的定位方向。

## 课堂互动2-1

不同的主体成立网站的目的存在巨大差异，体现在网站定位上就是对网站的发展方向具有根本性的影响。如个人网站往往是个人兴趣爱好的体现，政府网站则是提供公务信息和公共服务的地方。即使在相同类型的主体内部仍然存在着明显的定位差异，这在专业主体中表现得尤为明显。

要求：分析比较人民网与群众新闻网的主体对其网站定位的影响。写出这两个网站在内容上的不同之处，并对其进行分析。

分析提示：

（1）登录人民网（http：//www.people.com.cn）和群众新闻网（https：//www.sxdaily.com.cn）。

（2）浏览人民网和群众新闻网的新闻模块设置、新闻内容安排。

（3）同样是专业性的网络新闻媒体，人民网与群众新闻网的定位方向显然不同。人民网是《人民日报》建设的以新闻为主的大型网上信息发布平台，借助《人民日报》的权威性，人民网在时政新闻的报道上具有其他网络媒体所缺乏的权威性、真实性。同时，人民网又发挥了互联网的特性，增强了吸引力、可读性、亲和力，使得人民网的新闻报道具有权威性、及时性、多样性和评论性等特色。人民网的大型时政论坛"强国论坛"对树立人民网"权威媒体、大众网站"的形象有重要影响。群众新闻网是陕西日报为进一步组织群众、宣传群众、凝聚群众、服务群众，不断提升传播力、引导力、影响力、公信力而打造的新媒体平台。群众新闻网将秉承宣传党的主张、反映群众呼声的宗旨，坚持向群众学习、为群众服务、为群众讴歌，全力建设全程媒体、全息媒体、全员媒体、全效媒体。

### 2.2.3 网站定位的流程与方法

**1）网站定位策划的流程**

（1）定位网站主题和名称。网站主题是指网站主要的内容题材。找到一个好的网站创意，网站就成功了一半。对于新成立的网站来说，在定位主题时要特别注意宜小不宜大，精确的定位往往有利于网站的进一步发展。因为在不同的发展阶段，定位是可以变化的，如美国著名的社交网站 Meta 原来是为美国部分著名高校的学生提供服务的社区，后来向社会开放，才有了如今的地位。

网站名字起得好，对于树立网站品牌形象及促进网站销售有十分重要的作用。具体而言，网站取名的注意事项可归纳为以下几个方面：

① 有意义。网名向目标市场传达了企业的某些性质，它对企业希望表达出来的形象起到支撑作用，比如慧聪网，大家一看就可以联想到它是个资讯类网站，能给人带来知识和智慧。

② 令人难忘。好的网名往往与众不同，而且易于记忆、发音和拼写。它可以用来与竞争对手进行区分，并有自己独特的个性。如百度网的网名含有"众里寻他千百度"的含义，令人印象深刻。

③ 简单易记。网站取名一般不要超过 6 个字，太长了不容易记忆，如果实在太长，最好有个简称，这样更加方便以后的品牌推广。在运营的过程中，要引导用户记住网站的简称。

④ 可视性。可视性指网站名称可以很好地用创意的手段和多媒体表现出来，如搜狐网的标志是一只可爱的小狐狸的尾巴，与网站名称十分契合。

⑤ 可保护性。网名策划好后，可以被注册为商标，网名注册的范围可以包括文字、Logo、域名等。除了商标注册，还需要去申请经营性网站备案，这样就可以通过注册对网站名称进行有效保护。

（2）进行受众定位。人们对互联网的个性化服务需求决定了网站的服务对象必须是特定的人群，而不可能是全体网民，即使是受众范围较广的综合性门户网站也必须要有自己明确的受众定位。

定位网站用户就是要根据网站受众的心理和上网的动机寻找网站用户不同的信息需求。通过浏览不同的信息，受众获得不同的心理体验。进行网站受众定位时，主要考虑以下两个方面的内容：

① 网站受众的心理因素。它包括受众的情感、价值观、阅读习惯等。网站提供的信息和服务能不能带给网站受众满足感，是否与其心理地位、身份相吻合，是否迎合其日常的阅读习惯，都决定着网站能否留住受众。

② 网站受众的上网目的。网站受众的上网目的不同，选择的网站也会不同。将网站的核心内容与网站受众的上网目的结合起来是吸引并"黏住"网民的有效方式。

定位网站用户是一个双向工作。在网站策划之初，策划者首先要设想网站用户形象及特征，然后根据市场调查情况，对调查信息进行研究分析，最终调整用户定位。

此外，在定位时，我们还要注意到网站用户具有双重性，即除了直接用户外，以广告商为代表的间接用户群也属于网站用户范围。

具体而言，在进行用户定位时，应该注重从以下几方面考虑：

① 目标用户统计学特征，如现有规模、成长潜力、年龄结构、受教育状况、分布情况、薪酬水平、上网时间等。

② 目标用户态度与行为特征，如网络使用频率、信息需求、品牌忠诚度、信息获取渠道等。

③ 目标用户生活习惯与价值体系，如是否愿意尝试新事物，追求何种风格的生活方式，价值观是否多元、开放等。

**课堂互动2-2**

### 哔哩哔哩的受众"黏性"

哔哩哔哩现为中国年轻世代高度聚集的文化社区和视频平台，该网站于2009年6月26日创建，被粉丝们亲切地称为"B站"。

B站早期是一个ACG（动画、漫画、游戏）内容创作与分享的视频网站。围绕用户、创作者和内容，构建了一个源源不断产生优质内容的生态系统，B站已经涵盖了7 000多个兴趣圈层的多元文化社区。

截至2020年第四季度，B站活跃用户超过1.5亿，每天视频播放量超过1亿，原创投稿总数超过1 000万。B站75%的用户年龄在24岁以下。B站拥有动画、番剧、国创、音乐、舞蹈、游戏、科技、生活、鬼畜、娱乐、时尚等多个内容分区。70%的内容来自用户自制或原创视频，目前拥有超过100万的活跃视频创作者（up主）。

要求：登录B站，了解B站的网站定位，试分析其如何保持受众"黏性"。

分析提示：哔哩哔哩网站作为二次元领地，集聚了一群行为奇特、精神世界极其丰富活跃的青少年。B站的成功离不开受众定位的成功，B站以年轻世代、喜欢二次元（动画、漫画、游戏）、亚文化社区为特点，从而圈定了一个固定的群体作为核心受众，随着自我完善与发展，在这些群体心目中形成了一个稳定的不可替代的地位。B站也不断强化社区功能，构建社区文化，使得其特征进一步明晰和稳定，不断地巩固其和受众的关系。

如今，B站正在从ACG平台向综合的视频内容平台转型。随着网站内容不再仅仅局限于二次元群体，受众群体也开始变得更加多元化。

B站根据自身定位牢牢与当代青年匹配，把丰富年轻一代中国人的文化生活作为自己的使命，坚持稳固UP主的创作之路，激励机制不断推陈出新。除"绿洲计划"

和"创作激励计划"之外，2018年7月，B站上线手机投稿功能，并且推出"新星计划"和"创作学园计划"，吸引更多的UP主。弹幕视频为用户提供了边看边聊即时交流的平台，这种即时互动的方式能够消除以往在传统网站观看视频时的"孤独感"，使B站得到众多年轻人的喜爱。B站针对不同的受众需求不断调整网站所提供的服务，产生较好的受众"黏性"。

（3）定位网站功能。定位网站功能，既可以从企业角度出发，也可以从用户角度出发。一般来说，可以分为主观功能与客观功能。

① 主观功能，指从策划者角度希望网站达到的功能，如窗口展示功能、渠道营销功能、交流平台功能等。

② 客观功能，指网站作为一个产品和服务的集合体，对目标用户的意义和作用，如信息传播功能、学习功能、咨询交流功能等。

（4）定位网站市场。定位网站的市场，主要就是回答三个基本问题：你的产品和服务是什么？与竞争对手相比，你的产品和服务的特色是什么？如何把自己的产品和服务推荐给客户？

市场是网站生存的根本，网站能否在市场中站住脚并实现可持续发展，都建立在具体的市场环境，以及网站对这一环境的把握能力的基础上。

**2）网站定位的方法**

网站定位过程基本上就是选择细分市场、选择目标市场和进行市场定位的过程。知己知彼才能百战百胜，网站定位首先就要根据自己的目标确定竞争对手，分析清楚自己和竞争者的优势和劣势分别是什么。在准确把握市场环境和自身实力之后，网站的定位主要有三种方法：跟进式定位、竞争式定位、创新式定位。

（1）跟进式定位。跟进式定位是指当要进入一个已经成熟的市场环境时，后进入者可以以先进入者（也就是自己的竞争对手）作为参照对象，巧妙地将该网站的领导品牌同自己的网站联系起来，站在巨人的肩膀上，快速提升自己在网站用户心中的知名度和美誉度。这种跟进具有模仿的特点，不把自己看作行业领袖，而是向行业领袖看齐，模仿成功者的成功内容、名称等。同时为了生存，这种定位方式必须有网站自己的生存空间：阵地足够狭小，小到足以守住，而其他大网站又无暇顾及。

（2）竞争式定位。与跟进式定位不同，竞争式定位可以用于市场开发初期，在各种进入者纷纷涌入但尚未出现行业领袖的状况下，网站利用自身资源，迅速成为行业领袖。这种定位方式具有对抗的特点。在市场开发初期，各种资源处于混乱状态，实力相当的进入者的起跑线是相同的，此时最容易产生行业领袖。竞争式定位对网站来说，必须认清自己的实力和市场的开发周期，前者可以使网站清楚地确定自己最主要的竞争对手，后者可以使网站确立自己在整个行业中的位置。

（3）创新式定位。如果一个网站具有其他网站无法模仿或超越的独特优点、文化、内容，这个网站就可以启用创新式定位方法。创新式定位是最能体现差异化的个性化定位，从消费趋势看，消费的大众化逐渐向"另类"与差异化过渡，创新式定位就是要把握住这种消费趋势，在网站用户的差异化消费倾向中找到自己独特的优势，从而为网站找到一条不同的发展道路。由于创新式定位开启的是一个别人没有进入的市场，因此，采取这种定位的网站也很有可能成为这个市场的行业领袖。

另外，在网站的定位过程中要注意两方面的事项：

① 网站的定位要具有拓展性。当网站的规模扩大时，能给出合理的理由对原有定位概念进行扩展。因为你不可能一开始就去争取百万用户，但你的定位最好可以扩展到这个数目甚至更多。

② 网站的再定位。市场总是瞬息万变的，当市场需求和竞争状况发生变化时，企业的原有定位也要相应随之变化。用户需求的变化，往往是进行再定位的最好时机之一。重新进行网站的定位，突破原有的限定区域，发掘新的用户和新的需求，能够有效地扩大网站潜在的市场空间，对抗新的行业进入者的竞争。

## 2.3　网站的结构

### 2.3.1　组织结构的原则

打开一个网站，人们总是要按照网页上预设的导航系统或者是超链接的路径来获取信息，导航系统或者是超链接将一个个单独、分散的网页链接在一起，构成一个信息库。如同图书馆一样，这个信息库也分若干的部门和楼层，不同的部门、楼层分管不同的信息资源。**网站的结构**就是指某一网站信息组合的基本框架，它显示该网站中各个网页之间的逻辑关系。网站的结构如同大楼的建筑结构一样，决定着一个网站信息组合的基本方式。如果结构设计合理，当人们熟悉一个网站的结构时，就能轻松地在该网站各网页间跳转链接，快速找到所需信息；如果设计不合理，网站就变成了迷宫，使人们迷失在大堆的信息中。因此，要建立一个简单、有序、合理的网站结构需要遵循两个基本原则。

**1）层次适当**

网站的层次关系到人们访问网站的效率。它与网站内容的内在逻辑有直接关系。逻辑关系清晰的网站，通过一级级网页将逻辑关系展现出来，访问者很容易按照网页间的链接找到所需信息而不需要点击更多的网页。如果网站内容逻辑关系不清，可能导致网页层次过多或过少。网页层次过多，浏览者需要花费很多的时间点击更多的网页来查找信息；网页层次过少，则需要从一堆分类不清的信息中寻找所需要的内容。因此，应在考虑访问者点击习惯和规律的基础上，按照网站内容的逻辑关系合理安排网站结构。

**2）拓展性强**

网站的结构一经确定，为了保证其稳定性，在短时期内不应随意变动。然而，信息的变化之快往往需要网站在结构上予以一定的配合，这就需要网站的结构具有一定的拓展性，能够容纳信息的多变性和扩展性。具有较高拓展性的网站往往可以容纳更多的信息，体现网络信息的海量性特点，这一点在综合门户网站上体现得尤为突出。

### 2.3.2 几种常见的结构

经过几十年的发展，网站已经形成了几种常用的基本结构，以适应网民的阅读习惯。目前，中国大多数网站基本上都采用这些定型的结构模式，或是在其基础上做细微的变化。

**1）线状结构**

线状结构是网站最简单的结构方式，一般分为单向线状和双向环状两种。在这种结构中，网页一层层链接起来，步步深入，逻辑清晰。单向线状只提供往下一层网页的链接，即从网页1可以链接到网页2，从网页2可以链接到网页3，以此类推。双向环状除了像单向线状那样链接外，还可以倒着从网页3回到网页2，从网页2再回到网页1。但无论是单向线状还是双向环状都不能在网页之间自由跳跃链接。线状结构如图2-1所示。

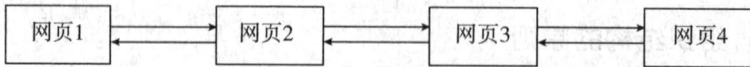

```
网页1 ⟷ 网页2 ⟷ 网页3 ⟷ 网页4
```

图2-1　线状结构

线状结构一般用于信息量较少的小型网站、索引站点，或者用来组织网站中的一部分内容，如在线手册、电子图书、联机文档等。对于信息内容较多的网站，采用这种结构方式就显得层次太深、结构过于单薄，因此，一般不用线状结构设计网站的总体结构。

**2）树状结构**

树状结构，顾名思义，整个网站的架构就像一棵大树，有根、有干、有枝、有叶。整个站点把一个网页作为中心，然后从这个中心向外分散出多个分支，在这些分支上，可以继续生出新的枝干。每一级网页与上下级网页都是相互连通的，但在不同枝干的上下级网页间不能随意跳转链接。

树状结构是组织复杂信息的最好方式之一，也是目前网站所采用的主流形式之一。其结构清晰，访问者可以根据路径清楚地知道自己所在板块的位置。但在建立枝干的层次时，最多不应超过四个，层次太多会降低访问者的阅读效率，使访问者产生厌烦情绪。树状结构如图2-2所示。

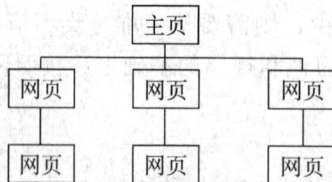

```
            主页
      ┌──────┼──────┐
     网页    网页    网页
      │      │      │
     网页    网页    网页
```

图2-2　树状结构

**3）网状结构**

网状结构是指网页之间像一张网一样，可相互链接、随意跳转。在网络结构中有一个主页，所有的网页都可以和主页进行链接，同时，各个网页之间也是相互链接的。网页之间没有明显的结构，而是靠网页的内容进行逻辑联系。网状结构如图2-3所示。

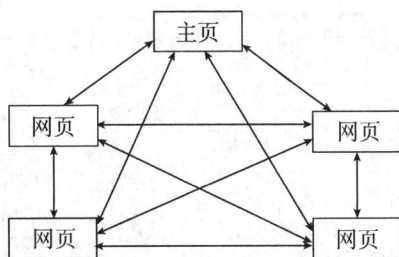

图2-3　网状结构

采用这种结构的网站，如果网页信息内容不能科学分类，访问者容易在网页跳转过程中迷失方向，很难快速找到所需要的信息。因此，在使用这种结构时，要适度地进行网页间的链接。

实际上，人们发现，一个访问轻松、寻找信息快捷的网站往往是多种网站结构的综合，它常常以树状结构为主框架，在此基础上按照网页信息的分类，对各级网页进行网状编排，对某些特殊内容进行线状链接。

### 2.3.3　网站的链接方式

无论采用哪种形式的网站结构，网页间的链接都是必不可少的。好的链接形式可以使访问者在访问过程中轻松、快捷地找到信息，同时又能扩展信息含量，充分体现网络信息的海量特征。链接做得不好，会使有用的信息被淹没，造成信息垃圾污染。目前常用的链接方式主要有导航条、超链接、超文本等。

**1）导航条（栏）**

导航条是网站导航的基本形式之一，作用是让用户在浏览网站过程中不会迷失，并且可以方便地回到网站首页以及其他相关内容的页面。绝大多数用户（50%～90%）都不是通过一个网站的首页逐级浏览各个栏目和网页内容的，如果用户从某个网页来到一个网站，若没有详细的导航引导，用户很容易在网站中迷失。导航条就是网站的指南针，可以让访问者迅速到达网站的特定板块。导航条一般位于网站首页的顶部或一侧，有的也会出现在网站的二级或三级页面上。首页的导航条上一般链接着网站的各个主要频道，清晰地告诉访问者网站的主要内容。

对于体量庞大的网站来说，由于网站页面众多，频道细分之后的内容还可以再次分类，单一的主导航条不能满足引导指向的需要，因此，随着页面的逐层深入，导航条的内容也会发生变化。如考拉海购（https：//www.kaola.com/）的主导航条在进入二级页面（如数码家电）后按照特定频道栏目的分类，重新设定了导航条，同时在页面的上方仍然保留了网站主导航条的主要内容，以方便访问者在不同的频道间跳转而无须再次回到首页或其他分类页面。

考拉海购网站的主页导航条如图2-4所示。

**图2-4　考拉海购主页导航条**

进入数码家电二级页面后的导航条，如图2-5所示。

**图2-5　考拉海购数码家电导航条**

　　此外，各栏目之下还可以进一步设计其他辅助的导航手段，一种常见的形式是，通过在各个栏目的主菜单下面设置一个辅助菜单来说明用户目前所处网页在网站中的位置。其表现形式比较简单，一般形式为：首页>一级栏目>二级栏目>三级栏目>内容页面，随时告诉用户所在的栏目和位置。

**2）超链接**

　　除了导航条这种对全站做导向性的链接方式外，网站还经常采用超链接的方式，将相关信息的网页链接在一起。这种链接方式可以把相同或类似的信息集中在一起，有效地提高访问者寻找相关信息的能力。

　　**超链接**是指通过地址将不同位置的信息源链接起来，且通过它可以方便地实现访问。信息源可以是一个站点、一个邮件地址、一个网页、一个网页中不同位置的内容。[①]

**3）超文本**

超链接主要是建立文本以外的其他对象的链接，如图片等。**超文本**是一种电子文档，其中的文字包含可以链接到其他文档的链接，允许从当前阅读位置直接切换到超文本链接所指向的文字。大多数网页都属于超文本。

超链接与超文本的主要差别在于超链接不仅能链接到其他文本文件，还能链接到声音、图像和影视信号文件，图像本身也可以链接到其他的图像、声音、影视和文本文件。超链接包括超文本、多媒体以及它们之间的关联。有关超链接的介绍将在4.2节中进行拓展。

## 2.4　网站的创意设计与编排设计

网站的创意设计就是将一个网站的独特风格运用文字、声音、图像、颜色、线条等各种手段表现在网页上。网站要吸引访问者除了结构要清晰、简洁外，留给浏览者的第一印象也是至关重要的。风格独特、设计精美的网站会使访问者有继续访问下去的兴趣，个性化的Logo会给访问者留下持久的印象，合理的内容模块设计则能使访问者在网站度过轻松的时光。

除了在网站中进行一些特有的创意设计外，网站编辑还应该注意首页及内容页的编排设计。随着数字技术的快速发展，网页不再仅是以PC端的编排为主，更需要考虑PC端与移动端风格的统一与兼容，既需要网站在电脑端呈现一定的风格，又要考虑用户在移动端浏览时的流畅体验。因此，本部分将对网站网页的编排设计进行相关介绍，使编辑对网页编排设计的一些原则有所了解，掌握主流的首页编排框架和近几年首页设计的新趋势，以适应网络环境变化对网站编辑工作的新要求。

### 2.4.1　网站的创意设计

**1）创意设计原则**

网站创意设计要体现个性、张扬个性，但并不是说可以天马行空地进行设计。网站的创意设计要在网站整体定位的基础上，根据访问者的阅读习惯，对网站的整体风格进行设计。这种设计要遵循以下原则：

（1）统一性原则。鲜明的特色易给人留下深刻的印象，眼花缭乱的设计往往会模糊人们心中的网站形象。统一性原则是指网站内所有的页面在色彩、导航条、内容版面、网站Logo等元素上保持整体风格相对统一。

在进行创意设计时，每个网页根据信息内容、访问者的不同，版面风格也有所差异。这种差异是建立在网站整体风格基础上的，不仅不能削弱网站的整体风格，而且要成为网站整体风格的一个组成部分。这种整体风格的存在将时刻提醒人们自己所访问的是什么网站，从而使人们能很快从众多的网站、网页中辨别出

---

① 何苏六，等. 网络媒体的策划与编辑［M］. 北京：北京广播学院出版社，2001：85.

该网站。

（2）互动性原则。互动是网络媒介的一个重要特征，网站上的内容只有在与访问者的互动下才能达到预期效果。网民的参与感、网站的反馈需求都要通过互动环节的设计才能实现。

互动性最为直观的体现就是在网站上出现的访问者可以直接参与的栏目，当访问者有更多的话语权、发言权时，被倾听、被关注的感觉往往使人在该网站流连忘返。如很多新闻网站在新闻的下方都设有发表评论的互动部分，以供人们对该条新闻发表意见。

互动性更高的要求则是网站内在的对访问者参与感的重视。在进行创意设计时，从更简洁、有效的角度为访问者提供更高效的访问条件，提高访问者的访问效率，如简洁友好的界面、清晰的网站结构、明了的文字等。

（3）适用性原则。网站的创意必须具有适用性，即能够被大多数访问者接受。网站作为大众化的媒介，即使是面对少数人群的网站也应考虑设计的普遍适用性。充分考虑网站访问者的心理接受程度是网站创意设计的前提。因为不同网站的访问者的背景不同，其个性化需求也不尽相同，所以设计网站时既要迎合预期访问者的个性化需求，也要考虑到这种"小众化"并不是完全针对某个人，它仍指的是某一类人。当网站的访问者是一个群体时，其创意设计就必须具有普适性。

**2）创意设计要素**

网站的创意设计主要是在整体上把网站的风格定位表现在网页上。一个网站给人的第一印象就表现在它的名称标识、内容模块和整体色调的安排等方面。比如，人们总是能记起"天猫"独特的猫咪标志；说到"京东"，就会想到它红底白色的小狗标志；提到"淘宝网"，就会对它的橙色色系组合记忆犹新。好的创意设计足以构成一个网站的独特风景，成为网站的一个重要标志。

（1）VI设计。VI（Visual Identity），即视觉识别，是企业形象识别系统（CIS）中最具传播力和感染力的层面。设计科学、实施有力的视觉识别，是传播企业经营理念、建立企业知名度、塑造企业形象的快捷途径。网站作为一个以视觉为主的媒介，其视觉识别系统的建立可以将网站的定位、内容在更广泛的层面上，进行更形象、更直接的传播。VI设计包括很多内容，对网站来说，表现在版面上能给访问者以强烈视觉印象的主要是网站的Logo和标准色。

① Logo。人们在打开网页时，最先看到的往往是一个网站的Logo。Logo设计得好，可以让人一眼就记住这个网站。Logo的设计要综合考虑网站的名称、定位和内容等因素，要能代表网站的整体形象。从现有的网站Logo看，有的是以网站的英文名称为基础，经过一定变形形成的，如阿里巴巴集团的Logo（如图2-6所示）；有的网站特别是中文网站，Logo就是中文名称和英文名称的组合，如淘宝的Logo（如图2-7所示）；还有的网站Logo设计是以首字母与图形结合，如搜狗搜索的Logo（如图2-8所示）。

图2-6 阿里巴巴集团的Logo

图2-7 淘宝网的Logo

图2-8 搜狗搜索网站的Logo

从上面的Logo可以看出，网站的Logo更强调网站名称。对中国用户来说，在以英文地址为主的网络上，Logo里的英文名称可以使访问者轻松找到该网站。

②标准色。每个网站都要有自己的标准色，即基本色彩。不同的色彩给人以不同的感觉，运用不同的标准色，可以将网站的形象和内涵变得完整，并形象地传递给访问者，加强访问者的识别记忆，增加网站的感染力。

一般网站的标准色不超过三种。网站的设计原则就是要保证网站整体风格的统一，太多的色彩容易给人眼花缭乱的感觉，混淆网站的整体风格。标准色主要用于网站的标志、标题、主菜单和主色块。如有其他色彩，也只是用于点缀和衬托，不能喧宾夺主。

**课堂互动2-3**

### 不同网站的色调设计

网站的内容风格不同，需要用不同的色调来衬托。淘宝网根据频道的不同，选择了不同的基本色，如亲宝贝频道以粉色为主（如图2-9所示）；人民网作为专门的新闻网站，选择了深蓝色与红色的配色方式（如图2-10所示）。感兴趣的读者可登录相关网站了解其色调设计。

图2-9　淘宝网亲宝贝频道（2020-03-04）

图2-10　人民网主页截图（2020-01-22）

要求：分析上述网站色调的设计体现了网站创意设计的哪些原则？

分析提示：淘宝网的主色调是明亮的橙黄色，体现了现代人简约快捷的生活特色。作为其下属的一个频道，亲宝贝频道（即母婴、童装频道）用粉色作为其主色调，既没有与主色调相背离，同时营造出了亲宝贝频道特有的温馨气氛。在这样一个能体现妈妈们对孩子温暖关爱的环境下购物，对父母来说是个愉快的过程。人民网作为《人民日报》主办的新闻网站，以红色作为主色调，较好地体现出了其严肃、权威的风格，给人留下了深刻的印象。

（2）网站内容模块设计。在进行内容模块设计时，要考虑以下两方面的因素：

一是网站的定位。网站的定位决定了网站的内容构成，在设计内容模块时，要将这些内容按照一定的逻辑关系组织在一起，使其条理清晰，方便寻找。内容模块设计的结构首先体现在网站首页的导航条上。以企业网站为例，它的内容担负着宣传企业、推销企业的重要职责，所以内容模块也多是以介绍企业的相关信息和服务为主，有的企业在自己的网站上还开通了电子商务服务，如伊利的网站（如图2-11所示）。

图2-11 伊利网站首页部分截图（2020-01-22）

二是网站读者的阅读习惯和兴趣。访问者会抱着不同的目的访问不同的网站。网站在做内容模块设计时，要充分考虑到读者访问的目的，根据访问者的兴趣和阅读习惯来设计内容。如虎扑体育网，与综合性商业门户网站不同，它在设计其内容模块时考虑更多的是体育爱好者的阅读喜好，内容设计更为灵活，以核心内容模块为依托，围绕爱好体育的年轻人关注的各种话题，如足球、篮球、社区等开设频道，体现虎扑体育网的特色。

### 2.4.2 网页的编排设计

**1）PC端与移动端兼顾**

随着互联网的日益普及，手机上网用户数不断增加，移动互联成为一种趋势所在。对于网站的建设者与设计者而言，在新形势下要区分PC端与移动端的不同，以更好地将网站展示给受众。

有人说手机端无非就是PC端的移植，功能设计照搬就行了，这是对移动设计最大的误解，其实PC端与移动端是有较大区别的。总体来看，二者在以下几方面有所区别：

（1）操作方式。PC端的操作方式与移动端已经有了明显的差别。PC端使用鼠标操作，操作包含滑动、左击、右击、双击等，操作相对来说单一，交互效果相对较少；对于手机端来说，包含手指操作点击、滑动、双击、双指放大、双指缩小、五指收缩和苹果的3D Touch，除了手指操作外，还可以配合传感器完成摇一摇等操作方式，操作方式更加丰富，通过这些丰富的操作可设计出新颖的、更吸引人的交互方式。

（2）屏幕尺寸。随着技术的不断进步，移动端的设备屏幕逐渐增大，但与电脑屏幕相比还是相对较小的。PC 端屏幕大，所以其视觉范围更广，可设计的地方更多，设计性更强，相对来说，容错度更高一些，有一些小的纰漏不容易被发现。移动端设备屏幕较小，操作局限性大，在设计上可用空间显得尤为珍贵。

（3）文字输入。在文字输入时，PC 端一般使用文本框解决。在移动端中，因为手机屏幕尺寸以及 UI 风格，我们基本没有在手机上看到过 PC 端这样的展现形式，而是采用另起一页输入或者在文字后直接输入的方式，这是各个平台根据自身特性的展现形式。

（4）内容选择。在 PC 端中，一般使用下拉菜单或者是单选按钮形式完成内容选择。在手机端中，由于手指的操作更便捷，一般不采用 PC 端的选择方式，而是通过列表选择或者其他交互方式来完成。

（5）使用场景与使用时间。PC 端设备的使用场景多为家或者学校、公司等一些固定的场景，所以其使用时间偏向于持续化，在一个特定的时间段内持续使用；而移动端设备不受局限，可以在吃饭、坐车、无聊打发时间时使用，使用时间更加灵活，时间更加碎片化，所以在操作上更偏向于短时间内可完成的。

**2）网页编排设计原则**

在进行 PC 端和移动端网页的编排设计时，需要遵循以下几点原则：

（1）逻辑性原则。网页是网站的基本单位，也是海量信息的载体。网页之间通过不同的链接方式联系在一起组成信息组，网页信息间的逻辑关系就成为组织起这些网页的内在动因。一般来说，首页是一个网站的主页，是访问者必须阅读的页面。首页信息的重要性是最突出的，而首页的空间是有限的，因此网站的首页更像是个橱窗、入口。网站的首页往往有重要信息和各个频道的链接，通过这些链接，访问者可以进入下一级页面，以此类推。在网页间关系逻辑性强的网站，越远离主页的网页，其与重要信息的逻辑关系就越弱。

（2）平衡性原则。网站版面提供给访问者的主要是静态的视觉享受。平衡性原则是指在设计网站时，特别是在网站的版面设计中，要充分考虑访问者对版面元素的视觉接受度。页面色块的分布、颜色的厚重、文字的大小、图片与文字的比重等都是影响页面平衡性的重要元素。搭配平衡的网站结构和网页可以给人一种稳定的感觉，阅读时不会有不平衡或者倾倒的感觉。

（3）对比性原则。对比就是要在网页设计中，通过文字、图片、装饰等符号的对比编排，如有底纹与无底纹的对比、比例纵长的图片与横阔图片的对比、标题字体与字号的对比等，打破网页的平面感、沉闷感，创造出具有动感韵律的网页。

网页上的信息量较大，对比可以使一些内容首先成为访问者关注的对象。对比可以是色彩饱和度的变化、颜色的变化，可以是文字字号、字体的变化，还可以是留白与大块文字的变化，越是强烈的视觉对比，就越能给访问者留下深刻印象。

### 3）首页编排

由于首页的特殊位置，在一个网站的所有网页中最能体现其编排特色，为保持网站的统一风格，其他网页往往是在延续首页编排特色的基础上稍作调整。

首页的构成要素同其他网页基本相同，主要有文字、图片、表格、音视频、超链接、线条、色彩、空白等，通过对各要素内容的选择组成丰富多彩的网页版面，见表 2-2。

表2-2 **网站首页构成要素**

| | |
|---|---|
| 文字 | 要根据网站内容，选择与网站定位和网站风格相一致的字体与字号。字体：印刷字体主要有宋体、黑体、楷体、仿宋等，这些字体被称为正方体。字号：一般来说，网页上为了容纳更多的内容，常使用五号字，甚至是小五号字，正文的标题常使用的是小二号字 |
| 图片、表格 | 新闻网站的首页图片常为重要的新闻照片和示意图，注重时效性和阅读的方便性；综合性网站和企业网站一般为宣传性较强的图片，着重图片的质量与宣传效果 |
| 音视频 | 根据网站特性使用音视频有两种方式：一种是随页面自动播放，只要打开某个页面，嵌在页面音视频窗口的音视频就会被激活，随页面显示而播放；另一种是在页面上设置音视频链接，如果访问者想要欣赏音视频，可以点击链接，音视频就会在原有的窗口上或者重新打开一个页面播放 |
| 超链接 | 要清楚地显示出哪些链接已经被点击过，哪些还未被点击。很多网站采用不同的字体颜色来标识链接是否被点击过 |
| 线条、色彩 | 通常，粗线条用来分割网页上不同的栏目，细线条用来标识超链接，位于超链接文字的下面。<br>不同的色彩搭配会产生不同的阅读效果，即使是使用白颜色线条，在布满文字的网页上也能起到缓解视觉疲劳、提供阅读间隔的效果 |

首页框架样式众多，没有固定的标准或模式，一般集中为横向划分、竖向划分和横竖结合划分三大形式的粗框架。在此基础上，结合纸质媒体版面划分的样式，将整个版面划分为若干个栏或者块，组合构成网页的细框架。

单纯的横向、竖向划分式框架由于形式单一，不便于多种信息的组合，在首页的设计中不多见。首页更多采用的是横竖结合划分式框架。这种样式的框架内部既可进行分栏，又可进行分块，能对网页进行更加细致的划分。根据栏和块划分位置的不同，常见的首页框架有：

（1）"T"形框架。"T"形框架，是指在页面的顶部有通栏的块，通常为网站的标志、名称、广告等，有点像报纸的报眼位置；在网页的一侧设有一条边栏，一般为网站的导航栏；网页的中间是主体内容。从整体形象上看，好像是个"T"或者"Γ"，如新华网的首页（如图 2-12 所示）。这种框架结构简单明了，既可以用于首页，也可用于其他页面，但对过于复杂的网站的首页就显得有些呆板。

图2-12　新华网首页截图（2020-01-22）

（2）"门"形框架。"门"形框架，是指页面的四周划分出窄栏，作为导航条、广告和网站标志的陈放点，网页中央则是内容主体。由于版面利用较充分，信息容纳量大，新闻网站和门户网站的首页多采用这种框架，如网易的首页（如图2-13所示）。

图2-13　网易首页截图（2020-01-22）

（3）"川"形框架。"川"形框架，是指页面被垂直划分为若干栏，一般为三栏或四栏，只在页面的上方有个窄窄的横条作为标志栏或广告栏等，整体看上去就像个"川"字。这是竖向划分式的框架，整个页面被竖着分为三个或四个通栏，如中国新闻网的首页（如图2-14所示）。

**图2-14　中国新闻网首页截图（2020-01-22）**

**4）首页排版的新趋势**

近10年来，互联网已经发生了翻天覆地的变化。看看10年前，我们会发现大多网站都有一套通行的排版模式。页头、页脚、侧边栏和内容区域构成了这种直截了当的布局，这就是人们预期中的网页排版。同时，我们发现网页的基本结构千变万化，根本没有固定形态，它可以伸缩变化成任何所需的形式。

以下介绍几种除了上述3种首页框架外的网页编排的新形式，它们既可以帮助设计者构思网页设计的基本结构，也代表了当前网页设计的潮流趋势。

（1）分割屏幕。在这类网页中，网站都用了垂直分隔线来分割屏幕，如图2-15 Hire Level官网（https://hirelevel.com/）所示。通常的网页设计是按照重要性对内容进行排序，重要性会体现在设计的层次和结构上。但是如HireLevel官网那样，由于网站不仅面向求职者，还面向雇主，因此针对两种相同重要的因素，在首页设计时就选择了一分为二的方法，也就是用了分割屏幕的方式，可以突出两者，并让用户迅速在其中做出选择。

（2）去界面化。网页首页设计中的主要元素之一，就是容器元素。方块、边框、形状和其他类型的容器用于将内容从页面中分离开。如今的一个普遍趋势是，去除所有额外的界面元素，这是一种极简主义的方式，但它带来了一些有趣的转变。

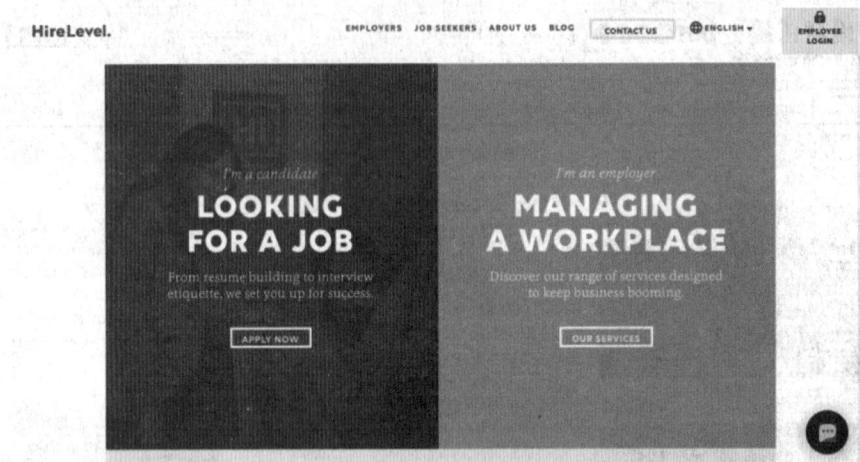

图2-15 HireLevel官网示例

　　去界面化的概念被广泛应用，在移除任何感官上的页头和页尾后，内容得到了极大的强调。用户会先看到公司名称，然后是关于公司经营内容（和场所）的清晰描述，而不是先看到页头、主导航。让用户浏览之前先重点强调品牌的方式非常有效，造就了优美的视觉流程。如图 2-16 所示，Harvard Art Museums（https：//harvardartmuseums.org/）网站首页并没有明显的各区块边界，而是将与博物馆相关的元素以交错排列的方式展现在网页中，留白较多，艺术氛围符合博物馆的设定。

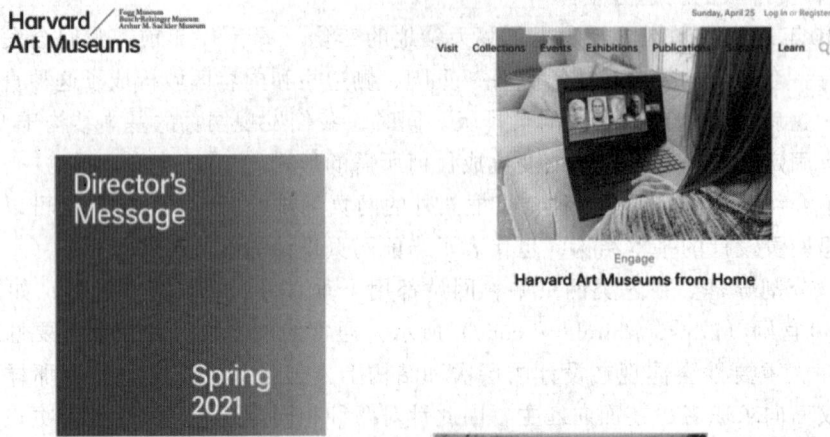

图2-16 Harvard Art Museums官网示例

　　（3）基于模块或网格。这种编排方式建立在模块化或类似网格的结构上。在这些设计中，利用响应式设计，每个模块都可以根据屏幕尺寸伸缩调整。它体现了一种自适应布局模式，可以像搭积木一样，由各种模块组件创建而成。

　　如图 2-17所示，Team Bad Company Rowing 网站完美地诠释了这一点。网站整个首页的设计都是响应式的，随着屏幕尺寸变化，每个模块都改变尺寸来适应空间。均匀划分屏幕使得设计更易于应用。

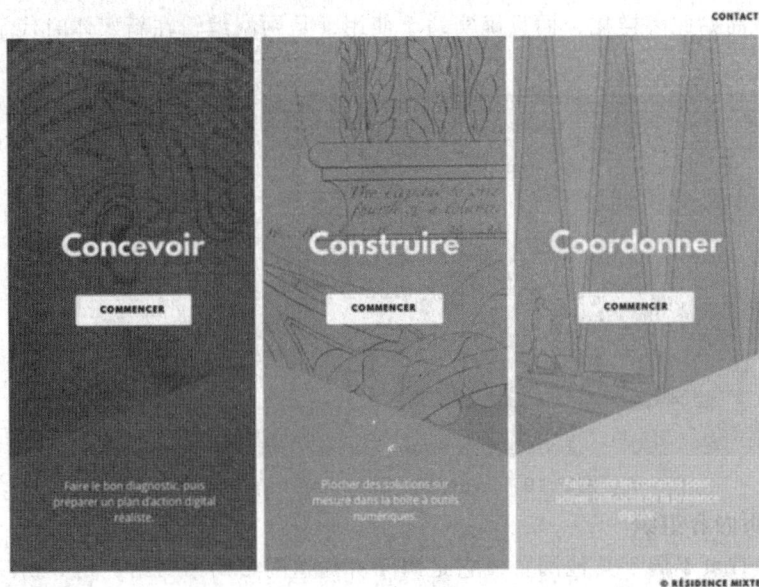

图2-17　Team Bad Company Rowing网站示例

（4）注重交互。有一些网站注重在网页中增加使浏览者可交互的设计。在这种编排方式中，整个设计完全吻合屏幕，没有滚动条，只聚焦内容，层次分明，不仅具有趣味性，还可以使人耳目一新。如图 2-18 SuperFluid 官网（https：//superfluid.numbered.studio/）所示，使用一屏以内的设计，使漂亮的产品惊艳全场，产生超级有趣的互动效果，可以淡入、淡出和向上滑动。产品详情会随悬停而变化，整个浏览体验旨在吸引浏览者进行购买。

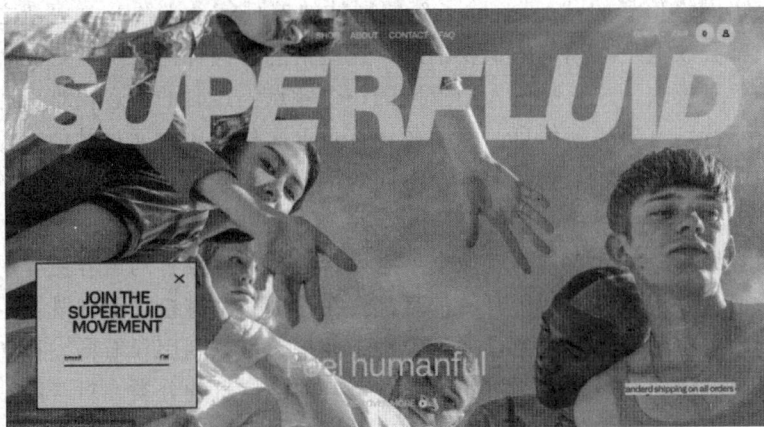

图2-18　SuperFluid官网示例

Everyday Experiments官网图（https：//www.everydayexperiments.com/）是另一个注重交互体验的新型首页设计，如图 2-19 所示，在其网页中，浏览者会获得高度互动的体验。每个"实验"都是交互式的，滚动和单击时会显示更多内容，多种网页编排形式都可以表现为交互变化的形式，这些互动可以通过很多不同方式组合来实现。现代网页的布局如此多样化,而且确实适于使用,是网站编辑在新媒体时代不断创新的产物。

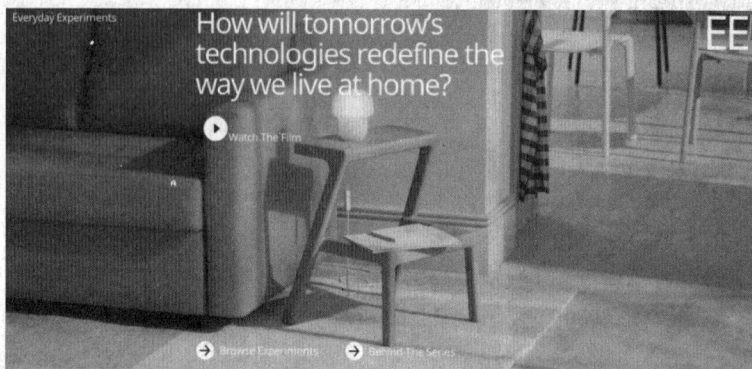

图2-19 Everyday Experiments官网示例

**5)首页内容组织**

网站的首页不同于其他网页,它是访问者到达网站的第一站,指导访问者深入浏览,首页上的内容通常就决定了访问者是否继续停留在该网站。不同定位的网站,首页安排的具体内容大不相同,但遵循的基本思路大致相同。

(1)突出网站特色。每个网站都有区别于其他网站的特色内容,将这部分内容放在首页的突出位置可以使网站的主题凸显出来,这是吸引访问者长期关注该网站的"武器"。如新浪网的新闻是该网站的主打内容,首页上半部分的主要内容就是各种重要新闻的标题链接,而下半部分是新浪各个频道的推荐内容,使人们一眼就能看到该网站的重点内容。

(2)突出网络信息的"新"。除了新闻网站的首页信息必须及时更新之外,一般网站的首页都会放上一些相关的重要信息,这些信息也同样需要随时更新。网络信息是全天候的信息模式,这是吸引人们上网的一个特点。过时的信息很难引起人们阅读的兴趣。对于特别重要的新信息,除了放在首页上之外,还要通过其他手段使它从众多的信息中凸显出来,如给它换上与众不同的字体、颜色或在信息的标题链接后加上"新"字样等。

(3)内容编排忌凌乱。首页就像个展示平台,在首页放置的内容更容易获得访问者的浏览,但这并不是说网站所有的信息都要在首页做个链接,那样既占用版面,又容易混淆网站的主题。为了避免首页内容过于拥挤,可以利用导航条。导航条上的频道分类要具有一定的逻辑性,首页的导航条上有网站信息的分类,对于网站特色的频道链接,还可用特殊的字体或颜色标识出来。除此之外,还可以选取各个频道的重要内容在首页上显示,方便有兴趣的访问者访问。

(4)重视首页的网民互动渠道。网络的特征之一就是互动性,目前人们的参与意识不断增强,特别是电子商务网站、企业网站、政府网站等本身就提供各种互动性的服务,在首页明显地标识出互动渠道有助于访问者利用网站开展各种活动。

**6）内容页编排**

网站常采用信息密集型展示形式，网站呈现方式也以文字为主。首页编排固然重要，但也不能忽略内容页。不管是PC端网页还是移动端网页，从大多数用户的使用习惯来看，在互联网中搜索信息时，首先进入的是网站内容页，而非网站首页。提高偶然进入用户的留存时间，能让用户在浏览的过程中提升对网站的印象，进而转化为网站的用户。

内容页能展示的内容很多，但应该以内容为先，先解决用户的需求，下一步才是解决如何吸引注意的问题，应该把重要的信息放在靠前、主体内容出现的位置。用户进入内容页的目的只有看文章内容，如果网站没有立刻展示，而是让用户用鼠标往下滚动才能看到目标内容，不利于网页留住访客。

优秀的文字排版，在阅读感受上一定是很棒的，文字表达的意思也是连贯的，在视觉上体现出来的就是平衡，在整体上有空间感。网页制作时文章的布局、内容的设置以及栏目的设计都对文字的易读性有影响。从文字排版的易读性出发，需要考虑文字的字体、文字的大小、段落之间的行距、间距、背景颜色的使用以及文字的颜色等。

网站内容的编排设计有以下几个技巧：

（1）网页排版。当进入网页，首先能给人留下第一印象的是整体排版，必要的图片与文字相结合，能有效进行合理布局。其次是整体页面色彩搭配，避免出现花花绿绿的情况，这对营造良好的用户体验和塑造企业门面形象起到至关重要的作用。

（2）规划结构层次。在网页排版完成后，需要进行清晰分明、有条理的结构层次规划，让浏览者快速找到所需信息，帮助其有效理解网站内容。尤其是对于一些重视内容和阅读体验的网站来说，比如知乎，就算没有复杂绚丽的交互、风格流行的色彩和图片，依然可以依靠舒适合理的规划结构、排版布局而变得优秀。

（3）设置字体颜色。网页的整体布局和美感离不开字体的选择和颜色搭配，要根据访客的阅读习惯，搭配适当的背景颜色和色彩元素，清晰展现网页内容。另外，字体的大小设置也要适当，否则会影响读者继续阅读的心情。

（4）设置段落间距。图文结合后，段落字体、间距也要进行合理安排，需要营造令人愉悦舒适的视觉效果，这对网页设计的美感也是有提升作用的。段首缩进和段间距都是用来区分段落，明示逻辑关系，提高易读性的。现代排版中还常用的另一个手法就是段间距。段间距的优势是视觉效果显著，使文本块整洁。网页里用段间距能充分利用无限的纵向空间，并且在不怎么分页的长篇阅读体验中提供休息的间隙，避免长篇文字密密麻麻。

（5）设置导航跟随。内容页的导航作用和相关消息一样，针对性下降，但范围更广泛，给用户更多的选择。如果导航跟随，能吸引用户注意其他感兴趣的内容，提高其他页面的浏览量。

**职业工作站**

## PC 端的网页自适应于移动端

目前，除了专门设计的客户端和只发展移动端的企业，大部分企业不需要专门设计移动端网页，基于现有的 PC 端网页进行自适应编码即可满足移动端浏览需求。

当我们将一个 PC 端的网页放到移动端的时候，移动端浏览器会将 PC 端的网页按照一定的比例完整地显示出来，这是因为移动端的浏览器默认将网页在一个比例比较大的 Viewport 中排版（iOS 默认的是 980px，Android4.0 以上为 980px），然后通过比例缩放看到整个页面的全貌。

但是，使用默认的 Viewport 布局会有以下缺点：宽度不可控制，不同系统、不同设备的默认值可能不同；页面缩小版显示，交互不友好；链接不可点；有缩放，缩放后又有滚动等问题。

所以，我们可以通过 meta 标签改变 Viewport 得到移动端网页定制化自适应的效果。可参考代码如下：

<meta name="viewport" content="width=device-width，initial-scale=1.0，minimun-scale=1.0，maximum-scale=1.0，user-scalable=no">

meta 标签中参数的设置和含义如下：

width=device-width：表示布局 Viewport 的值是设备的宽度（也可以是特定的 Viewport 值）；

initial-scale=1.0：设置页面的初始缩放比例；

minimum-scale=1.0：设置页面的最小缩放比例；

maximum-scale=1.0：设置页面的最大缩放比例；

user-scalable=no：设置用户是否可以缩放操作。

通过以上 meta 标签的设置，就可以将一个 PC 端的网页自适应地显示在移动端了，而以上的参数设置也是我们移动端开发的最常用设置。

网站定位是在确立网站基本类型后，根据网站自身资源和市场资源进行的自我定位和受众定位，是市场定位的一个过程。这其实就是网站的定位营销。

在定位过程中，要首先确立网站所能满足的实际需求，这种需求不是网站的主观臆断，而是建立在详细的资料分析的基础上的，包括网站自身在建立发展过程中的各种需要和网站服务对象的各种特定需求。

在确定了各方面的需求后，动员各方面的力量满足网站的基本需要，在此基础上，满足服务对象的需求。具体应是首先满足服务对象在某一方面的共性需求，然后在网络可行性和实现可行性的条件下，满足某些个性化非常明显的特殊需求，增强网站的个性色彩。

确定好服务对象和服务内容后，将这些内容按照一定的栏目设置分布开来，通过简洁的网站设计风格，从服务对象的角度出发，合理地安排、设计网站和网页版面，完成网站的初步建设。

　　另外，本章主要从网站的视觉效果方面对网站的结构和网页编排的基本原则及一般设计进行了讲解。网站建设者要充分考虑网站的定位及目标受众，在编排设计网站时，兼顾 PC 端网页与移动端网页设计。事实上，由于视觉美学的不断发展，所有的应用手法都在不断推陈出新。在本章所介绍的基础知识的基础上，再去分析现在的很多网站，我们可以发现，无论是网页框架还是色彩的运用，都在朝着个性化的方向发展。作为从业者，对时尚的把握、对美学的独特感觉都是影响一个网站能否提供给访问者完美视觉享受的重要因素。因此，很多网站的视觉设计都交给专业的美工人员操作。但是对一个网站整体的设计者来说，网站的美学特点必须要与网站的定位相结合，使网站的视觉设计融入网站的内容当中，因此还是有必要对网站视觉设计进行基本的了解。

### 课堂互动 2-4

　　淘宝网（https：//www.taobao.com/）是我国著名的个人网上交易平台，根据阿里巴巴发布的截止到 2019 年 12 月的财报，实物商品线上零售额为 8.5 万亿元，双 11 全球购物节成交总额达到 2 684 亿元，是美国黑五和网络星期一的 2.3 倍；有超过 1 115 个品牌的销售额突破 10 亿元；双 11 期间，菜鸟处理的包裹数为 12.9 亿个，其中 6.9 亿个包裹在一周内配送，遥遥领跑中国个人电子商务市场。中国社科院《2005 年中国电子商务市场调研报告》显示，淘宝网已占据最大的国内 C2C 市场份额。如此成功的业绩离不开淘宝网独特的定位和阿里巴巴的强劲支持。

　　阿里巴巴（https：//www.alibaba.com/）是全球企业间（B2B）电子商务的著名品牌，是全球国际贸易领域内领先、活跃的网上交易市场和商人社区，曾被《远东经济评论》的读者评为"最受欢迎的 B2B 网站"。2003 年 5 月，阿里巴巴投资 1 亿元人民币推出了个人网上交易平台——淘宝网。淘宝网是阿里巴巴首次对非 B2B 业务进行的战略性投资，依托于企业网上交易市场服务 8 年的经验、能力及对中国个人网上交易市场的准确定位，淘宝网迅速成长起来。

　　资料来源　梁青．淘宝网：以娱乐营销突围［J］．网络传播，2006（7）.

　　要求：淘宝网是如何利用自身资源和外在资源准确定位，迅速打开市场的？

　　分析提示：作为一个市场新进入者，为了与易趣网等当时已存在的非 B2B 电子商务网站相区别，淘宝网定位于娱乐式的个人网上交易平台，将目标瞄准了追逐时尚、娱乐的年轻人。在淘宝网的首页上，主要是一些流行服饰、美容、数码等产品的图片，时尚味道浓厚。它的在线聊天工具淘宝旺旺里的表情符号也以一种夸张的手法增添了淘宝的娱乐化倾向。在淘宝网，可以了解最新鲜的品牌资讯，包括服饰美容、家居饰品、时尚数码、美食旅游，甚或谈情交友，与娱乐有关、与时尚接轨的栏目可以说是应有尽有。这样的一种设计，满足了为娱乐而购物的客户获取时尚资讯、享受购物环境的需要。

马云曾说过："有品位、时尚的娱乐必须引导未来的趋势。如果我没有看过《天下无贼》，我们不会有这么大的改变；我看过《天下无贼》后，才明白娱乐代表未来。"基于阿里巴巴高层对娱乐的高度认识，淘宝网与娱乐的结合也就顺理成章了。从淘宝网开始成立，娱乐就成为淘宝网的一部分，除了淘宝网的页面设置和内容频道安排外，更重要的是使淘宝网也成为娱乐的一部分。淘宝网在创立不久便注重这块最重要的细分市场，以娱乐、时尚制胜，结合巧妙的娱乐营销，无论是与《天下无贼》《头文字 D》等热卖影片的合作，还是与电视台共同主办"超级 buyer"的真人秀，都是通过媒体极高的曝光度，有效地达到了吸引追求时尚的网民、树立淘宝网时尚形象的目的。

独特的定位使淘宝网的人气急剧上升，在很短的时间内就占据了中国电子商务的头把交椅，使易趣网退居后位，成功地完成了由市场新进入者到行业领头人的转变。

**小资料 2-3**

## 网站定位：分类切割内容

网站定位主要回答三个方面的问题：本站性质、所属领域、读者是谁。这些问题的答案确定之后，接下来要做的第一件事情就是将这个笼统概括的"定位"细化。

1. 确定定位外延

用"关键字"法可以很好地确定定位外延。一个领域的关键字一般较为明确，扩大关键字范围的方法主要有：

（1）做目标读者调查。

让读者任意写本领域的关键字，统计出现频率。

（2）研究同类网站。

同类网站的频道名、栏目名都是同行所认定的关键字的"关键"，同时可通过软件对同类网站的文章进行词频分析，找出出现频率最高的前 1 000 个（字）词。

（3）在本网站即将发布的典型文章中筛选。

确定关键字"关键"程度高低的方法有三个：①通过商业模式"距离远近"来评判，离商业盈利越近，关键字的"关键"程度越高；反之，则越低。②通过在搜索引擎中搜索到的个数来确定。③进行目标读者群感兴趣程度测试。

2. 内容分类

当网站定位"具象"为几百个关键字之后，这个"定位"就变成了摸得着、看得见的网站内容模型了。此时，就可以在还没有网站内容的时候，对网站内容先行进行分类了。

（1）确定本站的分类标准。确定本站分类标准时，可反复问这样一个问题："读者来本站看什么"。例如，对于新闻网站，读者来看新闻，所以，可将新闻内容分为国内新闻、国际新闻、财经新闻、科技新闻、娱乐新闻等。

分类是内容属性的反映，内容往往有着多重属性，所以，也就存在着多种分类标准。对内容属性的认知最终决定着分类标准。

（2）了解读者需求，确定网站内容属性。了解读者需求，最好的方式是：①做大范围的读者调查；②研究同类网站；③分析本网站日志。这些手段都为了一个目的——找出最受读者欢迎的内容，增加受欢迎内容的分类。将受欢迎内容的分类提炼归纳出一条线，然后用这条线去串联更多的分类，最终将本站内容全部串起来。这条线就是本站主线，即分类标准。分类标准不是想出来的，而是从读者所关注的内容中提炼而来的。

（3）明确网站的频道和栏目分类。在明确分类标准的基础上，对本网站内容进行第一层次分类——频道分类。分类名称即频道名称。频道分类集中体现该网站的分类标准，是本站内容总纲。分类工作一半以上的时间应该用在确定网站分类标准和频道分类上。第二层次分类——栏目分类，也就是网站上每个频道下设若干个栏目，分类名称即栏目名称。

尽管分类只是对内容的主观划分，由内容切割而来，但分类一旦确定下来，就要根据它进行更新。从这个意义上看，分类也规定着内容，决定着内容的积累方向。

## 本章小结

网站定位对一个网站来说，如同楼房的地基，没有良好的根基，难以建成摩天大楼。网站定位更重要的是要立足于实用性，在细致的行业调查和用户调查后，确立网站用户群，然后进一步了解、分析这个用户群最想从网站得到什么、最需要什么、网站能给他们提供什么信息等。这些都确定后，网站的类型也就基本呈现出来了。

本章从大家较熟悉的网站类型入手，从网站的经营主体方面对网站进行了一个大致的分类，基本包括了目前存在的各类网站。在此基础上，引入网站定位的概念，阐明网站定位的重要意义。在分析影响网站定位的因素时，与网站的分类相结合，从网站的性质和受众两个方面入手，结合不同类型的网站实例，深化对网站定位的认识。最后对网站定位的方法进行介绍。通过本章的学习，应该对网站基本状况有了一定的了解，并对网站定位的内涵和方法有所掌握。

同时，本章从整体上对网站的框架结构、色调、内容等方面的设计进行介绍。网站主要是视觉媒体，要通过人性化的设计、内在逻辑性将各种信息组合在一起，并将其装入科学设计的网站框架内，通过友好的界面和各种交互性的功能与用户进行沟通交流，方便用户对网站的使用。

本章从视觉方面入手，首先介绍了网站的组织框架设计及主要的链接方式。在此基础上，对网站创意设计的细节要素进行了深入分析。之后，从整体进入个体，对单个网页的创意设计进行介绍，重点是网站首页的编排与设计，涉及首页的各种视觉要素和内容安排。

网站的结构随着网络不断发展而日益多元化，从单一的线状结构到复杂的网状结构，网站所容纳的内容也急剧增多。采用什么样的结构能够使网站海量内容更为清晰条理、网民浏览更为便捷是网站结构设计中要考虑的首要因素。本章介绍了最基本的几种网站结构形式，在现实中，很多网站的结构都是这几种结构的综合或变形。不同性质、不同内容的网站采用的结构也不尽相同。如对政府网站来说，可能更多地采用树状结构，用来体现政府各个部门的职能和服务；综合性的门户网站由于涉及的内容五花八门，采用网状与树状相结合的结构更能体现出门户网站的"门户"特点；一般的企业网站大多采用简单的线状结构或者树状结构，方便人们从网站上获取各种与企业相关的信息和服务。所以，在选择网站结构时，不是越简单或者越复杂就越好，要根据网站的内容和建站目的来选择合适的网站结构。

本章中介绍的网页框架如同网站的结构，只是几种常见的类型。人们的视觉审美在不断发生变化，网页的框架、网站的 VI 设计也要不断改进。如同央视国际网站一样，每隔一段时间就变化一次，以缓解人们的审美疲劳。现实中，网页的框架也是丰富多彩的，特别是网站的首页框架，独特的设计能够使人产生新鲜感、好奇心。因此，很多企业或者个人网站的首页设计更具艺术特色，比起商业网站和政府网站，更能给人带来视觉上的享受。

## ▬ 主要概念和观念 ➡

□ 主要概念

网站　商业网站　企业网站　网站定位　网站的结构　超链接　超文本

□ 主要观念

网站的分类　网站的经营主体　网站定位因素及方法　网站的创意设计要素　网页的创意设计要素　首页框架

## ▬ 基本训练 ➡

□ 知识题

▲ 简答题

（1）什么是网站？

（2）网站定位的意义体现在哪些方面？

（3）什么是超文本、超链接？两者有什么不同？

（4）门户网站与垂直门户网站有什么区别？

（5）电子政府的主要功能是什么？

▲ 选择题

△ 多项选择题

（1）网站定位过程基本上就是（　　）的过程。

A.选择细分市场　　　　　　　　　　B.选择细分受众

C.选择目标市场　　　　　　　　　　D.进行市场定位

（2）企业网站根据提供服务的不同，可分为（　　）。

A.综合性电子商务网站　　　　　　　B.多媒体型网站

C.综合门户网站　　　　　　　　　　D.网上直销型企业网站

E.信息发布型企业网站

（3）常见的网站框架有（　　）。

A.树状结构　　　　　　　　　　B.线状结构

C.网状结构　　　　　　　　　　D.以上几种混合结构

（4）网站创意设计的原则有（　　）。

A.适用性原则　　　B.互动性原则　　　C.拓展性原则　　　D.统一性原则

□ 技能题

▲ 单项操作训练

（1）找出5个常见的门户网站和其经营主体。

（2）浏览一个商业门户网站，找出其提供的各种服务，并罗列出来。

▲ 综合操作训练

　　浏览当当网，查阅有关当当网定位的资料，根据网站定位方法，分析当当网和淘宝网的定位有何不同。

■ 综合应用 ➡

□ 案例题

### 网易严选的差异化定位

　　网易严选，是网易公司旗下的自营生活家居品牌。16年前的电商市场，几乎被两巨头——淘宝和京东瓜分，其他企业很难有生存和发展的空间，但网易严选从中杀出一条血路，并分得一杯羹。网易严选2016年4月正式上线以来，历经周年庆、618、双11，发展迅猛，上线当月流水就达到3 000万元。

　　随着我国经济的快速发展，消费者更关注商品的品质。在消费升级的背景下，商品交易回归本真，脱虚向实，品质至上，消费者有了不断升级和分层的需求，消费习惯也慢慢向"买得好"转变。主打"品质甄选"的商业模式应运而生。

　　网易严选的商品均是网易选购，质量有保障，同时网易严选采取将工厂和消费者相连的方式，减少了部分中间环节，去除了层层溢价。这种模式不仅使商品成本降低，而且能提供最优性价比的商品给消费者。除此之外，网易严选既是销售方也是品牌方，通过深入产业链，向供应链上游制造等环节渗透，参与设计和品控，让供应链各环节能进一步优化。李晓红的研究也指出，ODM电商模式的精髓在于上下游供应链之间的合作。

　　网易严选孵化于网易公司，资金与渠道的先天条件使其作为新兴电商网站的优势显著。初创团队在日本购物时发现产品的质量好、做工精良，但价格普遍较高，并非国内普通消费者所能承受。缘于此，网易严选产生之初就专注于产品质量与性价比，经过软硬件的融合，将这一初心逐渐实践为品牌的差异化定位。

　　（1）消费者需求定位

　　降低时间消耗。目前，多数电商平台销售的商品繁杂，品质良莠不齐，平台无法进行统一管理。尽管经过多年的规范治理，但售卖假货等行为仍大量存在，因此，许多人在学习、工作之余会花大量的时间进行"淘"的过程。

减少金钱成本。对于电商平台而言，市场营销能力是极其重要的，而营销成本的增加意味着要维持品牌的高价，若从其他环节减少成本，终将使企业停滞不前。因此，在网购平台上，品牌入驻仍以线下价格进行售卖，固有品牌溢价与中间环节的高费用就会由消费者承担。

追求优质服务。除商品本身的品质之外，追求购物体验也是企业竞争的重要因素之一。如京东的自配物流、天猫的极速退款等都是各平台的优质竞争内容。

（2）品牌定位

网易严选总监曾说："网易严选要让优质制造商集成化进入消费市场，所以我们的定位是一个网易自主品牌。"网易CEO丁磊也希望做出"有情怀"的电商，坚持将"匠人精神"带入网易严选的血液中。"好的生活，没那么贵"作为网易严选的品牌理念，不仅是对产品、价格的一种定位，更是一种生活理念的延伸。

（3）用户定位

经过电商多年的发展，网购一代已经形成了较成熟的消费观念。多年的购物体验使用户对价格过低品质低劣的商品已经没有购买欲望。他们逐渐回归到生活本身，一方面追求生活水平的提高，另一方面控制家居生活的总体消费。一份对网易严选的用户画像报告显示，男性用户占60%以上，而男性的消费观与女性相比更加成熟，这与网易严选针对用户所做的定位相一致。

资料来源　资娜. 浅析网易严选成功原因［J］. 中外企业家，2020（1）：224.文章内容略有改动.

问题：浏览并分析网易严选的差异化定位是如何体现在网站设计上的？

□ 实训题

实训1：分析虎扑网定位，指出其存在的不足并提出改进的意见。

实训2：登录京东官网首页，对其视觉设计的内容进行分析，指出网站设计的优缺点，并提出改进建议。

□ 讨论题

（1）网站的定位由很多因素决定，除了本章提到的两个主要因素外，你认为在网站定位时还需考虑哪些因素？

（2）丰富多彩的网页设计为学习网络编辑提供了良好的素材，在本章首页框架编排中提到的近10年首页设计新趋势部分中，你认为更适合电商网站首页呈现的是哪一种设计方式？请阐明原因。

# 第**3**章
# 信息采集与筛选

## 学习目标

□ 知识目标：

　　了解信息的定义、分类及特征，信息采集的作用；了解不同种类信息的来源和渠道；了解信息采集的技术及其在不同领域的应用；了解筛选信息的方针和信息把关的重要性。

□ 能力目标：

　　能够完成对信息的采集、筛选和把关。具有运用现有的手段和技术搜集有用信息的能力，能够灵活使用现有资源为新闻选题服务；能够清楚地鉴别和筛选信息，对信息进行有效把关。

□ 知识目标：

　　具有建立在敏锐地信息识别、信息选择、信息分发基础上的信息素养，平衡信息采集与筛选过程中的技术与人文关系的多元素养。

**【引例】**

**"媒体大脑"想陪你聊聊"两高"这五年**

"媒体大脑"是新华社自主研发的国内第一个媒体人工智能平台。在2018年全国两会报道中，新华社结合人大会议重大议程，利用人工智能技术自动生成《"媒体大脑"想陪你聊聊"两高"这五年》数据可视化新闻，15秒即可生成一条视频，解读深度、生产效率和呈现效果极具特色。

这是媒体首次在全国两会报道中全面使用智能采集、语音合成、人脸识别、版权监测、用户画像等技术功能，标志着新华社人工智能技术应用水平迈上新台阶。通过对40年来"两高"报告的人工智能分析，发现"投机倒把罪"等随着时代进步消失的法律名词和一大批体现时代特色的新表述、新名词，深化了报道主题。

新闻媒体采集信息的方式越来越多样化和先进化，利用大数据技术和人工智能技术进行信息采集并自动生成新闻将成为未来的一种流行趋势。

资料来源　高洁，李放."媒体大脑"想陪你聊聊"两高"这五年［EB/OL］.［2018-03-10］. http://www.xinhuanet.com/politics/2018-03/10/c_1122515137.htm.

在这一章的学习中，我们将会对信息有一个全面的介绍，尤其把信息采集和信息筛选作为重点内容进行细致讲解。随着时代的进步，各个领域在信息采集时都在使用先进的技术，大大提高了信息利用的效率，但也要遵循相应的方针，严格筛选信息，进行信息把关，从而更好地利用信息。

# 3.1　信息概述

## 3.1.1　信息的定义

信息，广义上是指所有对象在相互联系、作用过程中呈现出来的各自的属性，与物质、能量构成客观世界；一般上是指与人类的认识过程和传播活动相关的知识积累；狭义上是指能够消除受信者随机、不确定性的东西。

## 3.1.2　信息的分类

根据信息的需求、性质、内容及使用者的使用要求，信息可以从不同侧面按照不同的结构体系进行分类。

**1）从互联网上信息使用状况来划分**

（1）新闻信息。新闻是对新近发生的事实的报道，信息是对客观物质存在和运动状态的陈述和反映。二者都源于客观物质世界，而且其产生、传播、储存都离不开一定的物质载体；都具有可传递性、可分享性；都具有未知性；都是人们认识客观世界的工具；新闻是信息的一种。新闻与信息同样具有可传递性、共享性、可记载性和可塑性，然而新闻与信息不是简单的相互包含的关系。从涵盖的内容来看，新闻都是信息，但所有的信息未必都能够成为新闻。从新闻的定义来看，只有变动的、被需要的信息才可能被认为是新闻。信息显然包含这部分，同时仍有一些信息并不具有被报道、公开的价值。

（2）商务信息。商务信息就是与整个社会经济运行相关的各种类型信息，包括商务数据、商务报告、广告信息、商务情报信息等。目前互联网上主要是电子商务信息，电子商务信息是通过计算机网络传递的商务信息，包括文字、数据、表格、图形、影像、声音以及内容能够被人或计算机查知的符号系统。电子商务信息具有时效性强、准确性高、便于储存和检索难度大等特点。

（3）个人信息。个人信息主要包括以下几个方面：

基本信息，即为了完成大部分网络行为，用户根据服务商要求提交包括姓名、性别、年龄、身份证号码、电话号码、E-mail 地址及家庭住址等在内的个人基本信息。

设备信息，主要是指消费者所使用的各种计算机终端设备（包括移动和固定终端）的基本信息，如位置信息、Wi-Fi 列表信息、Mac 地址、CPU 信息、内存信息、SD 卡信息、操作系统版本等。

账户信息，主要包括网银账号、第三方支付账号、社交账号和重要邮箱账号等。

隐私信息，主要包括通讯录信息、通话记录、短信记录、IM 应用软件聊天记录、个人视频、照片等。

社会关系信息，主要包括好友关系、家庭成员信息、工作单位信息等。

网络行为信息，主要是指消费者在网络上的各种行为记录，如上网时间、上网地点、输入记录、聊天交友、网站访问行为、网络游戏行为等个人信息。

**2）从信息与社会的关系角度来划分**

（1）社会信息。社会信息（文化信息）是人际传播信息，包括一切由人创造的、具有广义社会价值的文化形态和观念形态的信息。

（2）非社会信息。非社会信息又称自然信息，是指一切非人际传播的信息，是自然界物质系统以质、能波动形式呈现的自身状态和结构，以及环境对人的自然力作用，如生物信息、神经信息、矿产信息、天体信息等。

**3）其他分类**

按价值可分为有用信息、无害信息和有害信息；按时间可分为历史信息、现时信息和预测信息；按载体可分为文字信息、声像信息和实物信息；按信息的性质可分为语法信息、语义信息和语用信息。

### 3.1.3　信息的特征

信息特征即信息的属性。具体有：

（1）依附性。信息是一种抽象的、无形的资源。信息必须依附于物质载体，而且只有具备一定能量的载体才能传递。信息不能脱离物质和能量而独立存在。

（2）再生性。信息在使用中能够不断扩充、不断再生，永远不会耗尽。

（3）可传递性。没有传递，就不能产生信息。信息传递的方式有很多，如口头语言、身体语言、手抄文字、印刷文字、电讯号等。

（4）可储存性。信息可以储存，以备他用。储存信息的手段多种多样，如人脑的记忆、电脑存储、书写、印刷、缩微、录像、拍照、录音等。

（5）可缩性。人们对大量的信息进行归纳、综合，就是信息浓缩。如总结、报告、议案、新闻报道、经验、知识等都是在收集大量信息后提炼而成的，而缩微等是使信息浓缩储存的现代化技术。

（6）可共享性。信息不同于物质资源。它可以转让，大家共享。信息越具有科学性和社会规范，就越有共享性。

（7）可预测性，即通过现时信息推导未来信息形态。信息对实际有超前反映，反映出事物的发展趋势。

（8）有效性和无效性。信息符合接收者需求为有效，反之为无效。

（9）可处理性。信息经过人的分析和处理，往往会产生新的信息，使信息得到增值。

信息作为一种特殊的资源，具有相应的使用价值，能够满足人们某些方面的需要。但信息的价值大小是相对的，它取决于接收信息者的需求及对信息的理解、认识和利用的能力。

### 3.1.4 信息采集的作用

#### 1）满足网民对大量信息的需求

网民通过网络这个途径获取信息的原因之一，就是网络可以不受空间的限制，近乎无限地为网民提供所需要的各种信息和资料。随着传播技术的发展，海量信息充斥在互联网上，网民可以随时随地拿起手机、平板、电脑来查找信息，甚至各平台可以根据网民个人之前的搜索记录、浏览记录，向他们推送信息；并且在当前以互联网为首要传播渠道的社会中，来自多个渠道、多个领域的各种各样的信息首先在互联网上传播，这些信息不断地在互联网空间内进行裂变。因此，网民对信息的需求日益被满足，甚至到了信息过剩的程度。

#### 2）增加平台的竞争手段

当前各个平台之间的竞争就是对受众的竞争，吸引的受众越多，则平台的竞争力越强。当一家平台拥有质量上乘、符合受众习惯、能够激发受众兴趣的信息时，受众便会主动选择这家平台以得到相关需求的满足，并将这一平台列入下一次搜寻信息的首选，尤其是新闻网站及电商平台等，都能通过采集高质量、有效的信息以吸引更多受众，从而提升竞争力。

（1）提高新闻网站的竞争力。新闻网站能够获得一席之地的方法之一就是拥有大量来源稳定、质量上乘的新闻稿件，可靠、丰富的新闻来源能使网站从同类竞争者中脱颖而出，而信息资源是网站提高影响力的重要手段。因此，一家网站提高竞争力的首要条件就是保证信息内容和新闻稿件的质量，稳定固有受众，吸引潜在受众。此外，网络新闻具有较强的竞争力最明显的体现就是网站与众不同的报道风格，这种不同在一些门户网站上表现得更为直观。独特的报道风格会给受众留下深刻的印象，也会加大对受众的吸引力，受众在当前信息海量化、碎片化的时代，阅读习惯也从深度阅读转变为浅阅读，只有具备独特的风格才能在丰富多样的新闻网站中脱颖而出，被受众所选择。

图 3-1、图 3-2、图 3-3 为 2020 年 1 月 4 日新浪、搜狐、网易三个网站的新闻主页。

**图3-1　新浪网首页**

**图3-2　搜狐网首页**

**網易 新闻**

首页　排行　图片　国内　国际　数读　军事　航空　无人机　新闻学院　政务　公益　媒体　王三三

**习近平新年贺词中的小康图景**

**习主席在新年贺词中提到了我**

香港暴徒被抓 其母：又气又伤心 绝对不保释他 ｜ 沪伦通暂停传言不实

刘国洪履新自然资源部办公厅主任 ｜ 陕西省委原书记赵正永被开除党籍

**伊拉克巴格达再遭美军空袭 已致6人死亡3人重伤**

美众议院要求特朗普对伊袭击作说明 ｜ 小布什和奥巴马都曾拒绝"斩首"

黑鹰黑匣子：直接撞山 动力系统正常 ｜ 上海版"药神"案当事人期满释放

华裔女孩被弃回国寻亲找到父母 ｜ 爷爷送孙女上学 娃凌乱：今天放假啊

"不跟跟跟跟跟跟跟贴，看什么新闻！" 不点后悔

柴达木盆地惊现神奇"土星环"

图3-3　网易首页

　　从上面三个网站的要闻可以看出，各个网站对重要新闻的选择都不一样。这种不同的选择背后有着各自不同的标准，不同的新闻网站有不同的编辑方针、媒体立场，各个新闻网站的编辑也有自己的编排习惯和方式，这些不同就表现在对新闻的编排上，从而体现了新闻网站的不同风格。

　　（2）提高电商平台的竞争力。信息采集可以帮助电商平台找到最合适的投放渠道和目标用户，了解消费者的兴趣、爱好、需求，还可以打破数据壁垒和隔阂以及帮助电商平台做到决策过程数据化等。比如，通过对竞争者信息的采集，可以帮助电商平台制定应对策略；通过对用户信息的采集，可以帮助电商平台决定与哪些品牌相关联，哪些产品可以做更多的广告宣传，以及可以放置什么广告来更好地与更广泛的人群联系；通过对电子商务行业信息的收集，有助于了解行业动态，决胜未来。

　　**3）提高网民信息选择中的有序性和准确性**

　　互联网中的信息多如满天繁星且杂乱无章，呈海量化、碎片化分布的状态，众多网民在使用互联网时对此也深有体会，当我们明确要搜寻某些信息时，除了这一信息外，还会出现很多与之关联不大甚至完全没有关联的信息，这给网民对信息的精准获取和把握造成了很大的困扰。除了不必要和多余的信息外，广告、过期信息甚至一些虚假杜撰的信息也混杂其中，这些信息不仅会混淆我们的视听，给我们查找信息的过程造成困扰，影响我们对某些事物的正确判断，而且极易产生一些不良的社会影响，如虚假广告会诱使老年人购买三无产品、游戏弹窗广告造成青少年沉迷于游戏等。此外，由于当前互联网上的信息种类繁多，而网民们没有过多的时间和精力按照不同的信息种类来查找信息，因此在面对过于纷繁复杂的信息时常常会处于手足无措的状态。

## 3.2　信息采集的渠道

信息采集的渠道是多种多样的，新闻稿件的采集渠道可以分为来自传统媒体的信息、来自官方发布的信息、来自自媒体的信息以及来自受众的信息四种；商务信息的采集渠道可以分为政策渠道、立法渠道、统计渠道、科技渠道、市场渠道、商品渠道、消费渠道七种；用户信息的采集渠道可以分为数据公司、零售商、信用卡公司、专业调查公司、相关服务行业五种。

### 3.2.1　新闻稿件的采集渠道

**1）来自传统媒体的信息**

根据我国互联网新闻信息管理相关办法，除了传统媒体创办的新闻网站外，其他类网站只有新闻转载权而没有采编权，因此，来自传统媒体的信息是新闻稿件采集的主渠道。传统媒体建立有专业的、通达的信息采集渠道，具有权威性，确保了真实性和客观性，新闻网站在获得这些信息后直接转发或者根据报道要求或报道主题稍加修改，便可进行发布。鉴于传统媒体的公信力，这些信息往往容易为大众所信服。

**2）来自官方发布的信息**

来自政府机构发布的信息也是新闻网站获取信息的重要渠道之一。一般的机构通过自己的官方平台将信息发布给大众，而各个新闻网站或媒体平台在获取这些信息之后，稍加编辑，便可发布在自己的平台上面。这些来自官方的信息可以成为新闻网站版面设计中的一个专栏，对这些具有权威性的，涉及国计民生、百姓切身利益和日常生活的信息进行分类，更方便网民阅读和查找。新闻网站的编辑在对这种类型的信息进行编辑时，不能随意修改，要如实报道和发布，要将老百姓最关心的问题及时传播给他们，保证网民的知情权。

**3）来自自媒体的信息**

随着新媒体技术的不断发展，在互联网开放多元、平等共享的环境之下，一批又一批由个人或团队组建的自媒体不断涌现出来，在舆论场上与传统媒体相互竞争、相互博弈、相互促进。自媒体与传统媒体相比可以更大胆地发布观点，并且自媒体平台有时所掌握的是比传统媒体更有优势的第一手信息，且获取信息的速度更快，此外自媒体有时涉及的话题更加深刻和敏感，也更容易引起网民的关注。

因此，来自自媒体的信息成为新闻网站获取信息的一个重要渠道。自媒体凭借着自己不同于传统媒体的特有优势，为新闻网站提供更多元、更丰富、更吸引人的信息，新闻网站既可以直接转载自媒体平台的稿件，也可以根据自媒体平台提供的信息内容进行修改、增添或删减，充分利用自媒体平台。

**4）来自受众的信息**

随着互联网技术的发展，受众进入了人人都有麦克风的时代，每个人都可以在互联网环境中利用社交媒体平台自由地发表意见和看法。互联网的去中心化使得众多的受众分散在各个节点上，交叉错落地形成不同的圈层和群体，因此当一位受众掌握着独家信息时，他可以利用在互联网上形成的或强或弱的关系，通过社交媒体将信息迅速传播出去。此外，当前的新媒体环境下，受众在看到或参与到某一事件时，可以拿起手机拍下来上传到网络上，这样的信息比媒体和政府发布的信息传播得更早、更快，因此受众有时候往往掌握着第一手信息，处于第一信源的位置。

新闻网站从受众处获得的信息也是其进行信息采集的重要渠道之一。受众凭借着现场优势为新闻网站提供信息，新闻网站自身配置的记者和编辑团队根据这些信息进行新闻的撰写和发布，新闻网站往往也能通过掌握第一手信源而获得新闻报道的抢先优势和独家优势。但是由于受众的媒介素养参差不齐，受众有时会为了哗众取宠以博眼球而编撰虚假信息，传递假消息，因此新闻网站的编辑对受众提供的信息要进行严格把关，筛掉不实信息，在保证新闻独家性的同时更要保证新闻的客观性。

### 3.2.2　商务信息的采集渠道

**1）政策渠道**

政策渠道包括国家及其所属各部门为了指导商品生产、经营和消费所制定的各项宏观调控、微观搞活、改革开放等一系列有关方针、政策和措施。如产业和产品结构调整的政策；各种改革方案；经济发展规模和速度；人口发展、资源开发、环境保护政策；对外贸易政策；物价政策等。它们可通过政府部门文件、新闻报道或发布会及有关刊物、会议、研讨会等渠道获得。

**2）立法渠道**

立法渠道是为了维护公正、平等的市场竞争秩序所制定的相关条例和规定，如《中华人民共和国食品安全法》《中华人民共和国进出口商品检验法》《中华人民共和国产品质量法》《中华人民共和国反不正当竞争法》《中华人民共和国消费者权益保护法》《中华人民共和国环境保护法》《中华人民共和国广告法》等。对于出口商品贸易，还要考虑出口国家法律、法规以及国际法规和惯例。这类信息可通过政府及主管行政部门、有关组织、报刊等媒体、研究部门等渠道获得。

**3）统计渠道**

有关政策的执行结果，各种商品的生产、流通、消费情况等定量化的信息数据可从统计、财政、金融、计划、外贸、工业生产等部门获得。

**4）科技渠道**

有关商品的科技开发动态、发明专利，商品的新材料、新工艺、新技术的开发成果等商品科技信息，可以从图书文献资料、专利刊物、专业会议、大众传播媒体中获得。

**5）市场渠道**

各类商品的市场供求情况、价格升降、质量（包括服务质量）要求、同行竞争程度与市场占有率、购销策略效果等信息，可以通过各种交易会、展销会、订货会、消费者调查问卷等途径获得；也可从社会经济信息咨询机构，如各种信息中心、情报中心、社会调查机构、行业协会等处获得。

**6）商品渠道**

从商品广告、大众传播媒体（报刊、广播、电视）、商品推销手册与消费指南、商品标识与说明书、维修手册、商业告示等途径，可了解具体商品的品种规格、功能特点、质量状况、价格水平、能耗物耗、使用方法、维修方法、售后服务等内容。

**7）消费渠道**

商品消费结构和层次的分析、各类商品消费者的数量及分布、商品消费心理与习惯、购买动机和方式、消费者购买力及消费倾向、消费者组织及其活动等信息，一般可以通过对消费者的抽样调查、社会调查机构、新闻媒体、消费者组织主办的报刊等途径获得。

### 3.2.3　用户信息的采集渠道

**1）数据公司**

数据公司专门收集、整合和分析各类用户的数据和用户属性。专门从事这一领域的数据公司往往与政府及拥有大量数据的相关行业和机构有着良好而密切的合作关系。一般情况下，这类公司都可以为营销行业提供成千上万的用户数据列表。

**2）零售商**

一些大型的零售公司也有丰富的用户会员数据。

**3）信用卡公司**

信用卡公司保存有大量的用户交易历史记录，这类数据的质量非常高。

**4）专业调查公司**

在消费品行业、服务行业及其他一些行业中，有许多专注于产品调查的公司。这些公司通过长期的积累和合作，通常积累了大量的用户数据。

**5）相关服务行业**

可以通过与相关行业有大量用户数据的公司进行合作或交换的方式获取客户数据。这类行业包括通信公司、航空公司、金融机构、旅行社等。

## 3.3　信息采集的技术

在互联网快速发展的时代，各种各样先进的科学技术为信息采集提供了有力支撑，各个网站和各网络平台利用这些技术大大提高了信息的获取速度，获得的信息也更加全面和丰富，拓展了信息的深度与广度，为网站或其他互联网平台提供了极大的便利。这些信息采集技术包括大数据技术、人工智能技术、物联网技术等。

### 3.3.1　大数据技术

**1）大数据技术概述**

大数据是指在互联网中保留下来的远超传统数据库的数据，是互联网时代下的一个突破性产物，具有数据体量大、传播速度快、数据种类多、价值密度低的特点。社交网络的兴起使得互联网上每天有大量非结构性数据出现，另外物联网的数据量更大，加上移动互联网能更准确、更快地收集用户信息，比如位置、生活信息等数据，从这些每时每刻产生的海量数据来说，人类社会已经进入了大数据时代。大数据技术就是从各种类型的数据中，快速抓取、挖掘和分析出有价值的、人类所需要的信息的技术。

新闻媒体和电商平台都可以采用大数据技术，对互联网上产生的海量数据进行抓取、挖掘和分析，找出有效的信息，生产出有意义、有价值的内容，提高各自在不同领域的竞争力。

**2）大数据技术采集信息的方法**

（1）系统日志采集方法。很多互联网企业都有自己的海量数据采集工具，多用于系统日志采集，如 Hadoop 的 Chukwa、Cloudera 的 Flume 等，这些工具均采用分布式架构，能满足每秒数百兆的日志数据采集和传输需求。

（2）网络数据采集方法。网络数据采集是指通过网络爬虫或网站公开 API 等方式从网站上获取数据信息。该方法可以将非结构化数据从网页中抽取出来，将其存储为统一的本地数据文件，并以结构化的方式存储。它支持图片、音频、视频等文件或附件的采集，附件与正文可以自动关联。除了网络中包含的内容之外，对于网络流量的采集可以使用 DPI 或 DFI 等带宽管理技术进行处理。

（3）其他数据采集方法。对于企业生产经营数据或科学研究数据等保密性要求较高的数据，可以通过与企业或研究机构合作，使用特定系统接口等相关方式进行采集。

**3）大数据技术的作用**

大数据技术作为一种有效的信息采集技术，在信息传播领域和电商领域发挥了极大的作用。

（1）大数据技术在新闻领域发挥的作用。依托大数据技术，新闻传播领域产生了一种全新的新闻样态，即数据新闻，它是指以数字、公式、字母等静态形式来辅助文字的报道，显现的是对大数据的挖掘与处理的结果，可以通过复杂的交互式、动态化的图片和视频来呈现这种类型的新闻。首先，大数据技术深化新闻叙事方式，改变了以文字为中心的叙述方法，丰富了报道形式。其次，大数据技术可以对事实做出准确判断，辅助人们做出判读。此外，利用大数据的分析结果，可满足用户的定制化需求，实现新闻的精准传播。最后，大数据技术在挖掘信息和分析信息之后，人们可通过这些数据对事件的走向进行预测分析。

例如，每日经济新闻客户端 2018 年 12 月 6 日发布的作品《ofo 迷途》采用大数据技术对数据进行挖掘和分析，通过数据图的方式，使 ofo 的诉讼、消费者投诉以及欠款情况一目了然。在 ofo 问题频发的敏感节点，每日经济新闻运用数据化的传播技术和传播手段创新报道方式，从多个层面展现了正面的社会效果，对事件做出了清晰准确的探讨与判断，帮助人们了解事实，如图 3-4 所示。

图3-4　数据新闻《ofo迷途》

课堂互动3-1

　　大数据在信息采集方面为新闻媒体和新闻网站带来积极影响的同时，也会产生一些负面影响，如侵犯隐私权、数据失真、缺乏人情味等。

　　要求：分析新闻媒体应该如何正确地利用大数据技术进行信息的采集。

　　分析提示：要充分掌握大数据的特点，在此基础上应用大数据技术。

　　第一，要避免盲目崇拜数据，大数据不等于全数据、真数据，各新闻网站的记者和编辑既要保证利用大数据技术从海量的数据库里拿到足够多的数据，也要对这些数据的客观性进行考察，并根据正确的判断标准，对数据做出客观判断。

　　第二，在使用大数据技术采集数据时，要把握好数据应用的深度和广度，尤其涉及一些敏感性、重大性、关系人民群众切身利益的新闻时，编辑和记者要遵循职业道德，避免侵犯他人隐私，维护人民的合法权益。

　　第三，国内的新闻网站对大数据的利用以及对大数据技术的应用程度与国外相比还有所欠缺，因此我们既要学习国外的先进经验，又要立足中国国情进行批判和借鉴。首先，要打破传统思维，借助大数据采集技术的优势在选题方面进行创新，打开选题思路，把着眼点立足于：哪些是以前不敢想象的报道、不能做的报道，在大数据的支撑之下，哪些更有价值的数据和信息可以被采集利用。其次，不断学习国外采集数据的经验和利用数据的能力，使信息的呈现方式告别静态的、枯燥、烦琐的图表，与先进制作技术接轨，利用动态图表和交互式图表，生动形象地展现采集来的信息，表现出信息背后的本质属性，提高用户参与度和界面友好度。

（2）大数据技术在电商领域发挥的作用。

①通过大数据实现精准营销。通过大数据进行市场营销能够有效地节约企业或电子商务平台的营销成本，还能够通过大数据实现营销的精准化。

通过大数据对消费者的消费偏好进行分析，在消费者输入关键词之后，提供与消费者消费偏好匹配程度较高的产品，节约了消费者寻找商品的时间成本，使交易双方实现快速的对接，实现电子商务平台或是企业营销的高效化。在数据化时代，对消费者进行针对性的营销能够实现精准营销，提升产品的下单率和电子商务的营销效率。

②实现导购服务的个性化。电子商务平台往往都会针对用户提供一些推荐和导购服务。通过大数据的分析和挖掘能够实现导购服务的个性化。根据消费者的年龄、性别、职业、购买历史、查询历史等信息，对消费者的消费意向、消费习惯、消费特点进行系统性的分析，针对消费者个人制定个性化的推荐和导购服务。

大数据的运用能够抵消电子商务虚拟性所带来的影响，提升竞争力，挖掘更多的潜在消费者。针对消费者的消费偏好，进行适宜的广告推广，提升产品的广告转化率，同时提供个性化的导购服务。

尤其对于一些大型的电子商务平台来讲，产品种类繁多，想要提升消费者的消费量，提升消费者的下单率，就要通过分析消费者的消费偏好，主动进行商品的推送。这种通过大数据进行分析的方式不仅能提升产品的浏览量，还能针对消费者的消费需求进行商品信息的推送，提升消费者的用户体验，进而提升消费者的忠诚度。

（3）为商家提供数据服务。大数据的分析不仅能够帮助电子商务平台提升下单率和销售额，而且能将大数据的分析作为产品和服务向中小型的电子商务商家进行销售。这样不仅能够提升平台的收益，还能帮助商家了解消费者的消费偏好、消费者对于该类产品的喜好程度等，来帮助商家及时根据大部分消费者的消费偏好以及市场的动态，对产品的性能等进行研发和调整。

### 3.3.2　人工智能技术

**1）人工智能概述**

人工智能（Artificial Intelligence，AI），是研究、开发用于模拟、延伸和扩展人的智能的理论、方法、技术及应用系统的一门新的技术科学。人工智能是计算机科学的一个分支，它企图了解智能的实质，并生产出一种新的能以人类智能相似的方式做出反应的智能机器。人工智能自从诞生以来，理论和技术日益成熟，应用领域也不断扩大，可以设想，未来人工智能带来的科技产品将会是人类智慧的"容器"。当前，人工智能技术在电子商务领域和新闻领域得到了极大的应用。比如，采集商品信息时，人工智能技术可以通过对已有信息的提取加工，与建立的数据仓库中的数据进行比对，将各种不同的信息融合分析，集成为所需提取的观点或信息，如提供视觉搜索，通过扫描商品的物联网 RFID 标签，就可以获取商品信息了。人工智能还可读取商品的颜色、形状、大小、面料和品牌等要素，帮助买家在电子商店轻松找到类似物品，通过智能数据库信息检索，在数据仓库中精准有效地提取所需要或所缺失的信息，让使用者获得需要的结果。

**2）人工智能技术在电商领域的应用**

近年来，电子商务取得了卓越成果，人们在享受电子商务带来的便利的同时，也对其提出了越来越高的要求，人工智能技术的出现则为电子商务的发展开辟了新的思路和格局。

目前，人工智能在电商领域的应用主要体现在以下几个方面：

（1）智能客服机器人。智能客服机器人涉及机器学习、大数据、自然语言处理、语义分析和理解等多项人工智能技术。智能客服机器人的主要功能是自动回复顾客问题，消费者可以通过文字、图片、语音与机器人进行交流。智能客服机器人可以有效降低人工成本、优化用户体验、提升服务质量、最大限度挽回夜间流量，以及帮助客服解决重复咨询问题。

（2）推荐引擎。推荐引擎是建立在算法框架基础之上的一套完整的推荐系统。利用人工智能算法可以实现海量数据集的深度学习，分析消费者的行为，并且预测哪些产品可能会吸引消费者，从而为他们推荐商品，这有效降低了消费者的选择成本。

（3）图片搜索。电商平台的商品展示与消费者的需求描述之间，是通过搜索环节产生联系的。不过，基于文字的搜索行为有时很难直接引导用户找到他们想要的商品。通过计算机视觉和深度学习技术，可以让消费者轻松搜索到他们正在寻找的产品，消费者只需将商品图片上传到电商平台，人工智能会识别商品的款式、规格、颜色、品牌及其他的特征，最后为消费者提供同类型商品的销售入口。

（4）库存智能预测。多渠道库存规划管理是影响电子商务发展最大的问题之一。库存不足时，补货所浪费的时间会对商家的收入带来很大的影响，但是如果库存过多，又会使营业风险和资金需求增加，因此，准确预测库存并不是一件容易的事情。这时，人工智能和深度学习算法可以在订单周转预测中派上用场了，它们可以识别订单周转的关键因素，通过模型计算出这些因素对周转和库存的影响。此外，深度学习算法的优势在于它可以随着时间的推移不断学习而变得更加智能，这就使库存的预测变得更加准确。

（5）智能分拣。智能机器人分拣不仅灵活高效，而且适用性很强，机器人对场地要求比较低，数量也能根据场地条件进行增减。与人工分拣相比，在分拣量相同的情况下，智能机器人货物分拣更及时、准确，分拣环节的减少让货物搬运次数相应减少，货物更有安全保障。

（6）趋势预测。一般来说，图片中会隐藏着大量的用户信息，所以，根据用户浏览的图片，利用深度学习算法可以从中分析出最近某品类的流行趋势，如颜色、规格、材质、风格等，这也是电商平台与供货商进行谈判的重要依据。

（7）商品定价。传统模式下，企业需要依靠数据和自身的经验制定商品的价格，然而，在竞争日趋激烈的市场环境中，商品价格也要随着市场的变动做出及时调整。这种长期持续的价格调整，即便是对于一个只有小规模库存的线上零售商来说，也是一项很大的挑战。而这种定价问题正是人工智能所擅长的，通过先进的深度学习算法，人工智能技术可以持续评估市场动态以解决商品定价问题。

**小资料 3-1**

### 人工智能技术在物流行业的四大场景应用

目前，人工智能在物流行业的四大应用场景有：客服、转运、分拣、配送，如图3-5所示。

**图3-5　四大场景**

场景一：AI语音客服

以前，我们拨打客服电话下单，会有一个人工客服接听。现在，首先接听的就是AI语音客服，如果有必要，再转人工客服。AI语音客服的加入，提升了客服效率。

①提供全天24小时不间断的服务，降低企业人力成本；

②大大降低了一线客服的工作强度；

③AI语音客服系统可以收集语音信息，进行自主学习优化，不仅大大提升了客服效率，而且服务质量也得到大大提升。

场景二：转运

目前，物流公司利用无人卡车在高速和港口进行货物转运。

①高速。无人卡车通过传感器（摄像头和激光雷达）对路况进行识别和判断。无人卡车基于视觉的感知算法，能够在 80～200 米外发现障碍物。

②港口。港口通常需要 24 小时作业，对司机技术要求高，作业环境封闭，这些特殊要求让无人卡车开进港口成为可能。通过对接 TOS（码头管理系统），无人卡车获得相应运输指令后，实现码头内任意两点间的水平移动、岸吊、轮胎吊、正面吊等自动收送箱功能。每一辆无人卡车通过车载网络实时与码头控制中心保持联系，实时接收每一条任务指令，并将当前车辆状态、任务执行情况实时汇报给控制中心。

场景三：分拣

分拣中心利用机器人按地区对货物进行分拣。利用搜索引擎的命中算法，实现智能调货。货物装袋后，就进入物流配送服务环节。

场景四：配送

在这个环节中，机器人、无人机闪亮登场。

①机器人。机器人的激光感应系统"雷达+传感器"，进行 360 度环境和路况监测。即将到达目的地时，机器人后台系统将取货信息发送给用户，用户可通过人脸识别、输入取货码、点击手机 App 链接三种方式取货。

②无人机。为解决适应高频次的飞行，吊载不同形状、不同重量的物品等问题，无人机采用"飞控三大算法"进行可靠稳定的飞行。

资料来源　佚名. AI 物流 | 人工智能在物流行业的四大应用场景［EB/OL］.［2018-07-26］. https://www.163.com/dy/article/DNLK6DBJ0511U9HQ.html.

**3）人工智能技术如何采集新闻信息**

人工智能技术使得新闻信息的采集更加高效和自动化，是新闻网站采集信息的重要技术和渠道之一。

（1）语音数据的采集与文字化转化。智能语音识别技术正在快速发展并进入实用阶段，这一技术应用于媒体，便于媒体采集语音数据，使数据源得到扩张。

（2）多语言数据采集与实时翻译。智能翻译技术将在另一个方向上拓展媒体的信息资源，使得媒体的触角可以真正延伸到世界的各个角落。新闻媒体在获取到世界各国的语言信息时，通过技术进行实时翻译，收集数据。

（3）新闻现场要素的自动判断与识别。人工智能技术可以用另一种方式到达新闻现场。例如，《纽约时报》尝试利用面部识别技术探测出席美国总统特朗普就职典礼的观众身份等，这给媒体带来的启发是，图像智能识别（包括人脸识别）等技术未来可能用于新闻现场照片或视频分析，为现场人物、环境特征等关键要素判断提供依据。虽然目前相关应用还很罕见，但这也许是未来智能技术应用的重点突破方向，为媒体平台采集信息提供了强大的技术支持，是媒体获取信息的重要渠道之一，提高了对信息的利用程度。

（4）信息自动筛选与审核。尽管信息的最终判断与选择是取决于人的，但机器可以对一些信息进行批量化的初步筛选。尤其在互联网上分布着极其庞大的数据，人为地进行信息的筛选会花费大量的时间、精力、人力和物力，而信息自动筛选技术便大大地节省了人为信息采集和筛选的时间、精力，让编辑将更多的时间和热情投入到内容生产当中去。

**小资料 3-2**

### 媒体大脑·MAGIC 短视频智能生产平台

2018年12月27日，新华社在成都发布中国第一个短视频智能生产平台——"媒体大脑·MAGIC 短视频智能生产平台"，这是人工智能技术首次在媒体领域集成化、产品化、商业化的应用。

"媒体大脑·MAGIC 短视频智能生产平台"集纳了多项人工智能技术，如自然语言处理、计算机视觉、音频语义理解等。

平台上设置了多个智能模板，覆盖时政新闻、突发事件、体育赛事、时尚娱乐等多个场景和领域。平台能够对进入的媒资进行智能分析，自动识别具有较高新闻价值的事件，如火灾、地震等突发事件，帮助记者、编辑在报道中争分夺秒；在体育直播、金融等特定领域，平台从数据采集到视频发布，实现数据可视化、数据视频化、视频自动化。

MAGIC 的名字由 MGC（机器生产内容）和 AI（人工智能）组成，平台将人工智能引入新闻全链路，着力采集、生产、分发端创新，帮助用户高效完成短视频内容创作。MAGIC 平台已在世界杯、亚运会、世界人工智能大会、进博会等重大活动中负责内容生产。

值得注意的是，人工智能技术为新闻信息采集带来了巨大的变化：

首先，人工智能技术使得"用户画像"更清晰，可以为用户量身定做内容。过去"一点对多点"的、千篇一律的生产模式将转变为个性化、对象化、差异化的内容生产模式，再加上大数据技术的辅助，可以对受众进行详尽的统计分析。也就是说，"你在看手机时，手机也在看着你"，互联网悄然地收集着用户所有行为数据——除了一般性的用户数据（如性别、年龄、地域分布、情感倾向、注意力偏好、行为喜好、渠道偏好、消费能力、生活轨迹、关系网、终端匹配等），还有产品数据（如产品形态、产品资源、渠道、品牌、类型和终端要求等），以及网络能力数据（如网络功能、利用率、效率等）。

其次，人工智能技术可以大大提高新闻媒体的生产效能。例如，2018年进博会期间，"媒体大脑 MAGIC" 6天时间生产稿件500余条，大幅提高了新华社视频新闻的生产效能，极大地增强了新闻线索、新闻素材、新闻资料的发现和处理能力。MAGIC 平台作为世界人工智能大会的 AI 新闻官24小时在线，秒级处理，大量生成会议视频。

最后，人工智能技术更加注重对数据的收集和挖掘。对媒体来说，没有夯实的数据，一切都将成为无源之水、无本之木。未来新闻网站的竞争力、媒体的竞争力，取决于其数据挖掘和信息采集的能力，而非简单的叙事能力。过去的议题设置，片面追求新闻热点，忽略多元化用户的需求，而人工智能时代的内容选择与信息采集取决于兴趣引擎以及长尾理论。例如，2018年俄罗斯世界杯期间，媒体大脑对世界杯期间的各项信息数据进行实时监控、追踪和反馈。从6月13日俄罗斯世界杯开赛至7月7日16时，MAGIC平台生产世界杯短视频35 511条，播放总量已突破8 330万。截至7月7日16时，2018年俄罗斯世界杯共进球170个，MAGIC对所有进球都实时产生进球视频，平均用时50.7秒，最快一条《俄罗斯2∶0领先埃及》的生产仅耗时6秒。

　　资料来源　沈南，陈毅华."MAGIC"对新闻智能生产的探索［EB/OL］.［2018-12-21］. http://media.people.com.cn/n1/2018/1221/c423025-30480872.html.

**课堂互动3-2**

　　要求：分析新闻网站在人工智能技术之下如何变革。

　　分析提示：首先，在人工智能技术的支撑之下，新闻网站不能一味沉溺于"内容为王"的路径依赖，而要考虑"内容+技术+渠道+市场+人才"的全产业链运作，片面强调"内容为王"，对科技发展视而不见，最终会导致新闻网站市场竞争力的丧失。

　　其次，新闻网站在加强建设自身的编辑和记者队伍时，还要引进互联网技术人员，如大数据工程师、软件算法工程师等。一方面，媒体需要复合型的人才队伍，需要记者掌握多元化的知识结构，除了必备的传统新闻网站的采访、编辑和写作技巧，懂得文字、图片、音频、视频的制作技能外，还能懂得微博、微信、客户端等新媒体平台的发稿流程。另一方面，新闻网站的媒体队伍需要专门的算法工程师，他们的媒体队伍不能局限于中文、新闻、传播等文科领域，还需要大量的IT人才，满足媒介融合的趋势，与互联网发展进程同步接轨。

　　面对人工智能技术的不断发展，网络媒体也应该打破藩篱，既要开展新闻网站与新媒体的一体化运营，也要做好内容集成服务。

### 3.3.3　物联网技术

**1）物联网概述**

　　物联网（The Internet of Things，IOT）即物物相连的互联网，是一个基于互联网、传统电信网等的信息承载体，它让所有能够被独立寻址的普通物理对象形成互联互通的网络。

　　物联网通过信息传感器、射频识别技术、全球定位系统、红外感应器、激光扫描器等各种装置与技术，实时采集任何需要监控、连接、互动的物体或过程，采集声、光、热、电、力学、化学、生物、位置等各种需要的信息，通过各类可能的网络接入，实现物与物、物与人的广泛连接，实现对物品和过程的智能化感知、识别和管理。智能化的内容生产离不开全方位的数据采集，如今的数据采集主要来自人的活动领域，而物联网传感器的普及，将为社会环境的监测提供全天候、多方位的新手段。

**2）物联网技术在电商领域的应用**

（1）客户与市场分析。物联网有助于电子商务企业分析客户和整个市场需求，从而使自己在竞争中脱颖而出。从物联网设备收集的数据中可以洞察人们的习惯和生活方式，从而基于新见解开展更有针对性的营销活动。电子商务企业能够识别在线浏览模式和搜索趋势，以显示客户如何购物，并向他们推荐目标产品。物联网还允许企业根据客户的选择定制优惠，同时根据消费者的行为洞察影响他们购物决策的因素。

（2）个性化推荐。物联网为电子商务企业带来了无限的可能性，并为每个客户或一组客户提供个性化的解决方案。例如，如果消费者在冬天打开加热器，该设备可以将此信息发送到网上商店，并且能够发送关于耳罩、保暖毛衣、拖鞋等个性化产品的推荐。保险公司正受益于收集到的汽车驾驶员驾驶习惯数据，以及从速度传感器、全球定位系统等物联网设备获取的数据，这些数据可用于向驾驶员发送有关驾驶眼镜，甚至轮胎等商品的折扣信息。

（3）库存跟踪和管理。这是物联网在电子商务中的直接作用之一。它能监测库存变化，比如当某个特定产品缺货时，系统会在它售完之前自动补充。智能货架也有助于减少顾客因产品缺货而产生的不满。RFID标签、物联网传感器和其他芯片等技术使实时库存管理成为现实，同时简化了货物进出仓库的流程。物联网设备改善了库存的跟踪和监控，从而减少了此任务所需的工时以及流程中可能出现的人为错误。此外，物联网芯片还自动在系统中存储产品类型、失效日期、制造商名称和批次标识等信息。这有助于仓库员工找到正确的产品，跟踪和分析售出商品的数量，并预测未来的销售趋势。

（4）监控环境条件和设备维护。物联网还有助于控制仓库的环境条件，如最佳温度、振动、湿度或噪声水平。这对易腐产品尤其重要。使用温度监控传感器，物联网可以帮助电子商务企业监控仓库的状况，并在出现问题时发出警报。通过物联网传感器，商家还可以控制仓库中设备的状态，以减少生产力损失。

（5）供应链与物流管理。成功的电子商务企业需要一个从订单准备到货物交付的不间断和高效的供应链。物联网通过使用GPS和RFID技术来跟踪运输途中的物品，确保货物移动时不会有丢失的风险。物联网设备除了在货物运输过程中的每个阶段跟踪驾驶员、天气、温度等信息之外，还提供位置信息。同时，可以管理装运的速度和路线，并预测到达时间，以避免货物丢失或放错地方。送货卡车可以安装传感器，用于实时监控送货情况。客户还会收到关于其包裹状态的提醒通知，这反过来又增强了客户交付的体验。通过这种方式，客户无须担心订单状态或在到货时错过收货。

（6）与客户保持联系。物联网还可以帮助消耗品制造商在其产品的整个生命周期内与客户保持联系。例如，亚马逊提供的Dash按钮可以贴在家中的任何地方，以让客户在家庭用品用完之前快速订购。客户只需使用相关移动应用程序设置Dash按钮，并在需要产品时按下按钮，然后Dash将通过家庭Wi-Fi自动订购。

课堂互动3-3

优必上是基于物联网技术的新型电子商务平台，融合了场景营销创新理念，通过赋予每件产品全球唯一识别码，让产品变身流动货架，实现用户、渠道商和厂家的线上线下连接，有效重构了人、货、场关键商业元素，极大地提高了资源利用效率，为具有工匠精神的企业走向云数据时代，提升消费者的可识别、可触达、可洞察、可服务提供了可靠的途径。

优必上模式通过"一物一码"和"订单溯源"技术，依托"场景服务运营商"整合资源（厂家与渠道商），实现线上线下精准匹配。通过物联网将人、货、场商业元素进行有效重构，将过去的"货架"变"场景"，将过去的"陈列"变"体验"，将过去的"广告"变"口碑"，引领企业跨入大数据行业。

优必上全力打造全业态融合创新：以消费者需求为核心，构建具备高效实体业态运营效率、全渠道订单处理能力的新型零售门店，实时感知并满足消费者需求，为消费者提供全新、全域体验式营销服务，帮助厂家拓宽渠道资源。

消费者在生活场景中自然接触、良好体验，无须下载安装，即扫即购，订单可追溯，杜绝假冒伪劣，产品连接用户，真正实现厂家直销，完成消费者的可识别、可触达、可洞察、可服务。

资料来源　搜狗百科，https://baike.sogou.com/v148997085.htm?fromTitle=%E4%BC%98%E5%BF%85%E4%B8%8A&ch=frombaikevr.

要求：优必上如何在电商营销中使用物联网技术推动营销变革？

分析提示：优必上完成了消费者的可识别、可触达、可洞察、可服务。优必上的核心就是让人、货、场商业元素有效重构，真正提高效率。

消费者使用优必上是无须下载、随手可得、用完即走、无须卸载的一种共享程序。数据在云端，无须安装，不占内存，也不用强制关注，即扫即看、即用即购。优必上使企业用产品直接转换流量，这是实体零售运营的关键。优必上让信息越来越对称，让口碑替代营销推广，让价值原点回到好的产品和服务。

优必上通过赋予每件产品唯一识别码，让产品变身流动货架，连接三方——"用户、渠道商和厂家"，实现线上线下的结合。产品变身货架，大大拓展了产品和用户的接触面，让产品的使用场景成为渠道商。用户在场景中体验产品，扫码下单给厂家。厂家接到订单，负责发货和售后服务。

优必上的场景体验和厂家直供让厂家和消费者路径缩短，有效杜绝了假货，解决了传统电商"假货多、无体验、维权难、流量贵"等问题。

## 3.4 信息筛选的方针

### 3.4.1 什么是信息筛选

**信息筛选**就是对通过各种途径获得的大量信息进行选择，其实质是对信息进行检测与估计。在信息井喷的时代，无效信息经常与有效信息混杂，因此，任何领域都得对信息进行筛选，以保证信息的质量。这就要求在筛选信息时遵循一定的方针。无论是新闻信息、电商信息还是个人信息，在筛选信息时各网站及平台都要遵守国家的方针政策和法律法规，要注重保护用户的隐私，不违反社会公德及商业道德，不传播虚假信息。

新闻信息在进行筛选时，要求更严，规范性更高。对其他类型的信息进行筛选时可以借鉴新闻信息的筛选方针，因此下文将重点对新闻信息的筛选方针进行介绍。

### 3.4.2  新闻信息的筛选方针

网络新闻的筛选并非无章可循，新闻管理机构、互联网管理机构对网络发布新闻的规范性做了政策上和法律上的约束。在筛选新闻时严格遵循这些规章制度，才不会和我国新闻宣传的大政方针相抵触，或违反我国的新闻政策和新闻管理法规。此外，人们日常的道德标准和接受程度也是网络编辑在筛选新闻时必须要考虑的因素。具体地讲，新闻信息在筛选时要着重考虑以下几个方面：

（1）是否符合我国的大政方针。我国媒体的宣传方针与总的大政方针是基本一致的，编辑要将我国的大政方针贯穿宣传全过程。

（2）是否坚守基本的政治素养。编辑需要在把关过程中具备高度的思想政治觉悟和基本的党性觉悟，要对党的路线方针政策进行了解并坚决贯彻，在信息筛选把关时客观、一分为二地看待问题，对问题进行正确的观察与思考，成为与民众交流、与社会交流的正能量媒体。

（3）是否符合当前法律法规的规定。《互联网信息服务管理办法》（中华人民共和国国务院令第292号）、《互联网电子公告服务管理规定》（中华人民共和国信息产业部第3号令）、《互联网新闻信息服务管理规定》、《互联网视听节目服务管理规定》等法规中，对在网络上发布的新闻内容做了要求。

（4）是否符合人们日常的基本道德规范。符合人们日常的基本道德规范，就是在选择信息时，信息的内容一定要在普通人可以接受的道德标准之内。2018年11月，多家媒体发布新闻称南方科技大学副教授贺建奎利用基因编辑技术修改了一对双胞胎婴儿的一个基因。这则新闻一时之间引起人们对道德和伦理的广泛讨论。虽然以批判的方式作为一条新闻发布在网络上，是符合大众的道德准则的；而如果将基因编辑事件作为噱头和新奇有趣的新闻事件来发布的话，不但有误导之嫌，还会引起新闻浏览者的反感和厌恶。

（5）是否符合基本事实。对虚假新闻的识别和预防是对新闻编辑从业的道德规范的另一项考验。每年评选的"年度十大假新闻"便是网络编辑对新闻真实度关注不够的真实体现。传递真实、客观的信息是编辑最重要的职能，因此编辑在进行信息筛选把关时要善于分辨虚假信息，及时剔除假消息，加强信息核查的力度。此外，编辑更要遵循真实客观的原则，不得随意捏造或删减信息，要将最基本的事实呈现给受众。

由新闻记者盘点的2021年度假新闻有：①"杂交水稻之父"袁隆平逝世；②支

付宝、微信支付收款码将于明年 3 月 1 日起被禁止商用；③黑河一确诊病例连续 16 天撸串；④儿子意外离世，婆婆送儿媳出嫁；⑤一考生戴金属牙套无法通过安检；⑥幼儿园弟弟故意藏姐姐准考证差点误其高考；⑦大叔收废品捡到 20 万主动归还；⑧成都一老太疑主动碰瓷学生；⑨安徽 60 岁老人产下 6 斤女婴；⑩英国专家称发现马航 MH370。

根据这些虚假新闻，可以总结得出当前虚假新闻具备的特点：首先，虚假新闻的边界变得越来越模糊，查证的难度越来越大；其次，虚假新闻多在网络和社交媒体平台上产生，且社交媒体平台能够完成虚假新闻生产—传播—打假的全过程；此外，虚假新闻的持续产生削弱了专业媒体的公信力。因此，新闻编辑采编信息和发布新闻时要严格进行筛选和把关，核对基本事实，遵循新闻的真实性和客观性。

## 课堂互动 3-4

以下是 2019 年度虚假新闻中的一则，结合对虚假新闻的认识，对该事件进行点评。

### 中美贸易战停火

2019 年 5 月 20 日，包括今日头条、UC 浏览器、搜狐新闻、凤凰新闻、网易新闻在内的多家新闻门户网站和新闻聚合平台都以"新华社最新消息"的名义，向用户推送了《中美贸易战停火！止战！》的消息。

当天上午 9 点 49 分，新华社通过其微博"新华视点"发布声明，称《中美贸易战停火！止战！》一文系 2018 年旧闻，对盗用新华社名义发布虚假新闻予以谴责，并保留依法追究其责任的权利。

资料来源　洪小龙. 论我国媒体的职业道德与法的关系 [J]. 基层建设，2020（9）.

要求：从虚假新闻的特征出发，解析虚假新闻产生的动因以及其带来的负面影响。

分析提示：在中美贸易战的敏感时期，一家网站发出假新闻，其余网站纷纷跟进，集体乌龙，暴露出整个行业内部的把关机制存在问题。网易、搜狐、今日头条等商业媒体缺乏新闻媒体的身份认同和公共责任的价值担当，在实践中的表现就是把关审核机制的不健全，一味追求速度和点击量。毫无疑问，作为具有互联网新闻信息服务资质的网络媒体，无论从其公共服务精神还是商业利益角度出发，都应该严格按照审核程序，切实防范假新闻的产生。

## 职业工作站

无论是新闻领域、电子商务领域还是其他互联网领域，信息采集都是它们最主要的工作之一。

对于新闻编辑来说，在信息采集的过程中，编辑不仅要利用好基本资源，如转载传统媒体的稿件、转载其他网站或平台的稿件等，更要善于运用当前不断发展的各项技术，利用大数据技术收集大量的数据，利用人工智能技术进行信息自动采集与生成。

在电子商务领域，电商平台更是随着各项技术的发展迈入了新的台阶。电商平台在进行信息采集时可以利用大数据技术获取庞大的专业级数据，实现精准营销和个性化服务；利用人工智能技术实现物流的配送智能化、商品库存的智能预测以及推荐引擎的优化；利用物联网技术促进物—人—场景的相连。

需要注意的是，我们不能将采集来的所有信息不加筛选地传递给大众，而是要对这些信息进行严格的筛选与把关，要将最有价值的、最有效的、最真实的信息收集进来和传播出去。这就需要各个平台在信息筛选与把关的过程中遵循相关法律法规和国家方针政策，遵守社会公德及商业道德，遵循客观性和真实性原则。只有对采集来的信息进行严格把关、筛选，才能起到良好的传播作用。

## ◀本章小结▶

本章主要对信息采集和信息筛选进行了讲解，让学生对信息采集有全面的认识。首先，本章对信息的概念进行了讲解和区分，对信息采集的作用以及信息采集的渠道进行了介绍。其次，本章重点介绍信息采集的技术，并对这些技术如何在新闻领域和电子商务领域应用进行了讲解。此外，信息筛选和把关作为编辑及各平台的主要工作之一，也是学生学习的重点，因此本章也对信息筛选的方针进行了重点介绍。

信息采集的渠道是多种多样的，不同类型的信息有不同的信息采集渠道。随着网络技术水平的进步，越来越多的传播技术被运用于信息采集当中，利用先进技术采集、传播信息将成为未来的一种流行趋势。对于电商平台来说，大数据技术、人工智能技术和物联网技术为其进行信息采集起到了极大的便利作用。但是技术的进步也产生了一个十分突出的问题——信息茧房。由于大数据、人工智能等技术可以"量体裁衣"般为用户提供个性化的信息，将受众禁锢在狭窄的茧房中，缩小了受众的视野，阻碍受众接受更多元的信息。

另外，互联网上的海量信息存在着质量参差不齐的问题，各个网站和平台必须对采集来的信息进行筛选和把关。如果信息筛选和把关不严，那么将会产生大量的无效信息、虚假新闻和谣言，这不仅会损害媒体的公信力和电商平台的竞争力，也会对公众的正常生活带来消极影响。

## ◀主要概念和观念▶

□ 主要概念

信息　信息筛选

□ 主要观念

文字信息的来源　信息采集的渠道　采集信息的技术　信息筛选的方针

━━ 基本训练 ➡

□ 知识题

▲ 简答题

1.什么是信息和信息采集？

2.不同的信息采集技术是如何运用的？

3.信息采集的作用是什么？

4.信息筛选的方针是什么？

▲ 选择题

△ 单项选择题

（1）关于新闻与信息的关系正确的一项为（　　）。

A.新闻就是信息　　　　　　　　　B.新闻包含信息

C.新闻是信息的别称　　　　　　　D.信息包含新闻

（2）下列属于商务信息的采集渠道的是（　　）。

A.政策渠道　　　　B.数据公司　　　　C.零售商　　　　D.社会组织

△ 多项选择题

（1）文字信息的来源有（　　）。

A.传统媒介　　　　B.报纸　　　　C.网站独立采访　　　　D.网站转载

（2）信息采集的技术有（　　）。

A.大数据技术　　　　B.人工智能技术　　　　C.物联网技术

▲ 阅读理解

□ 技能题

▲ 单项操作训练

在搜狐网的新闻主页中找出来自传统媒体的稿件、网站间相互转载的稿件和网站约稿的稿件。

▲ 综合操作训练

结合信息筛选的内容，分析新浪网在新冠肺炎疫情期间的相关报道都遵循了哪些信息筛选方针。

━━ 综合应用 ➡

□ 案例题

### 农夫山泉利用大数据卖矿泉水

来自农夫山泉的业务员每天例行公事地来到超市，拍摄10张照片：水怎么摆放、位置有什么变化、高度如何……这样的点每个业务员一天要跑15个，按照规定，下班之前150张照片就被传回了杭州总部。每个业务员，每天会产生的数据量在10M，这似乎并不是个大数字。

但农夫山泉全国约有10 000个业务员，这样每天的数据就是100G，每月为3TB。

当这些图片如雪片般进入农夫山泉在杭州的机房时，这家公司的CIO胡健就会有这么一种感觉：守着一座金山，却不知道从哪里挖下第一锹。

胡健想知道的问题包括：怎样摆放水堆更能促进销售？什么年龄的消费者在水堆前停留更久，他们一次购买的量多大？气温的变化让购买行为发生了哪些改变？竞争对手的新包装对销售产生了怎样的影响？不少问题可以回答，但它们更多是基于经验，而不是基于数据。

从2008年开始，业务员拍摄的照片就这么被收集起来，如果按照数据的属性来分类，"图片"属于典型的非关系型数据，还包括视频、音频等。要系统地对非关系型数据进行分析是胡健设想的下一步计划，这是农夫山泉在"大数据时代"必须迈出的一步。

SAP（System Applications and Products）从2003年开始与农夫山泉在企业管理软件ERP方面进行合作。彼时，农夫山泉仅仅是一个软件采购和使用者，而SAP还是服务商的角色，而到2011年6月，SAP和农夫山泉开始共同开发基于"饮用水"这个产业形态中运输环境的数据场景。

关于运输的数据场景到底有多重要呢？将自己定位成"大自然搬运工"的农夫山泉在全国有10多个水源地。农夫山泉把水灌装、配送、上架，一瓶超市售价2元的550ml饮用水，其中3毛钱花在了运输上。在农夫山泉内部，有着"搬上搬下，银子哗哗"的说法。如何根据不同的变量因素来控制自己的物流成本，成为问题的核心。

基于上述因素，SAP团队和农夫山泉团队开始了场景开发，他们将很多数据纳入了进来：高速公路的收费、道路等级、天气、配送中心辐射半径、季节性变化、不同市场的售价、不同渠道的费用、各地的人力成本，甚至突发性的需求（比如某城市召开一次大型运动会）。

2011年，SAP推出了创新性的数据库平台——SAP HANA，农夫山泉则成为全球第三个、亚洲第一个上线该系统的企业，并在当年9月宣布系统对接成功。

胡健选择SAP HANA的目的只有一个，快些，再快些。采用SAP HANA后，同等数据量的计算速度从过去的24小时缩短到了0.67秒，几乎可以做到实时计算结果，这让很多不可能的事情变为了可能。

有了强大的数据分析能力做支持后，农夫山泉近年以30%~40%的年增长率，在饮用水方面快速超越了原先的三甲：娃哈哈、乐百氏和可口可乐。根据国家统计局公布的数据，饮用水领域的市场份额，农夫山泉、康师傅、娃哈哈、可口可乐的冰露分别为34.8%、16.1%、14.3%、4.7%，农夫山泉几乎是另外三家之和。对于胡健来说，下一步他希望那些业务员收集来的图像、视频资料可以被利用起来。

资料来源　佚名. 农夫山泉用大数据卖矿泉水［EB/OL］［2015-01-18］. https://www.doc88. com/p-1196052477884.html.

问题：（1）采集大数据信息对农夫山泉的发展起到了什么作用？

（2）农夫山泉在营销过程中还可使用哪些技术？

□ 实训题

实训 1：登录主流新闻网站，对新闻网站中的内容进行分析，包括其来源、所使用的信息采集技术以及信息采集过程。

实训 2：参考【课堂互动 3-4】，对 2021 年度虚假新闻中的一则进行分析。

□ 讨论题

技术的发展为信息采集提供了极大的便利，也大大拓宽了所采集信息的深度和广度，但是技术的进步和广泛应用也给信息的使用带来了一定的消极影响。那么我们应该如何正确地看待这些信息采集技术，如何把握技术使用的度？请举例说明理由。

# 第4章
# 文字编辑

## 学习目标

☐ **知识目标:**

掌握文字信息加工处理的原则及过程,了解超链接、关键词的内涵,了解网络新闻标题的重要性以及网络新闻的特点、结构、制作原则和制作技巧。

☐ **能力目标:**

掌握对文字信息加工处理和文字信息编排的技术,掌握标题制作的技术。通过学习文字信息内容的相关知识,利用学习到的文字处理技能,进行文字内容的高质量的编辑,制作易于传播的标题。

☐ **素养目标:**

通过文字编辑初步具备网络编辑的文字识别素养、文字校对素养,养成对文字信息内容的敏锐意识,根据业务需求、国家政策、法律法规等的综合对比,能够对文字信息给出正确的编辑意见。

【引例】

编辑失误致全省人"死亡"

2019年8月,台风利奇马登陆,这次台风的影响范围不是广东、福建等南方省市,而是北方省市,其中山东省也受灾严重。8月12日,腾讯视频推送了一条新闻——"山东省应急厅消息:台风利奇马已致全省人死亡,7人失踪"(如图4-1所示)。

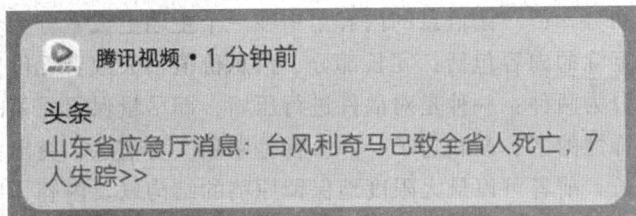

图4-1 腾讯视频新闻标题

2020年2月12日,荆门市政府网站编辑部在发布《新型冠状病毒感染肺炎求助通道》时将公告标题"冠状"错录为"灌装",发布在荆门市政府网站"公示公告"专栏,造成不良影响。

2020年2月21日,某综艺节目官博发了一条为选手打Call的微博,疑似在微博宣传中掺杂个人情感对其他选手不公,稍后,节目官博发文致歉,称此行为系个人失职,已开除,并表示在今后的工作中,节目组会更加严谨自查,继续接受大家的监督指正,对受到影响的所有人再次报以歉意。

资料来源 佚名. 台风利奇马导致山东全省人死亡?腾讯新闻向广大网友道歉![EB/OL].[2019-08-12]. https://www.163.com/dy/article/EMD3F0IJ05379F80.html.

钟煜豪. 公告标题"冠状"错录为"灌装",荆门市政府网站编辑部致歉[EB/OL].[2020-02-29]. https://www.163.com/news/article/F6HRDU4800018990.html

近年来,类似的编辑失误导致的各种事故层出不穷,反映出的是行业从业者文字编辑能力依然存在进步空间,网络编辑对于文字信息的准确传达至关重要。

## 4.1 文字信息的一般编辑方式

网络上的文字信息编辑常见于新闻资讯、电子商务等各种适用领域。在以用户为导向的媒体时代,信息的检索、算法推送、内容编辑等业务流程都在不断优化以提升用户体验。新闻媒体作为专门采集、处理、传递信息的机构,其中对于文字编辑的业务流程及操作技巧对电子商务等大多数行业处理信息有重要的借鉴意义。

以网络新闻为例,媒体为提升市场竞争力,对网络新闻的质量要求日渐提高,网络新闻的编辑也不再局限于简单的复制和粘贴工作,也需要对文字进行审核与加工以适应用户的阅读习惯以及发布平台的媒体特点。不仅是新闻领域,随着媒介技术的成熟,电商网站同样更加注重多媒体聚合的用户体验,但文字作为互联网信息最重要的承载形式,依然占据着基础性的重要地位。

**1）新闻文字信息的编辑方式**

网络编辑中文字信息的加工方式主要包括删除、增添及改正和改写。信息加工的原则是在尊重客观事实的基础上，使信息最大限度地满足用户的阅读需求以及阅读习惯。

（1）删除。过长的网页不符合人们的阅读习惯，网络编辑需要对文字信息进行删除或者从主题上切分，使一条信息的内容集中在一个主题上或者分为不同的网页、链接。对信息进行删除的内容包括：冗长部分、信息价值不大或者无价值的部分。

删除的方法分为两种：一种是对稿件进行压缩，即尽量保留原稿的信息量，这时删除的大多是修饰性的字、词和句子；另一种是删除次要信息，突出主要信息。两种删除方法各有所长，前者可以最大限度地保留原稿的结构以及内容，后者可以突出主题，使文章思路更加清晰，但同时需要注意避免断章取义。

（2）增添。为了使事实的来龙去脉更加清楚，网络编辑需要在原稿的基础上对稿件的内容进行适当的添加。添加的内容包括必要的背景知识以及对既往报道的复述，一方面给出一个逻辑清晰的事实经过及全面客观的报道，方便网民了解事态发展的前因后果；另一方面简单介绍已报道过的事实，使没有看到之前报道或者对相关报道记忆不深的读者读起来不显得突兀。

网络编辑在对稿件进行增添的过程中要注意：通常来说，编辑没有亲自采写相关信息，因此稿件的增添必须先调查取证，确保增添的内容符合客观事实，且增添内容不宜过多。

（3）改正和改写。网络编辑对稿件进行质量把关的另一项工作就是对文中的一些错误进行改正，具体包括：

① 事实性错误。有些事实性错误是明显的硬伤。例如，珠穆朗玛峰的高度，在我国进行测绘后有所变化，但有些媒体还是沿用之前的高度，对此需要进行订正。

② 错别字。一部分的错别字是在文字输入时造成的，一部分是作者失误造成的。编辑在刊发相关信息时，除了"剪切"和"粘贴"这两道工序外，改正文字中的错别字也是同时要完成的工作。

③ 观点性错误。有些信息，尤其是观点性信息存在不合逻辑之处。比如，健康科普讲求精准，拒绝一刀切、绝对化、一把尺子量天下，不能拿一个标准说事。有的文章提倡吃健康食品，不吃脂肪含量较高的食品，这就绝对化了，体力劳动者天天干重体力活，需要补充大量能量，可以适当增加高热量食物。

④ 政治、法律性的错误。在涉及国家领导人的网络信息中，领导人的姓名、职务和排序不能出错；不能违背我国的大政方针；不能泄漏国家军事、科技机密；国家和地区之间要进行区分，不能将港澳台等地区称为国家，并注意不能在列举国家时与国家一同出现；在法治新闻报道中，要注意使用规范的法律用语。

**2）电商网站文字信息的加工**

电商网站中含有大量文字信息，按信息的功能可分为检索提示、商品信息、相似商品链接、推荐广告、平台服务信息等。检索提示指的是通过算法引导用户前往与其购物目的匹配的消费区域，包括商品类目、功能栏目，以及浏览形式等方面。商品类目指的是食品、服装、母婴等商品分类；功能栏目指能够为用户提供其他平台的超链接，如在淘宝移动端首页可选择进入饿了么平台；浏览形式指用户通过不同方式了解商品信息，如直播、好物推荐、特价商品等不同栏目。

商品信息包括商品的功能、品牌、价格、参数、用户评价等方面的信息。通过精确的商品信息，加深消费者对商品基本信息及优势的了解。电商中商品信息的展示途径分为两类：一种是介绍一些实用干货，在文中顺其自然地插入商品广告；另一种是直接推荐相关商品，这类资讯侧重于对商品本身的详细解读，以说服用户进行体验或者消费为目的。因此，在电商网站的文字加工中，编辑要围绕所要推销的商品，对其文字进行删除、改正以及增添。

与此同时，电商网站的文字信息中还包含功能类服务信息，如购买、售后、相关设置等，在编辑过程中要注意符合大多数用户的使用习惯，提高平台的整体易用性，改善用户体验。不同于网络新闻的加工过程，电商网站的文字信息加工是为了使商品信息的出现更加协调，即宣传效果与实际功能一致，并达到最终促进消费的目的。

电商网站文字信息的加工在删除、改正以及增添三个方面要充分考察用户需求，确认商品受众，删除与受众群体特征不相符合的信息，基于实事求是的原则，避免出现夸大商品功能的问题，改正或添加必要前提及使用说明等。

## 4.2　超文本编辑的实现

网站的信息传播是靠超链接的结构实现的，一个个超链接设置使得若干篇简短的稿件在网页页面或是手机屏幕间产生了内在联系。与此同时，编辑通过设置报道超链接或关键词超链接的方式实现传播内容的整合与配置。这是网络编辑实践过程中重要的工作之一。

### 4.2.1　超链接

**1）什么是超链接**

当我们浏览信息时，常见到有些字句带有跳转的功能，点击这些字句，即可出现相关信息链接，实现这种功能的方法就是**超链接**。需要特别说明的是，这样的链接源和链接目的地可以是文字、其他文档、图片、声音、动图、视频等。

"超链接"是网络发展到一定阶段的成果，技术的飞速发展为它的普及提供了强有力的支撑，而它的出现又是互联网得以普及的动力所在。超链接的使用使得人们对网上信息的处理和阅读方式都发生了改变，人们编辑网页不再严格按照平面展示或时间的延续来进行；同样，受众接收信息也不再依照传统媒体所呈现的封闭的、单一的方式进行。我们有可能在任何一个存在超链接的关键词上点击，进而跳转到其他网页，新的网页依然会存在新的超链接。

众多的网页因超链接而彼此联系，进而构成一个网站。它是一个网页向一个目标的指向，这个目标可以是一个新网页，或是原来网页的不同位置，或是一个图片、一个地址、一个文本、一个应用程序。当浏览者点击超链接处理的关键词后，链接目标将显示在浏览器上，并且根据目标的类型打开或运行。

**2）超链接的组成**

从技术层面来看，超链接包括两个部分：一是链接源，二是链接目的地。链接源，是指从某部分内容到新的目标通过什么渠道来实现。实现链接的渠道可以是关键的词语或句子，或是一个图标、一个图片等。

（1）利用词语或句子来实现的超链接，如图4-2所示。

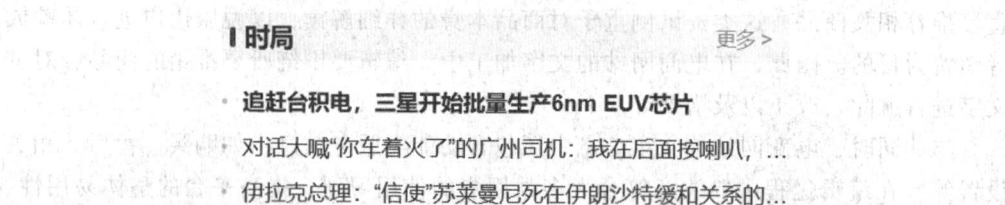

**I 时局**  更多 >

**追赶台积电，三星开始批量生产6nm EUV芯片**

对话大喊"你车着火了"的广州司机：我在后面按喇叭，…

伊拉克总理："信使"苏莱曼尼死在伊朗沙特缓和关系的…

图4-2  利用词语或句子来实现的超链接

（2）利用图片实现的超链接就叫图片链接。一般网站为了节约一屏的空间，会把重要的图片新闻先以一个缩小的形式展示在首页，再通过超链接指向全文内容，或是把多组图片以一种幻灯片的形式在首页播放，如图4-3所示。

图4-3  利用图片实现超链接

链接目的地也就是受众点击超链接后出现的新内容，一般是一个与链接源内容直接相关的新页面。

**3）超链接的分类**

关于超链接的分类方法有很多，下面介绍几种主要分类。

（1）从链接存在位置上看，分为两类：正文内的链接和正文以外的链接。正文内的链接一般以文字链接和图标链接为主；正文以外的链接又有网页链接、标题链接、站点链接、商业用途链接、程序链接等。图4-4为标题链接示例。

| ▮股票 | 更多> | ▮理财 | 更多> |
|---|---|---|---|
| **1月6日两市机构大单抢筹40股(名单)** | | **"乱局"之下，黄金愈发闪耀！多头已冲出重围、从此…** | |
| ·A股平均股价9.71元 43股股价不足2元 | | ·期市收评：能源化工集体走强 燃油尾盘封住涨停、收… | |
| ·A股下探回升之际 沪指3100点得而复失 北向资金尾盘… | | ·提交2019亮眼成绩单 国泰32只主动权益基金回报超40% | |
| ·41只A股筹码大换手（1月6日） | | ·[快讯]上期所调整铜期权持仓限额 | |
| ·国际风云突变 特朗普又出ㄠ蛾子！| 山哥解盘 | | ·【2020年展望】黄金今年将进一步飙涨至1675美元 | |
| ·多重利空加身 苏泊尔股价逆市大跌 | | ·兴业投资（英国）：中东局势继续升温 黄金延续大涨 | |

**图4-4 标题链接示例**

（2）从链接路径上看，可分为内部链接、锚点链接和外部链接。内部链接一般用于文章较长的情况，过多地让受众去滚动屏幕获取大量信息会使其产生视觉疲劳，故可以将长文章分为不同层次，最重要的放在第一层次页面，而后依重要性递降为顺序排列。用超链接实现信息获取，一来节省网页版面，二来能使受众缓解视觉上的疲劳。锚点链接是在一个网站内部不同界面之间的链接，当受众访问一个网站时，可以通过页面间的链接关系从一个页面转移到另一个页面，从而完成对整个网站的访问。页面间的链接如果是跨栏目的，又叫栏目间链接。外部链接也称为网站间链接，当受众需要从一个网站跳转访问其他与该网站内容相关的网站时，建立在这两个网站之间的链接就称为外部链接。

（3）从网页中链接的使用对象上看，可分为文本链接、图像链接、E-mail链接、多媒体文件链接、空链接等。

（4）从超链接的点击效果上看，可分为动态超链接和静态超链接。动态超链接指的是可以通过改变HTML代码来实现动态变化的超链接。例如，我们可以实现将鼠标移动到某个文字链接上，文字就会像动画一样跳动起来或改变颜色的效果，也可以实现鼠标移到图片上，图片就产生反色或朦胧等的效果。静态超链接，顾名思义，就是没有动态效果的超链接。在网页中，一般文字上的超链接都是亮蓝色，以起到醒目的作用，通常情况下文字下面会有一条下划线。当移动鼠标指针到该超链接上时，鼠标指针就会变成一只手的形状，这时候用鼠标左键单击，就可以直接跳到与这个超链接相链接的网页或网站上去。如果用户已经浏览过某个超链接，这个超链接的文本颜色就会发生改变（如紫色），但是图像的超链接访问后颜色是不会发生变化的。

**4）建立超链接需要注意的问题**

在网络媒体中，一个站点拥有的页面是难以计数的，如果没有一系列简洁、明晰的层次去划分大量的页面内容，受众在选择和寻找所需信息时就会迷茫，因此，网站页面及内容之间的层次关系就显得非常重要。

在建立超链接时，应注意以下几个方面问题：

（1）链接要适度。超链接的存在给网络编辑提供了更多的方便，然而这种使用方式也有"度"的问题。一篇通过超链接优化了的稿件应该给受众一种自然而高效的感觉。

超链接的使用也要考虑网站的受众定位。对于有的网站来说，某些内容不加以必要的链接进行解释的话，会增加不确定性，使传播效果打折。

对于一页以内就可以展示完的稿件，链接到一个只有三四行的新页面就显得没有必要；对于一些过长的稿件（一般长于3屏），链接也不必用得太多。

（2）打开方式的甄选。超链接的打开方式一般有：一是在新窗口打开，二是以注释小窗口打开，三是当前页面跳转。三者各有利弊，在新窗口打开的超链接虽然可以保证当前信息的完整性，但是打开的窗口过多也难免会影响阅读。以注释小窗口打开的方式只有一小部分网站使用，这种方式会以窗口大小来提示受众链接的层次关系，然而它并不适用于所有情况。当前页面跳转虽然不会出现太多页面而影响受众选择，但是这种方法完全覆盖了原有页面内容，可能会出现这种情况：当受众点几下链接后，已经忘记他最初想要了解的信息。

（3）链接位置要考虑。一般来说，关键词的超链接通常是在正文当中出现的，正文外的一些链接通常在文后"相关推荐"下面展示。

（4）链接要易辨识。对于这一点，现在大多数网站都会考虑。网站设计者会把需要链接的词语或是词组以明艳的色彩加以突出，与其他文字的暗色字体形成反差。受众点击过的链接则以另外一种暗色标识，使受众易于分辨。

电商网站的编辑中同样离不开超链接的运用，通常用于相似商品的推荐及同家店铺其他商品的展示中，超链接的作用打破了传统线下销售空间的限制。对于用户来说，便于用户去寻找更适合自己的商品；对于商家来说，可以提高消费者接触到自家商品的可能性。

### 4.2.2　关键词

网络信息编辑工作绕不开关键词。**关键词**是在语言标引和检索系统中用来表达概念的语词。它从文献的标题（篇名、章节名）、摘要和正文中抽取出来，能揭示和描述文献的主题内容。[①]一般人们上网找资料时，会输入一个或多个关键词来进行搜索，搜索引擎会利用切词手法找出与该关键词相关的资料，并按匹配度进行排名供用户选择。因此，关键词的设置非常重要，精准的关键词能增加曝光量、点击量和转化率。

在网络信息编辑工作中，很多时候都需要考虑关键词的选取与设置，比如，网站信息筛选、内容编辑、标题制作以及专题的策划等，都与关键词存在直接或间接的密切关系。

在编辑时要做好关键词的选取，设置步骤可分为：分析主题，把握中心；提炼、设置关键词；选用数量适当的关键词，并进行逻辑排列。网络编辑为了向受众提供更多的与某一信息相关的信息，通常在主体内容中设置关键词，并且以亮色显著标识或是加上下划线，以吸引受众注意力、提高点击率、优化传播效果。关键词设置如图4-5所示。

---

① 康桂英，明道福，吴晓兵. 大数据时代信息资源检索与分析［M］. 北京：北京理工大学出版社，2019：324.

# 深圳人大代表：甲鱼和龟不应当列为被禁食的动物

禁食条例　决定　深圳市人大　| 1小时前 　　　　　　　　　⚬° 　🗂 0

**图4-5　关键词设置**

就新闻资讯类网站来看，关键词的设置有助于受众了解到更多的信息及新闻背景。在一般情况下，新闻中设置关键词的对象主要有：

重要的人物：这正如新闻的五要素中所强调的"Who"，大多数新闻人物的背景、行为、成就都是受众所关心的，如"特朗普"。

新闻事件时间：指几乎在该新闻事件发生的同时产生的新闻链接。

新闻事件地点：指与新闻事件地点有关系的其他新闻事件的链接，如"天安门"。

新闻背景：提供与新闻事件相关的背景。

类似事件：与一个新闻事件类似或有所涉及的过往新闻事件。建立这样的超链接有助于受众了解到更多与之相关的信息，这在新闻专题当中经常使用，如"地震"。

相关知识：对专业性网站来说，有些词语可能已经是一种"常识"，而放在一般性网站，有可能就是"未知"，不对其进行链接，受众很有可能感到迷惑不解，如"H1N1"。

设置好的关键词能够提高新闻的点击率，吸引受众阅读，能够使受众获得更多的信息，满足其好奇心理、求知心理。然而，过多的关键词不仅会使一篇稿件看上去眼花缭乱，而且关键词所指向的链接信息出现冗余的概率也会大大提高。

好的关键词可以帮助网民理解稿件的主题，并获得稿件的关键信息，可以帮助网民将稿件归类，可以帮助网民进行稿件检索。同时，关键词的选择与设置在超链接的使用与相关信息的选取中功效显著，担负重要的"导航"职能。一方面，网络编辑可以依据关键词将文章和相关信息集合在一起；另一方面，当网民上网浏览时，可以使用一些关键词直接进入相关领域，查看所需要的文章和信息。

选取关键词主要有以下原则："精确性"和"规范性"原则；"全面性"和"适度性"原则；"逻辑性"和"层次性"原则。

不同于新闻媒体对关键词设置精准、全面、逻辑清晰的原则要求，电商网站中的关键词设置要着眼于方便用户检索和发现商品。电商网站中关键词的延展性更强，其关键词构成主要是商品参数。以服装类商品为例，关键词设置包括品牌、颜色、版型、适用年龄、使用季节、材质成分及流行元素等。用户尽可能多地输入欲购买商品的关键信息，可以最大限度地缩小搜索范围，提高用户体验及交易效率。电商关键词如图4-6所示。

京东超市 上海故事（STORY Of SHANGHAI）真丝丝巾女桑蚕丝绸围巾秋冬季休闲
披肩 荷映正夏 浅紫

图4-6 电商关键词

### 4.2.3 内容提要

**内容提要**是对文章的主要内容进行概括的一种文字，它介于标题与正文之间。与标题相比，内容提要更详细，传达的要素更多，但与正文相比，它又要简短得多。内容提要主要具有吸引网民点击、提炼稿件精华、调节阅读节奏的功能，如图4-7所示。

做好安全检查、对接用工企业、大巴高铁接送……劳务输出地全力做保障——

## 服务贴着心，踏实出家门（关注农民工返岗②）

本报记者 韩俊杰 田先进 原韬雄 孙 超

2020年03月04日05:16 来源：人民网 - 人民日报                    分享到：

**核心阅读**

保障农民工顺利返岗，劳务输出地区要把好第一道关。开具健康证明、做好安全检查，组织专门运输工具、确保路途顺利，对接用工企业、提供招聘信息……家乡的贴心服务，让老乡们放心出家门。

图4-7 内容提要

内容提要运用的主要场合包括以下几个方面：

（1）在导读页紧接标题出现。导读页包括网站的首页、频道的首页或栏目的首页等。在这些导读页中出现的内容提要，通常适用于重要的稿件。

（2）在正文页的标题后出现。这时内容提要是作为标题与正文之间的过渡而出现的。

（3）在正文中出现。这类内容提要通常在正文中的每一段落前出现，可以提示该段落的主要内容。

内容提要的写作是一个对稿件内容进行分析、判断和再提炼的过程。通常采用两种思路，即全面概括与提炼精华。

（1）全面概括。这是内容提要写作中最主要的方式，其目标是，用凝练的语言将稿件中的主要信息或观点概括出来，使网民可以更迅速地把握稿件的主要内容。

（2）提炼精华。有些稿件内容本身丰富，如要全面概括，很难突出稿件的重点。这时，可以考虑在内容提要中只强调稿件中最具价值、最有新意或最容易吸引人们的某些内容。

电商网站的标题设置应尽可能详细，以提高用户的检索率，所以商品信息页面较少出现新闻稿件中的"内容提要"。当然在标题相对简单的情况下，同样会以内容提要的形式概括商品的主要特点及优势所在。

## 4.3　网络标题的制作

在用户主动性越来越强的今天，用户出于兴趣爱好、职业等原因通常更加关注某一领域的信息，加之互联网海量信息与用户深度检索带来的矛盾，新闻资讯垂直化的趋势愈加明显。本节讲述网络新闻标题的制作，通过对网络新闻标题的构成、功能、特点、制作原则等方面进行具象化延展，归纳电子商务信息标题在实操中的注意事项。

### 4.3.1　网络新闻标题的特点与作用

网络新闻特有的排列方式决定了要最大限度地把新闻展示给网民，最简单、经济的办法是列出标题。**新闻标题**就是用以揭示、评价新闻内容的简短的文字，用大于正文的字号刊于新闻之前。

**1）网络新闻标题的特点**

（1）从形式上看，网络新闻标题以单行为主。单行标题可以使同一网页内容纳最多的标题条数，但标题中的字数会相应地受到限制。这要求标题从字数到内容都要做到高度浓缩和概括，同时尽量做到传神与生动。一般来说，网络新闻标题字数的上限为 25 个字，通常用 5～15 个字组成一个标题，中间用空格或标点隔开。

（2）从功能上看，网络新闻标题可以进行超文本链接。由于网页容量有限，在新闻数量和新闻内容两者之间取舍的结果就是标题以链接的形式出现。网络新闻标题链接有两种形式：一种是标题和正文内容的超文本链接，即通过点击标题看到新闻正文；另一种是位于正文下方的相关新闻链接，为新闻正文提供补充，包括对新闻正文背景知识的补充和相关新闻链接、对新闻正文的评论和延伸等，通过点击链接来获取相关网页的内容。

图 4-8 是腾讯新闻关于房贷利率波动的报道标题，图 4-9 则是对报道正文的延伸和扩展，是围绕该报道主题的不同地区、不同侧重点的报道。

## 年内首次降准今日落地：8000亿资金在路上，房贷利率要降？

2020
01/06
07:48

央行有关负责人指出，此次是全面降准，体现逆周期调节，有效增加金融机构支持实体经济的稳定资金来源，降低金融机构支持实体经济的资金成本，直接支持实体经济。

**图4-8　腾讯主标题**

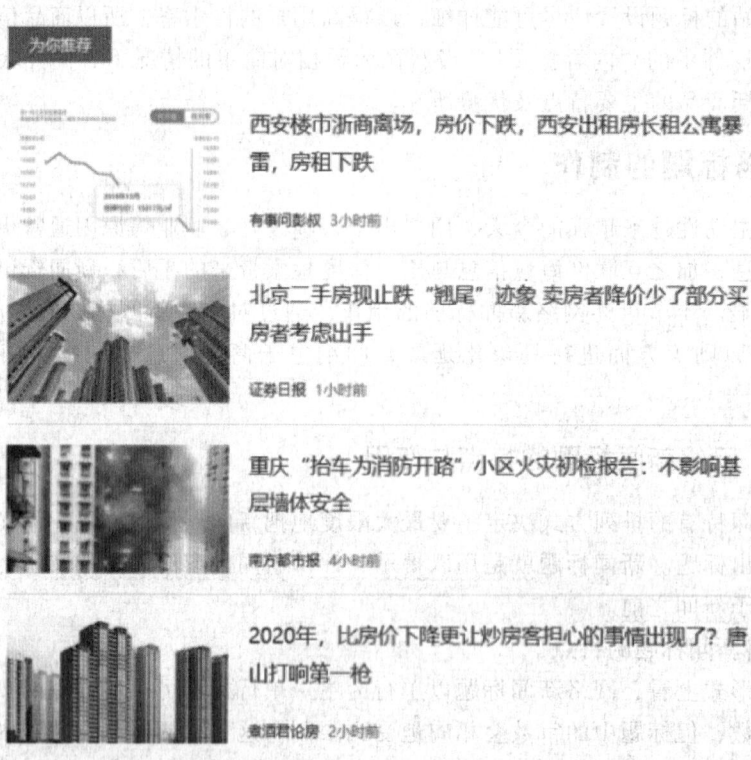

图4-9 相关阅读

（3）从内容上看，网络新闻标题以实题为主。网络新闻标题，一方面直截了当地传达新闻内容，另一方面突出展示新闻事实最吸引网民的一面。因此，在制定标题时，要选取1~2个最具有新闻价值或者最基本的新闻信息。

**2）网络新闻标题的作用**

（1）传播新闻事实信息。网络新闻标题就是要用最简练的文字将新闻事实中最具有价值的那部分内容概括出来，以吸引网民在最短的时间内了解新闻想要传达的信息。因此，编辑在制作新闻标题时，最好突出重点，使受众只需要看到新闻标题就能对新闻事件中最主要的内容有所了解。

**课堂互动4-1**

人民网1月27日电（记者王如君）美国NBA传奇球星科比·布莱恩特26日不幸坠机身亡，全世界的球迷悲痛不已。27日，记者赶到洛杉矶湖人队主场斯台普斯中心对面广场，成千上万的人向这里拥来，沉痛祭奠心目中的伟大球星科比。

……

资料来源 王如君. 洛杉矶市民沉痛祭科比［EB/OL］.［2020-01-28］. http://world.people.com.cn/n1/2020/0128/c1002-31563683.html.

要求：这则新闻的标题是"洛杉矶市民沉痛祭科比"。找出这则标题中的事实信息。

分析提示：这则标题将新闻中的地点、人物以及中心事件——点明，使浏览者一看标题，就对这则新闻想要告诉网民的主要内容有了初步了解，然而这并不等于要将全部的新闻事实一点不差地都在标题上显示出来，编辑应该筛选新闻事件中最具有新闻价值或者最能吸引网民的事实部分，将其作为标题。其操作步骤如下：

（1）找标题中的动词，动词所描述的一般是此标题的事件中心。

（2）动词后的部分，是对前者的补充说明。

（3）动词前的部分，是动作的发出者，一般为新闻五元素中的"人"。

（4）标题最前面的部分，是对事件发生地以及事件的描述。

（2）给出选择信息列表。要想在网络新闻中以最快速度获取最有效的信息，浏览标题就成为首选。只有那些具有创造性、新颖性的新闻标题，才能在同一页面的新闻标题中脱颖而出，抓住网民的视线。

（3）表明立场、态度。新闻标题通过概括事实，可以揭示新闻事实的意义，或者表明态度和立场。网络新闻标题同样具有这一功能。

（4）丰富页面效果。在网络媒体中，网站主页面和各个频道的主页面大部分是由标题构成的，标题在丰富、美化页面方面发挥了重要作用：首先使页面条理清楚、层次分明；其次令页面表现形式丰富多彩，富于变化和美感。

（5）体现网站的编辑风格和读者定位。新闻标题是形成网站风格、体现编辑思想的重要手段。从浏览新闻的程序来看，新闻标题是网民打开新闻网页第一眼就看得到的信息，因此，各个网站主页上的新闻标题成为能否给受众留下深刻的第一印象的重要因素。

**3）网络新闻标题实现新闻评价的手段**

从形式上说，标题通过以下几种手段可实现对新闻的评价：

（1）对标题页面的选择。网站页面通过不同的层次结构表明先后次序，最先被看到的页面更能引起浏览者的注意力和兴趣，另外一些页面则需要继续点击才可以看到。

（2）对标题顺序的排列。根据人的视觉习惯，处于页面左上方的内容和信息首先会被看到，因而放置在这个位置上的新闻价值更大。在同一级页面中，编辑也会按照新闻价值的大小对标题依次排列，页面的上方放置价值大的新闻或者是最新的新闻，页面的下方则放置新闻价值小的或者时效性差一些的新闻。

（3）使用一些技术手段。重要新闻通过对图片、文字颜色、大小和线条的合理搭配，形成视觉强势，在众多的信息中凸显出来。

如图4-10所示的这条新闻，以大于普通标题4～6倍的字号位于所有标题的上方，强调其头条的重要性。其下的组图：坚守岗位 无畏风雪，则用了图片的视觉强势，夺取次头条的位置。

**图4-10　《人民观点：扎实苦干 用奋斗成就未来》截图**

同样一则新闻，不同的新闻网站会做出不同的处理。

### 课堂互动4-2

要求：分析同一则新闻不同侧重面的报道处理。

分析提示：2019年10月28日中国共产党十九届四中全会开幕，新浪、搜狐、网易三家门户网站针对这则重要新闻从不同侧重面做了报道。新浪新闻的头条标题为"十九届四中全会在京召开"，搜狐新闻的头条标题为"十九届四中全会今起召开 这个重要议题值得关注"，网易新闻的头条标题为"四中全会连开4天 回顾历届四中全会看点"。三个新闻网站对相同事件不同侧重面的报道背后，是网站编辑组在筛选新闻的切入角度时所持有的对新闻价值的不同看法。

### 课堂互动4-3

要求：分析网站新闻首页的标题。

分析提示：本章介绍了新闻标题的5种作用，但在编辑新闻标题时，并不一定所有标题都将这些作用一一体现出来，传播事实信息和给出选择列表的作用是一定具有的。这也是网络标题存在的最基本目的之一。

其操作步骤如下：

（1）结合【课堂互动4-1】，对标题中的事实信息进行分析。

（2）寻找标题中的描述性词语。此类词语多半或鲜明或隐蔽地带有感情色彩，表明编辑对新闻的态度。

（3）分析标题所用的字号、字体以及颜色，是否有丰富页面的美学效果，是否带有图片。

（4）标题所在位置是否位于页面中心位置。

（5）比较同类新闻网站的新闻首页，领悟其背后的新闻价值选择标准。

## 4.3.2　网络新闻标题的构成

一般来说，网络新闻标题由以下几种元素构成：

**1）主标题、副标题和小标题**

在网络新闻标题中，主标题是最主要的部分。它的作用是描述新闻中最重要的事实或者说明新闻的思想和价值。主标题能够完整地表达一个意思或者概念，一般使用最大的字号来吸引网民的注意力或者强调本条新闻的重要性。

人民网 2020 年 1 月 7 日的主标题"住得更暖心 过得更舒心——回访辽宁沈阳市沈河区滨河街道多福社区丛龙江家"就用了大号的黑体字，来强调新闻的重要性和当日首条新闻的地位。主标题的显著性在强调首条新闻的作用上不言而喻。副标题一般位于主标题的下方或后面，作用是对主标题所描述的内容做进一步的解释。当然更多的时候，副标题补充说明主标题由于字数原因没有说明的部分，或者对主标题中新闻事件的重要意义、原因、影响进行强调，如图 4-11 所示。

**住得更暖心 过得更舒心——回访辽宁沈阳市沈河区滨河街道多福社区丛龙江家**

人民日报今日谈：让群众的幸福稳稳的    脱贫了还要好好干——回访河北阜平县龙泉关镇骆驼湾村唐宗秀家

图4-11　标题字号对比

小标题一般位于主标题下方，较多地出现在专题报道中。小标题可以帮助补充主标题的新闻事实，延伸内容，同时将复杂的新闻事实通过不同角度分要点、分层次地加以叙述，起到全面提示新闻要点的作用。

图 4-12 为人民网 2020 年 1 月 7 日的新闻头条，主标题下方的一行标题为小标题，为"致富道路越走越稳"这样一个新闻头条在内容上做了补充和完善。

**致富道路越走越稳——各地就业脱贫在行动**

越来越多的贫困户实现多渠道多层次多工种就业，脱贫从此有了"压舱石"和"稳定器"，为全面打赢脱贫攻坚战奠定了更加坚实的基础。

图4-12　小标题

**2）标题配图**

大幅的新闻照片配标题是网络上比较常见的形式，一般用于主标题或次标题。方法是在标题的下面或者上面放置大幅的图片吸引网民的注意力。大幅的新闻图片起着引导网民观看、选择新闻的作用，如图 4-13 所示。

图4-13　标题配图

### 4.3.3 网络新闻标题的制作原则

网络新闻的标题制作，在内容上可以千变万化，在形式上也可以层出不穷，但标题制作最基本的原则是没有太大变更的。网络新闻的标题制作原则，简单地说有以下几种：

**1）新闻事实的准确**

新闻事实的准确是新闻报道的最基本要求，也是新闻的本质要求。新闻事实的准确体现在以下几方面：在制作标题时，对新闻事实的概括要准确无误；对新闻事实发生的时间、地点、人物、新闻事件等的描述要准确，不能因为标题的字数限制，就忽略甚至篡改重要的新闻事实；在修辞方面，对新闻事件的描述用词要恰到好处，对于没有确定的事实，不能用"确定""的确"等字眼。

图4-14中的这则新闻使用"疑似"字样，不但准确地表达了对卫龙员工中毒原因的猜测和怀疑，同时准确地用词，避免把话说"死"，留有较大的回旋余地和对新闻事实进行修正的空间。

## 食点药闻:卫龙回应员工疑似食物中毒 法院力挺救人者获赞

**图4-14 准确描述新闻事实的标题**

**2）突出新闻点**

新闻标题能否在第一时间吸引网民的注意力，其中一个重要的因素就是，该新闻最重要、最新鲜、最吸引人、最有冲击性和最有趣的内容能否被清楚明确地总结在标题中。

**3）用语的简洁凝练**

标题作为对正文主要内容的概括和引导，要求编辑在拟定时做到用语简洁凝练，力求用最简单的词语清楚地概括出最重要的或者网民最想了解的新闻事实。

标题要做到用语简洁凝练，首先必须删繁就简，去掉不必要的修饰，使用约定俗成的简称和缩略语或者别称；其次是高度概括，用最少量的词语表达丰富的内涵，但必须以准确的新闻事实作为基础，不能以牺牲事实为代价。

**4）使用生动而亲切的语言**

新闻标题，除了真实、准确、用语简练外，亲切而生动的语言也能在网民浏览网页的一瞬间拉近其与新闻之间的距离。

在图4-15中，"铁矿石跌破100美元，澳大利亚'武器'反成中国'棋子'?"这则新闻标题，十分生动和形象，比起专业用语更易于被网民接受和理解。应对气候变化，中方的行动坚决而主动。2021年9月22日，中国宣布不再新建海外煤电项目，进一步兑现承诺。反观澳大利亚，常年消极应对气候变化，遭多国批评，反而在环保问题上打着经贸小算盘，沉迷地缘政治零和游戏。编辑通过巧妙设置标题使得中澳两国应对气候变化的举措高下立判，同时形象易懂，体现了中国作为负责任大国的正面形象。

**铁矿石跌破100美元，澳大利亚"武器"反成中国**
**"棋子"？**

图4-15　语言生动的标题

　　标题要使用亲切、生动的语言，首先要注意的是标题用语的新意，找到一些与众不同的切入点。此外，编辑的用语也要新，吸收一些新语言可以使标题更具有亲和力，尤其是在一些体育报道中，提到运动员时用大家熟知的绰号或昵称来代替本名，无形中会缩短他们与网民之间的距离，显得亲切又自然，如称呼奥尼尔为"大鲨鱼"等。形象的语言也能为新闻标题增添趣味。

　　在图 4-16 的副标题中，"合肥老母鸡"是比较有代表性的合肥地方方言，来自"从肥东到肥西，买了一只合肥老母鸡"。这里将语义扩大用来指代安徽的地方方言，是很典型又很直观的比喻，特别是知晓或会说安徽方言的网民看了，会倍感亲切。

**安徽"语言法"10月1日起施行　正规场合将难闻"合肥老母鸡"**

图4-16　语言非常形象的标题

### 4.3.4　电商网站标题特点

　　电商网站的标题制作由于用户的使用目的、使用习惯以及描述对象等不同，与网络新闻的标题制作在特点和功能上均有不同之处。

**1）概括所售商品信息**

　　电商网站作为商品信息交互的平台，与新闻网站的标题不同，网络新闻的标题一般是对所述新闻事件的高度概括与凝练，新闻标题往往会包含时间、地点、人物、事件等要素，而电商网站的标题具有特殊性，是对所售商品的描述。

**2）与商品配图相辅相成**

　　电商网站的一个特点是商品必有配图，配图往往可以使用户更加直观地了解商品。因此，在用户搜索关键词并加载出相关商品信息后，用户的目光会先被配图所吸引，在外观上不符合用户审美的商品会被直接跳过；而配图符合用户审美特征的商品，用户才会阅读商品的标题，此时标题对于配图起到解释说明的作用，包括商品的品牌、型号、功能等方面的信息。

**3）包含优化的关键词**

　　电商网站的标题都是优化的关键词，目的是使得商品尽可能方便地被用户检索到，一般由核心关键词和长尾关键词组成。核心关键词是搜索量最高的词语，长尾关键词是指与用户检索的目标关键词相关的、可以带来搜索流量的组合型关键词。一般核心关键词在标题中都比较靠前。例如，"春季卫衣女 2020 年新款潮 ins 宽松韩版连帽中长款时尚春秋薄款外套"。

### 4) 句式简单，一目了然

电商网站的标题在形式和内容上都是为了满足用户检索和浏览需求的，因此在拟写标题时往往是形容词、名词的构成，结构助词通常省略，如图4-17所示。

**¥3299.00**

爱奇艺 奇遇3 VR一体机【行业顶配4K+
屏幕】8G+128G 骁龙XR2 CV-6自由度

图4-17 电商标题

## 4.3.5 标题的制作技巧

标题制作不仅要具备对文字加工处理的能力与相关技巧，而且对标题的形式编排要游刃有余。

### 1) 标题内容的提炼、修饰

实题标题第一时间向网民展示文字信息中最有用和最有价值的信息，但过多的实题也会使信息显得索然无味，因此在注重标题内容的同时，也要注意标题的修饰、润色。

（1）标题长度。标题过长会让网民失去阅读的兴趣，过短则不能将内容中的精华部分表达出来。根据日常的阅读习惯，网络新闻标题的字数最好控制在15~20个字，中间可以分成两个或三个部分，一个部分不超过10个字，但最好多于5个字。电商网站标题在制作时需要根据搜索引擎规则进行优化处理。每个搜索引擎都有自己的一组搜索规则。为了更好地被检索到，标题长度不宜超过30个字。

（2）对标题的修饰。通过对标题的修饰，可使其脱离单纯功能性的提示，从而变得更生动、更有趣味。

①活用各种修辞手法、成语、俗语、古诗和古语等，使标题"活"起来。例如：

能耗量最低　广东缘何最"经济"。

"经济"一词原为名词，此处改作形容词，形容广东经济发展价值最高、成本最低、伤害最小，十分形象生动。

麻雀虽小五脏俱全　莫斯科独具魅力的跳蚤市场。

"麻雀虽小五脏俱全"一句成语，就将俄罗斯跳蚤市场的魅力与特点尽数表现出来。

众所周知，"驴"和"象"分别是美国民主党和共和党的标志，"驴象之争"则暗指美国民主党和共和党的选举之争，引申为美国的大选又将展开，这样的指代显得含蓄又富有意味，如图4-18所示。

美中期选举日益负面 "驴象之争"成"抹黑大赛"

图4-18　富有指代含义的标题

②吸取流行用语、大众口语，借助形象，化静止为生动，如图4-19和图4-20所示。

俄航天集团：美国北约在太空"搞事"　俄方绝不落后

图4-19　运用流行用语的标题1

恒瑞被逼连放两"大招"　多地药店恢复四类药销售

图4-20　运用流行用语的标题2

（3）用数字、符号说话。数字的恰当运用，可以使新闻事实的抽象叙述变得形象生动，可以突出重要的新闻事实，如图4-21所示。

电子驾照已覆盖176个城市，4700余万人申领

各地户口迁移"跨省通办"业务办理14万余笔

图4-21　用数字说话的标题

**2）标题形式的修饰、美化**

（1）字体、字号的变化组合。不同字体和字号的变化组合能够给标题带来或强烈或清新的页面效果。黑体、宋体、仿宋等字体都有这种截然不同的表达效果。

（2）美术手段辅助变化。

①有效运用色彩，不同颜色的网页体现出网站不同的风格。目前，网站的新闻标题以黑色或蓝色为主，也有一些网站通过色彩的对比突出标题，但是黑色和红色会给人们的视觉带来非常强烈的刺激，因而要慎用。

②运用题花、线条辅助。网络中各种线条主要用来给稿件分类，以便于阅读。有的网页使用红色的线条标记这种分类，使网页的各个版块功能划分得更清晰。①

近年来，电商网站标题在制作中更加灵活多样，编辑和设计师会充分利用图形设计、质感风格、文字排版、色彩搭配等多种手段去丰富标题。但为了便于搜索引擎检索和达到吸引用户的目的，长尾词多，借力、故意错拼、惊悚性的手法使用得非常

---

① 蒋晓丽. 网络新闻编辑学［M］. 北京：高等教育出版社，2004：233.

多，很多电商运营者使用各种关键词提取工具来生成标题，使得电商网站标题几乎成了核心关键词和长尾词的简单堆砌，甚至无法阅读，这是需要引起注意的一个问题。

### 4.3.6 网络中的"标题党"现象

**"标题党"**通常是指以严重夸张与发布内容极不相符的标题来吸引网友眼球，以达到骗取点击率、增加网站浏览量、吸引网民产生购买冲动等目的的行为。

**1）经济利益的驱使是"标题党"现象产生的最主要原因**

对经济利益的追求是一切媒体存在和发展的意义之一。与传统媒体相同，网络媒体同样追求经济利益，不同的是，网络媒体的经济来源主要依靠广告赞助及网民消费。与平面媒体的销量、电视媒体的收视率相似，点击率在相当程度上体现着媒体的权威性和影响力。因而，编辑出能抓住受众兴趣点和好奇心、吸引受众去点击的题目就成了网媒编辑的重要工作，"标题党"便出现了。

对于电商网站而言，商品的标题作为用户检索出现的最直接的信息，很大程度上影响着用户是否深入了解以及选择购买。有人直言，"购物90%都是冲动的，噱头永远是必要的，标题永远是第一位的"。因此，一些从事电子商务运营的人员明确地宣称自己要做"标题党"。

**2）理性对待"标题党"问题**

"题好一半文"，一个好的标题可以起到画龙点睛、增加阅读量的作用，尤其是在网络的非线性传播模式下，标题对于用户是否阅读详细内容起到更加重要的作用。网络编辑有责任也有义务精心制作标题，认真阅稿，慎重下笔，务求准确、鲜明、生动，切实把好标题制作关。

通过标题来吸引受众的初衷是正确的，关键是要把握好适度原则，做一个良性的"标题党"，使网络信息的标题既符合新媒体背景下用户的阅读需求，同时坚守专业工作者的职业素养。

新闻媒体需要在标题制作方面下功夫，电商行业同样如此。新闻的标题制作是为了更好地吸引注意力，电商行业标题制作是为了服务于商品销售。

**职业工作站**

#### 如何写好电商淘宝的标题？

1.关键词流量被打散

现在关键词最大的优点就是碎片化，碎片化相对来说是公平的，当然我们说的是搜索规则，规则给我们带来的直接好处就是，以前几十个词都给到一个宝贝上，流量就会集中在少数宝贝和少数店铺，现在因为碎片化，淘宝根据你的标题中的词，选择几个词给你流量。

2.核心相关词的重要性

现在的流量非常碎片化，卖家在制作标题时，最重要的就是宝贝打标和产品的特性要容易引起关注。当你的标题非常贴合你的宝贝，你选的核心词非常适合你的宝贝的时候，你的流量就会相对精准和平稳。任何词的选择都是为转化率服务的，转化率又会牵扯到趋势、人群、打标等内容。

提醒一下：别人的品牌词，最好不要用；属性不符的词不用；弱相关词不用。

### 3.转化关键词权重更高

消费者在购物的时候，一般搜索的是关键词，也就是转化关键词，那在做标题时，核心部分就是找买家需求，我们把消费者搜索的词分为两个方面：一方面是产品的核心属性，比如是男装、夹克、冬天拖鞋等；另一方面有可能是与修饰词进行搭配，比如修身夹克，那么这个修身就是转化关键词，现在淘宝给的规则就是，这个词的权重相对偏高，这也是为了鼓励卖家学会提炼市场及产品的卖点。

### 4.关键词主词布局

主词的主要作用是什么？

当然，首先你要搞懂主词的作用是什么。还是像前面所说的，随着流量碎片化的发展，每一个宝贝都会有有限的关键词是可以带来流量的。那么这几个有限的关键词当中还会有一个权重最高的关键词，称为主词，我们举个简单的例子，比如有一个宝贝的关键词分别是：

"狗粮-牛油果狗粮-幼犬狗粮-狗粮5kg-泰迪狗粮"

那我们就可以判断出，在这个标题中，核心的权重主词就是狗粮。有这样一个主词，一般情况下，你就会发现，能带来流量的词都是围绕这个主词的。所以，从这一点来看，在写标题的时候，你应该确定标题中的主词到底是什么，然后围绕这个主词选择长尾关键词。这样有利于自然搜索权重的集中！

### 5.怎样布局主词

主词应该怎么去布局呢？一般情况下，要看你的店铺的实际情况。因为主词的主要作用是选择长尾词，所以你要根据自己店铺的实际情况和类目的特殊情况去布局主词。

对于竞争激烈的大类目来说，如果你的店铺基础比较好，那么你可以选择一级产品词作为主词，并且布局到比较多的商品上，比如你可以选连衣裙、毛衣女、卫衣女等；如果你的店铺基础不好，那么你可以选择一些一级产品词+属性词作为主词，比如长袖连衣裙、韩版连衣裙、厚款连衣裙等。

对于竞争不激烈的小类目来说，词比较少，如果你的基础比较好，这时可以确定两个以上的词作为主词；如果你的基础不好，每个标题还是用一个核心产品词作为主词。

### 6.关键词分类

（1）属性关键词

商品分类、名称、型号、功能、特性等形容宝贝属性的关键词称为属性词。在关键词写作和标题写作之前要清楚自家商品是属于哪一类目和商品的材质、特点等。比如，中年妈妈装、大衣、宽松、雪纺这类符合商品属性的关键词；要了解顾客的搜索习惯，一旦你的标题跟客户的搜索习惯匹配成功，你的商品就能显示出来。

（2）价值关键词

商品给买家带来价值，关键是提炼出超越产品功能本身的价值。在选取关键词前，最重要的是分析出客户群，站在他们的角度思考他们的购买需求以及购买需求下的搜索习惯。

（3）根据核心词，选出长尾词

搜索关键词某种程度上代表着客户的搜索习惯。关键词加上价格就圈定了对应的购买人群，只有让购买人群和商品匹配，才能有效转化。

搜索词查询是将核心词放入搜索框进行搜索。点击相关搜索词，将选出的词进行分析，直接选择权重排序，然后输入公式，用搜索人气/在线商品数计算出竞争率，选出竞争大的一类词、二类词。

筛选关键词时要符合以下三点要求：

①选的关键词要符合产品属性，要在同一类目，不同属性、不同类目的词全部删掉。

②要看该词的在线商品数和搜索人气，在线商品数越小，搜索人气越高越好，因为在线商品数越少，竞争就会越小。

③确定好使用词后，开始进行真假词的确认。

搜索词之后就是验证该词的真假，看30天的数据是否稳定，如果平稳无较大波动，那就是真词，看有没有超过15个字符，因为买家购买宝贝时不会打这么多字去搜索。

接下来我们将用选出的词组合标题：

（1）核心词选择根据自己的店铺情况以及宝贝情况来决定；

（2）确定好核心词之后，确定目标词；

（3）用所选目标词来查找数据；

（4）相同词根的目标词作为优先选择的目标；

（5）用空格去组合标题，在空格不够的情况下可以拆分词根；

（6）如果是冷门行业，在词比较少的情况下，就可以堆砌在一起，或者用两个半标题组合在一起。

7.关键词和标题优化的建议

（1）关键词的顺序

组合标题中关键词的顺序，在哪个关键词要靠前的问题上，大家应该都有听说过，例如把权重高的关键词放在前边，权重低的放在后边，按权重排序，有的说按搜索量大小排序，其实不然，要知道淘宝给的是无序匹配，你要做的就是在排序上做到和买家搜索习惯趋向一致。

（2）在优化标题的过程中，如何组合标题

每个淘宝标题30个字，但是，有些商家不怎么在意这个，或因不重视，或因不懂怎么来组合，随便一写就完事，字符不够，就少了许多搜索流量的覆盖，这样你的权重就很低。想要自己的标题权重高，字数写满是其一，还有就是标题中不要重复使用同一关键词来凑数，没有意义，反而影响搜索权重。

（3）标题优化修改之后有什么影响

因为修改标题会对宝贝本身的搜索产生影响，建议是不要过度频繁地去修改，最好在宝贝自然下架日一小时之内去修改，修改的字数不要超过9个字符，在哪里删的字就在哪里补，这样对宝贝影响最小。

资料来源　吴磊. 淘宝做宝贝标题的黄金方案，流量分析篇！[EB/OL]. [2018-11-06]. https://zhuanlan.zhihu.com/p/48684727.

## 本章小结

随着网络技术的发展和网络竞争的加剧，文字加工处理方式会有很大的变化，尤其是随着人工智能等技术的突破，这种变化将会是常态。不过不管如何变化，网络用户的信息获取习惯都是指引我们变化的根本，考虑您的受众，仅此就构成了技巧。所以，一个良好的网络编辑工作者需要对网络用户有着深入的了解，这将会使我们立于不败之地。

文字信息网络的基础信息，目前依然占比很大。本章主要对网络文字信息的编辑进行了讲解。首先介绍了删改、增添、改正和改写等基础文字加工工作方式，随后对网络文字信息的如何围绕超链接、关键词进行超文本编辑的方法进行了介绍。最后对网络标题这一居于网站中最显著位置的文字信息特点与编辑技巧进行了介绍。网络传播本身是富媒体样态的传播，所以文字信息的编辑处理经常要与图片、音视频等相互配合。为了便于叙述，本章在不同符号相互配合的综合性编辑方面没有深入介绍，对基于社交平台和各类自媒体的文字信息编辑也没有介绍。这些内容在后面的章节中将介绍。我们需要清醒认识，融合发展是网络发展的趋势，随着社交平台和各类自媒体与电子商务的融合发展，其口语化、第二人称的呼语化将会对网络媒体和电商平台有很大的影响，我们需要对此加以重视，并积极探索其中的规律。

## 主要概念和观念

□ 主要概念

超链接　关键词　内容提要　新闻标题　标题党

□ 主要观念

超文本编辑　标题的评价与引导作用　标题制作的内容与形式的配合

## 基本训练

□ 知识题

▲ 简答题

（1）文字信息的加工方式有哪些？

（2）超文本编辑如何实现？

（3）标题的制作技巧有哪些？

▲ 选择题

△ 多项选择题

（1）从链接路径上来看，超链接可以分为（　　）。

A.内部链接　　　　　B.锚点链接　　　　　C.多媒体链接　　　　D.外部链接

（2）电商网站标题的特点包括有（　　）。

A.概括产品的主要信息　　　　　　　　B.包含优化的关键词

C.句式简单，一目了然　　　　　　　　D.常与图配合出现

□ 技能题

▲ 单项操作训练

分析任何一日人民网新闻频道首页的头条新闻。

▲ 综合操作训练

（1）结合"标题的制作技巧"部分内容，对京东首页标题进行评价。

（2）结合"网络新闻标题"的相关内容，为一则新闻写出带有不同评价标准的新闻标题，要求有明确赞成、明确反对、中立等三种态度。

◁▭ 综合应用 ▭▷

□ 案例题

### 淘宝标题制作的原则与注意事项

在写文章时常有"题好一半文"的说法，电商网站同样如此，商品标题作为流量的唯一切入点，对于电商网站商品销售的重要性不言而喻，好的标题可以大大提高商品的曝光度，是一件商品畅销的开始。

电商网站标题由核心词与衍生词组成。核心词顾名思义，标题以商品为核心，核心词即为商品本身。衍生词可以分为属性词、关联词。属性词指的是商品的类别、品牌、适用场景等方面的解释说明。关联词又可分为引流词与成交词，指的是关联热门商品以提高商品曝光率，例如某明星同款等信息。

如何起一个好的电商标题？首先，要遵循三大原则：第一，商品标题尽量用尽字符。以淘宝为例，商品标题的长度要求为不超过60个字符，即30个汉字，那么在拟题目的时候要尽量将60个字符用完，以充分展示商品内容与属性。第二，避免同质化。与新闻写作同理，同质化的内容将引起用户视觉疲劳。第三，避免关键词重复，对于同一店铺内的类似商品，设置标题注意避免关键词重复，会引起同一店铺内的关键词竞争。

将以上三个原则运用到标题设置中，以商品运动裤为例，运动裤产品在起标题时要注意选择合适的核心词作为商品流量核心，将运动裤作为搜索词在淘宝上进行搜索可以发现：运动裤作为裤子下面的二级类目，有卫裤、束脚裤、小脚裤、直筒裤等三级类目词，可以根据商品具体情况选择不同级别的产品词组合作为核心词以及次要关键词，例如，运动裤+束脚裤等。

在确定标题核心词的基础上，添加衍生词。在选择属性词时应当注意以下事项：第一，当商品品牌具有一定品牌效应时，品牌属性词应放在标题开头位置，在标题中会淡化品牌信息；第二，借助大数据分析，哪些属性词搜索的频率更高，则重点使用，反之淡化处理，但同时也要注意冷门关键词意味着竞争相对小，可根据销售策略灵活变化。在选择关联词时，要注意考察多个类似商品的标题，选择出现频率最高的引流词与成交词作为商品标题的关联词。

最后将核心词与衍生词组合成一个完整的标题，在组合标题时可以参照核心词+属性词+次要核心词+关联词的方法，并将该组合标题输入电商网站检验标题是否独一无二，从而进行相应优化。

问题：按照上述标题制作流程，选择任意一款商品进行标题制作并检验。

□ 实训题

实训 1：挑选一篇新闻资讯网站的报道，从网络编辑的角度分析是否需要进行再加工。

实训 2：登录淘宝、淘特、京东等网站，对其文字信息的内容进行分析，找出优缺点，并提出改进方案。

□ 讨论题

（1）网络文字编辑的经验需要在实践中不断地充实和完善。在编辑文字以及标题时，如何才能使自己编辑的标题在保持生动的基础上，完美地与网站自身的特色融合呢？举例说明理由。

（2）找出一篇"标题党"的案例，分析标题吸引读者的原因，讨论在网络编辑中如何理性看待"标题党"现象。

# 第5章
# 图片编辑

## 学习目标

□ 知识目标：

　　了解图片资源的种类、特点；了解网站获取图片资源的主要渠道和方式；了解网络图片的应用范围和使用特点。

□ 能力目标：

　　学会甄别新闻图片的真实性，根据网站定位选择合适的图片，避免图片编辑的失范行为；学会将简单图表设计为信息可视化图表，掌握网络编辑必备的技能。

□ 素养目标：

　　在养成初步职业意识的基础上，具备分析本职业产生背景与发展前景的能力，培养初步的职业设计构想。

【引例】

#### 一个网络编辑员的早晨

2019 年 10 月 1 日，小张如往常一样坐到了电脑前，开始了网络编辑新的一天。他浏览了一下各大主要网站关于庆祝中华人民共和国成立 70 周年的报道，因为这一天是中华人民共和国成立 70 周年，网站的这个专栏需要在以前的基础上继续更新内容。

坐在电脑前，他开始构思怎样去架设这个专栏。除了文字信息之外，根据专栏的需要，他还要搜集大量关于中华人民共和国成长、变迁的照片，做成一组图片新闻。首先要搜集照片，照片从哪里搜集、怎么搜集呢？他先打开电脑收藏夹中保存的一些图片，寻找有关中华人民共和国成果展的照片，又使用搜狗和百度等搜索引擎，输入"中华人民共和国、成果、变迁"等字样进行搜索，从找到的许多照片中根据自己的判断把一些他需要的保存到自己的电脑中。照片搜集完成之后，查看图片的格式，然后利用 Photoshop 图片编辑软件将其统一转换成网络常用的 JPG 格式。图片转换好后，根据专栏版面的设计，再用软件调整好图片的大小，将其上传到自己的网站上，并标明引用的图片的来源。此外，他还针对每幅照片做了简略的文字说明；同时，他对图片的内容进行了分类，使之符合一个图片新闻专栏的需要。

至此，一个图片新闻专栏已经初步定型。

图片是目前网络上仅次于文字的符号。在电子商务领域，甚至有图片是网络销售的灵魂的说法。这一章将介绍有关网络图片的知识。网络编辑需要了解哪种格式的图片适用于网络，怎样获取图片，网络图片编辑时应规避哪些失范行为以及怎样合理地把图片应用到网络中去。

## 5.1　网络图片概述

在传播形态、传播渠道、传播技术手段发生变革的今天，以语言文字为主要表达方式的文本信息传播方式正在转向以图片和音视频为呈现方式的多媒体影像信息传播方式。以"易读性"为突出特征的图片、图表就成为众多网络平台的选择。

### 5.1.1　常见图片种类

**1）照片**

照片是用照相机为记录工具，所形成的人、物、景等的图片，一般是通过传统摄影方式和数码摄影方式来完成的。传统摄影方式包括黑白摄影、彩色摄影，是利用银的感光性和光线的三原色原理来形成影像的胶片记录，最后定影到相纸上。数码照片是采用数码技术与照相摄影技术的完美结合体。

**2）信息可视化图表**

信息可视化图表种类比较多，主要包括统计图表、示意图和新闻地图等。

统计图表是将统计数字制成表格图，便于读者集中阅读，一目了然。

示意图不但将统计数字集中绘制成图，而且用形象化的手法表现这些数据所说明的意义，使数字的类比或对比更加鲜明生动，特性是以形表实和以形示意。图表中的数字、事项和地理位置等都必须真实。

新闻地图是根据标准地图，将新闻发生地的地理位置绘制成更加简洁明确的地图，特性是以形表实，间有表意。

**3）漫画**

漫画是美术作品的一种，用高度夸张、风趣幽默的表现手法揭示社会生活中的问题和现象，激发读者的兴趣，引导读者联想和思考。

时事漫画或风俗漫画的特性是借形表意，作者将从众多的社会现象中抽象出来的意见和倾向借助各种形象和形式，以有趣或夸张的方式表达出来。

**4）速写**

速写是以现实的人物和事物为对象的绘画创作，抓住其瞬间动态形象速写成画。特点是绘形，不能完全还原人物和事件的本来面目，也不能采取绘画的典型创作手法。

**5）图饰**

图饰是网站页面的一种装饰，用美术图案点缀和烘托版面，设计感强，恰当运用图饰会使整个网站界面设计更加美观生动。

### 5.1.2　常见网络图片的格式

图像是在网络上传送，有带宽和传输文件速度的问题，有人研究了多种适合于网络传输的图片格式，下面我们就浅谈一下制作网页时用来优化图形的几种常用格式，见表5-1。

表5-1　　　　　　　　　　　　　　**网络图片的格式**

| | |
|---|---|
| JPEG 格式<br>（JPG为缩写格式） | JPEG（Joint Photographic Experts Group）的完整含义是联合图片专家组。这种图像文件格式可以用不同的压缩比例进行压缩，其压缩技术十分先进，用有损压缩的方式去除冗余的图像数据，在获得极高压缩率的同时能展现十分丰富生动的图像，因此可以用较少的磁盘空间得到较高的图像质量。<br>在互联网中，它是主流图片格式，几乎所有的电脑和操作系统都支持，经扫描处理后所得到的图片大部分也都是这个格式 |
| GIF 格式 | GIF，是 Graphics Interchange Format 的缩写，即图形交换格式。该格式在 Internet 上被广泛应用，主要原因是文件较小，适合网络环境传输和使用，256种颜色已经能够满足主页图形的需要。<br>GIF格式可以在保持图像尺寸不变的情况下，通过减少图像中的色彩数来缩小图像文件的大小 |

续表

| | |
|---|---|
| PNG 格式 | PNG，是 Portable Network Graphics 的缩写，即"可移植网络图形"，是一种通用的网页图形格式。它结合了 GIF 和 JPEG 的优点，具有存储形式丰富的特点。PNG 最大色深为 48bit，采用无损压缩方式存储。著名的 Macromedia 公司的 Fireworks 的默认格式就是 PNG。不过 PNG 格式还处于发展阶段，并没有以上两种格式那么流行，另外，它的压缩比也没有 JPG 格式大 |
| BMP 格式<br>（Windows 位图） | BMP 是一种与硬件设备无关的图像文件格式，使用非常广泛。它采用位映射存储格式，除了图像深度可选之外，不采用其他任何压缩方式，因此，BMP 文件所占用的空间很大。应用 BMP 格式最典型的程序就是 Windows 的画笔和墙纸 |
| Photo CD 和 Pro Photo CD | Photo CD 是伊斯曼柯达公司开发的一种专门用于往 CD-ROM 上传输幻灯片和胶片负片的文件格式。图像编辑和分类程序可以打开 Photo CD 图像，但是不能以这种格式保存。Pro Photo CD 格式专门为需要超高分辨率图像的专业人员而设计，它可以以 4 096×6 144 像素标准保存图像 |

## 5.2　网络图片的获取渠道

在网页设计中，图像占了相当大的比重。适当的图像使页面更加生动活泼，图形和动画展现了鲜明的指向性，并且静态影像所带来的瞬间影响力也是连续的影像所无法企及的。

网络上存在着大量图片，部分来自扫描，部分来自电脑绘制，剩下的来自数码设备和其他途径。随着数码技术的发展和完善，现在来自数码设备的图片所占的比例越来越大。网络图片编辑应掌握以下几种获取图片的渠道，根据不同的性质及用途，挑选实际所需的图片。

### 5.2.1　专业新闻图片网

以新闻为支撑的网络媒体发展越来越趋于合理和完善，尤其是众多门户网站的发展使最初简单地以文字为主要内容的网络媒体现在呈现出了一种图文并茂的景象，报纸这种平面媒体的"读图时代"也出现于网络媒体中，网络媒体需要应用大量的图片来丰富自身的内容。有需求就会有供给，随着对网络图片需求量的增加，出现了一些专门为网络媒体提供图片的网站，这些图片网站作为其他网站的图片提供者，提供收费服务。

图 5-1 是人民图片网（http：//vip.people.com.cn/）网页。"人民图片网"是人民网旗下的网站，人民网于 2019 年 4 月 14 日向全国主流媒体发出倡议，计划在图片合作领域形成联盟，探索建设"人民图片网"。人民图片网利用当前先进的信息技术和图像处理技术，构建统一的数字技术平台，将来源于国内图片资源机构及签约摄影师的图片资源整合起来，把中国最精彩的图片产品提供给海内外报纸、杂志、互联网、出版社、广告公司等。

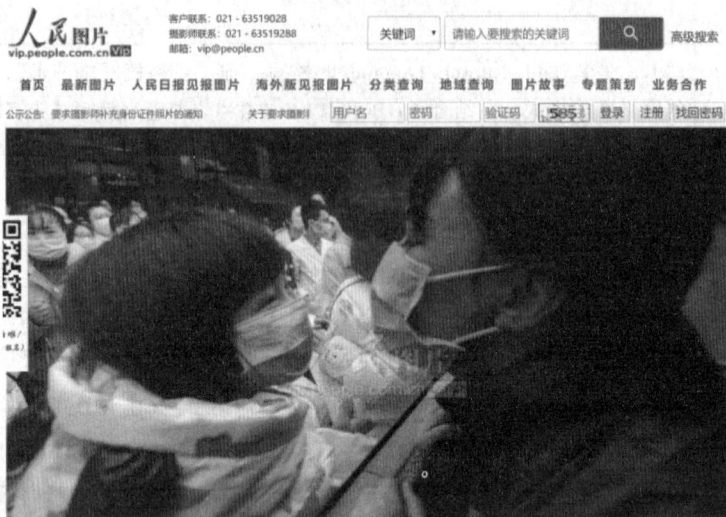

图5-1　人民图片网网页（2020-02-12）

类似的网站还有中国新闻图片网（http://www.cnsphoto.com/）等。这些网站大都是收费的。如果想使用这些图片库或者图片网站的图片，就要和这些网站签署付费协议，然后就可以使用自己的注册账户在这些网站上自由地搜索、下载图片了。

## 5.2.2　网站图片频道

网络媒体除了经常以图片库的方式提供图片外，有很多网站都设立了自己的"图片频道"，如人民网的"图片频道"（http://pic.people.com.cn/）、新华网的"新华图片频道"（http://www.news.cn/photo/index.htm）。图5-2是人民网图片频道的首页，图5-3是新华网新华图片频道的首页。

图5-2　人民网图片频道首页（2020-02-12）

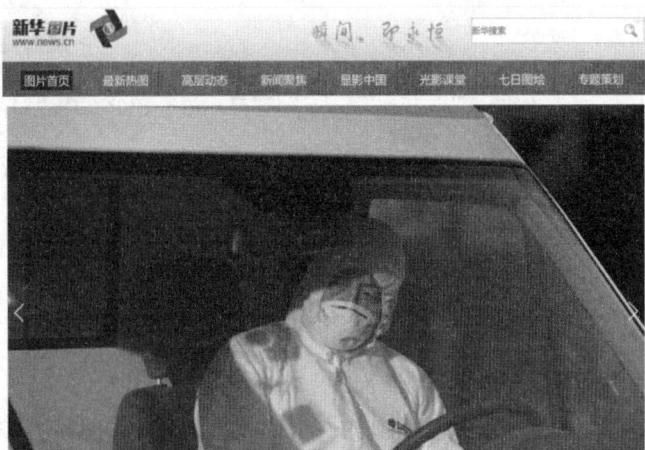

**图5-3  新华网新华图片频道的首页（2020-02-12）**

　　为了方便管理和展示图片，网站的图片频道多采用栏目化的分类式方式来呈现。以人民网的"图片频道"为例，其内容丰富，包括很多类图片。网站对图片的分类采用了两种方式：第一种分类包括社会生活、政法军警、经济交通、科教卫生、文体娱乐等栏目；第二种分类包括人民日报见报、海外版见报、图片故事、专题策划、人民视觉等栏目。这种分类式呈现方式的好处是类别清晰，便于深度查找，但缺点是编辑人员要对内容分类要有比较娴熟的掌握能力，否则不容易找到合意的照片。

### 5.2.3  搜索引擎

　　随着搜索引擎的发展完善，很多搜索引擎都把图片搜索作为自己的搜索服务项目之一，如百度。图 5-4 是百度图片搜索页面。

**图5-4  百度图片搜索页面**

　　百度的图片搜索页面比较简洁，可以通过关键词直接搜索。为了方便用户，还提供了热门搜索举例，如壁纸、图腾、头像、高清动漫等。此外在下边又有精美图片分类。除了上面的一些选项之外，我们还可以进行高级搜索，从而给了我们更多的选择空间，如尺寸、颜色等。图 5-5 是百度图片高级搜索的页面。

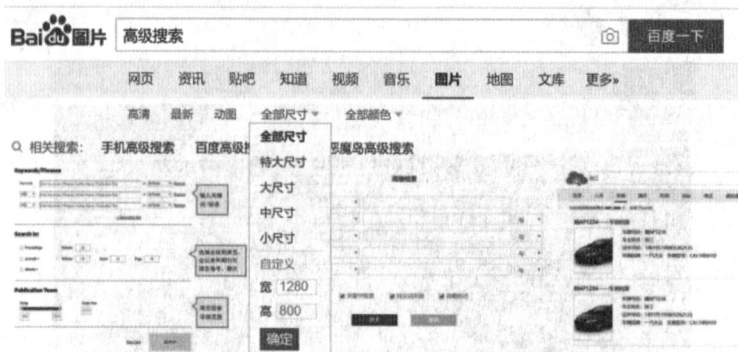

图5-5　百度图片高级搜索页面

　　综合性搜索引擎有很多都是提供图片搜索服务的，各个搜索引擎提供的搜索分类并不一致，拥有的图片资源也不尽相同，在使用这种渠道获取图片时最好能将需求细化，并与各个搜索引擎的特色结合使用。

### 5.2.4　图片素材网站

　　网络上的图片除了照片，还有许多人工合成的图片，比如图片设计师所设计的各种图片和素材。这类网站大多为图片爱好者自行上传获取积分的共享平台。以昵图网（https：//www.nipic.com/）为例，如图5-6所示，其是一个设计素材、图片素材共享平台。昵图网的图基本都很大，图片都是经过精心挑选的，收费的与免费的都有。用户可以注册会员，上传自己的图片换取积分，图片一旦被采纳，会获得共享分，如果被别人下载，也可以获得共享分。共享分可用于下载别人的图片。类似的图片素材网站还有千图网、我图网、红动网等。

图5-6　昵图网图片搜索页面（2020-02-12）

### 5.2.5　其他渠道

　　网站上的图片还有一部分是自己拍摄或者制作的。有的网站拥有自己的专职新闻记者，可以自己拍摄新闻图片，网站的广告图片很多都是自己制作的。此外，网站编辑人员也可以制作一些新闻图表、图示和漫画等。

还有一些图片是来自其他渠道的，如从自媒体购买。在"公民新闻"时代，第一手的新闻资料更多地从自媒体产出，包括新闻图片与商品实物图片等。网站可以从他们手中购买这些资料，也有利于节省物力和人力。

**课堂互动 5-1**

要求：尽可能多地搜集有关"70周年国庆"的图片。说明运用多种途径搜索有关图片要注意些什么。

分析提示：要完成相关的图片搜索任务，首先要明确图片的主题、内容是什么，只有明确了主题，才能根据主题以及关键字进行搜索。其次就要考虑从什么途径可以获得图片，是通过专门的图片网站、网站的图片频道还是通过搜索引擎等。先明确思路才能更好地完成图片的搜集工作。

其操作步骤如下：

（1）明确搜索主题。

（2）思考搜集途径。

（3）在提供图片服务的网站或者利用搜索引擎进行关键字搜索，进行图片搜集。

## 5.3 网络图片的选择编辑

网络使我们的生活丰富多彩，尤其是在图形界面开发后，视觉上的冲击令网络更具吸引力，其中图像的应用极为广泛。在目前的网络实践中，图片在网上出现的频率仅次于文字。较多的图像在增加吸引力的同时能给访问者提供更多、更直接的信息，同时图像也较少受计算机平台、地域和语种的限制，能使网页更多地显示出制作者的创造力。这一部分介绍的是图片编辑在面对数量繁多的图片时，该如何进行选择与编辑。

### 5.3.1 网络图片的选择

网络图片琳琅满目，不同的需求有不同的选择技巧，不论是商品图片、广告图片，还是底图、图片素材，在选择时都需要具有一定的目的性，要符合网站的定位与主题，要做到色彩上的协调统一等。

**1）图片所展示的内容与所要展示的主题相统一**

如果使用的图片符合你所应用的网站主题，那么就显得非常用心，也更加吸引人。主题性的设置容易营造一种代入感，使整个画面系统性比较强。比如，在电商网站中，图片的选择要与商品息息相关。

**2）色彩选择要服务于信息表达的需求**

色彩也是人们审美的一部分，有的人喜欢颜色偏于淡雅一点的，有的人喜欢简洁明了的颜色，有的人则喜欢色彩斑斓抓人眼球的，每个人品味不一，很难统一，关键要看具体的图片在整个信息表达的节奏中所处的位置和发挥的作用。图片应该有前后呼应的效果，要与网站和所传播的信息的风格、色系相配。

**3）多种图片有机组合**

在选择图片时如果不想选择单一主题的图片，也可以进行多种主题、多种类型、多种风格图片的有机组合。这有点像当下流行的各种各样的撞色衣服，虽然颜色对应的风格迥异，却能营造出使人眼前一亮的视觉效果。

只要正确地认识到图片的选择对于网络编辑的重要性，就能够更加用心地选择你所需要的图片了，所以不用担心选择不到合适的图片，只要掌握技巧即可。

### 5.3.2　新闻图片的选择

在选择新闻图片时，需要对此新闻特点、价值、信息增量和价值观进行判断。作为新闻的载体，图片需要有一定的信息含量，如新闻人物面孔、新闻发生的现场，或是与新闻有关的事物等，要保证新闻照片的真实性。

**1）选择原则**

（1）照片反映的内容是真实的。新闻照片尤其强调画面内容的真实性，这种真实包括画面中的形象是真实的，人物的表情和新闻细节是真实的，现场气氛是真实的。照片反映的内容是真实的、自然的，而不是拍摄者摆布或假造出来的。一旦发现不合情理或者有疑问之处，应对当事人或知情人进行调查核实，杜绝发布假新闻。

（2）图片要有视觉感染力、冲击力。新闻图片可以使受众对新闻事件留下较深的印象，并且不会产生过多的主观臆想造成新闻失实。新闻图片的感染力越强，其获得广泛传播的可能性也就越大。通常情况下，新闻摄影作品需要捕捉到新闻事件中最具代表性的瞬间，给受众以强烈的视觉冲击，并让受众直观辨别出新闻事件的要点所在。

（3）新闻性高于艺术性。新闻图片首先应该是新闻，新闻性要高于艺术性。如果新闻图片缺乏新闻信息含量，仅剩一个空洞光鲜的外壳，它就失去了存在的价值基础。所以，媒体应该首先考虑的是图片的新闻价值，其次才进一步考虑其艺术性。

（4）最大化承载信息量。图片是一个瞬间的凝固，无法让受众对新闻事件的完整过程有直观了解，这一特点使其与视频、音频等具有流动性特质的载体相比有局限性，这就要求在捕捉影像时需要对事件进行深入的分析，选取受众最想了解的部分进行拍摄。

（5）客观平和，导向积极。能够对人们产生视觉冲击的新闻图片并不一定都是积极向上的，有一大部分突发、灾难性新闻，或者社会公众事件的图片可能会对受众产生不良刺激，甚至会对受众造成负面影响，这就需要通过正面的拍摄手法，例如视角的独特性、表达的创造性等增强作品的感染力。

**2）选择技巧及注意事项**

（1）时效优先，兼顾品质。以新闻发布的时效性需要为前提，提倡选择质量上乘的图片作为图片报道的素材，但不能因为等待更好的图片而错过报道发布的最佳时机。在特殊时效要求下，可以使用视频截屏得到的图片作为报道素材。另外，也要尽量注重图片的品质，要求图片无颗粒、构图合理、色彩漂亮、富有张力。

（2）在图片报道中，注意图片素材的排序。一般来说，需要结合事实陈述、用户接受底线等来规划。承载核心、关键信息的图片需要靠前排陈列，比如核心现场、关键瞬间、主要人物等；可能超出读者接受底线又是必要信息的图片后置，并在其出现前留出黑底白字提示页面，如以下图片可能会引起部分读者不适等编辑提醒话语。

（3）不使用违背新闻事实和不合法的图片。新闻中使用的图片必须保证真实，没有经过虚假处理。配合文字报道的照片还要注意图片反映的内容与文字报道相一致，不可出现张冠李戴或风马牛不相及的情况。所有图片必须经过法律层面的授权许可，以保证版权的合法性。使用来自社交网络的图片，必须确认其真实性和合法的版权。

（4）注重图片使用安全。

① 杜绝使用违反政治要求、破坏宗教和谐的图片。不选择影响政治安全的旗帜、符号、图形、口号、外文等元素，图片中包含政治人物、国旗、国徽时要注意是否合理合法。

② 不选择与民族、宗教、习惯风俗有严重冲突的图片。

③ 不刻意使用暴力、血腥等强烈刺激感官的图片。如车祸现场的残肢图片，过于血腥，应尽量避免使用，或在"引起反感处"打马赛克后进行使用。

④ 不使用含有色情信息的图片。

### 5.3.3　网络图片的编辑

对图片做技术处理包括选择格式、裁剪图片、压缩图片、修正图片和拼合图片等。

**1）图片的剪裁**

剪裁是图片编辑工作中的一个重要环节。在选取摄影师的作品时，如果不能获得一个完美的画面，这种缺憾可以通过剪裁来改善。同一张照片经过不同的剪裁，在页面上会呈现不同的视觉效果。

不过，图片编辑对照片的剪裁要非常谨慎。尽量不要剪裁照片，好的图片编辑应该提醒摄影师在拍照时就注意用镜头获取最合理的图像，而不是通过剪裁来弥补。如果必须要剪裁图片，以下是剪裁图片时应注意的事项：

（1）为准确传递信息而剪裁。这是图片编辑决定剪裁的关键步骤，所有的剪裁都应该以信息的传递为本。

（2）为图片的视觉冲击力而剪裁。构图对图片很重要，如通过剪裁可以改变视觉趣味中心的位置，改变水平线的位置，也可以让照片中局部的细节得到突出。

（3）为减少视觉噪声而剪裁。图片编辑要把拍摄目的不明确、画面构图杂乱无章的照片中的累赘部分去掉，找到视觉重点。

（4）为页面设计而剪裁。若一张横画面在页面上不好安排，可以考虑一下是否可以裁成竖片，不过竖片在大多数情况下不宜裁为横片。

另外，图片编辑也可以考虑可以将图片裁成异型图片，异型图片将会大大丰富页面的视觉信息。

还有其他一些特殊的剪裁方法，比如把一张不出色的照片剪裁成一张或两张精彩的照片，这称作破格剪裁，可以获得强烈的力度感和趣味性，它通过推翻原来画面构图格局、改换原有主体，甚至采取分割原画面的方法，组织形成新的构图格局。

由于Photoshop等软件的出现，照片抠底变得越来越容易，抠底照片的运用也越来越频繁。但需要注意的是，抠底是一种比较活泼的表现方式，通常用在体育、休闲娱乐等事件的表现中，重大的新闻、政治事件一般不会用抠底的表现方法。

在剪裁的过程中，图片编辑要特别注意：不要因为剪裁而改变照片的原意和不能剪裁掉照片的关键内容，另外，照片的剪裁也不宜过狠，应该保留必要的空间，尤其是照片中的留白是为了烘托照片气氛时，更不能随便剪裁。

**2）图片的压缩**

网站现在都力推高清大图，但在有些位置上还需要对图片进行压缩处理，缩减图片文件容量以符合网页的要求。一般首页、正文页400×300像素左右的大图片文件大小不超过120K，首页100×50像素的小图片文件容量不超过40K，通栏Banner图片不超过150K。控制图片容量与图片效果会产生一定的冲突，因此可以利用图片软件在压缩过程中选择"生成Web所用格式图片"功能保证压缩后的图形不变形、不失真。

**小资料5-1**

### 有损压缩

**有损压缩**，指的是对声音、图像、视频等进行压缩而基本保留原来样子的压缩方法。常见的声音、图像、视频（mp3、divX、Xvid、jpeg、rm、rmvb、wma、wmv）等都是有损压缩。在图像方面，可以减少其在内存和磁盘中占用的空间，在屏幕上观看图像时，不会对图像的外观产生太大的不利影响。利用有损压缩技术可以大大地压缩文件的数据，但是会影响图像质量。如果使用了有损压缩技术的图像仅在屏幕上显示，可能对图像质量影响不太大，至少从人类肉眼的识别程度来说区别不大。可是，如果要把一幅经过有损压缩技术处理的图像用高分辨率的打印机打印出来，那么图像就会有明显的受损痕迹。

**小资料5-2**

### 无损压缩

**无损压缩**的基本原理是相同的颜色信息只需保存一次。压缩图像的软件首先会确定图像中哪些区域是相同的，哪些是不同的。包括了重复数据的图像（如蓝天）就可以被压缩，只有蓝天的起始点和终结点需要被记录下来。无损压缩方法的优点是能够比较好地保存图像的质量，但是相对来说这种方法的压缩率比较低。如果需要把图像用高分辨率的打印机打印出来，最好还是使用无损压缩。

**3）修正图片**

修正图片包括为图片添加水印、为图片部分区域加马赛克和修正图片中的瑕疵。随着网络版权意识的增强，越来越多的网站选择对自己的原创图片、独家图片添加带有网站标志的水印。在添加水印时要注意添加位置与照片内容的关系，水印不能遮盖图片的重要内容，一般在右下角，背景透明，不透明度为60%。对于图片中不适宜的内容，还需要添加马赛克或使用其他技术进行覆盖处理。修正图片中的瑕疵仅限于不影响主题的瑕疵，不得对图片内容进行修改或因为瑕疵修改而影响图片原意。

**4）拼合图片**

图片的技术处理都是为了满足新闻报道的需要，有些新闻报道需要将图文融合为图片加统一格式的文字标题；有些需要将多张图片合成为一张图，集中展现主题；有些需要从视频或网页上截图拼合，从不同角度阐释说明。这就需要利用图片工具完成相应的技术处理。在拼合时要考虑图片与文字等的相关性、逻辑性，无论是横向拼合还是纵向拼合，都以整体协调、视觉愉悦为原则。

**5）图片的文字说明和标题**

在对新闻照片的编辑处理上，除了要有吸引眼球的画面之外，还需要富有文采的标题和简洁明了的文字说明，一个贴切又有文采的标题，对揭示新闻主旨和吸引受众注意有着巨大作用。

给新闻照片拟制一个好标题，写一段清楚简练的文字说明，与拍好一幅新闻照片一样，本该都是摄影记者必须要精通的基本功。但现实中，某些摄影记者不太擅长写文字说明，可能难以胜任制作生动的图片标题的工作。所以，图片编辑就必须担负起给新闻照片梳理出一段简洁而又生动的文字说明和富有文采的标题的任务，这样才能有效地提升新闻照片的传播效果。

标题对新闻照片的传播作用比文字新闻更为重要和关键。因为照片画面对内容表达的指向往往不太明确，大家对同一画面会有不同的理解，这时，一个指向明确而又富有文采的标题不仅可以极大引起受众对照片的浏览兴趣，还可以提示受众准确地解读照片所蕴含的丰富的形象语言。所以，对一个合格的图片编辑来说，会做标题和做好标题是一项必备的基本能力。

给照片起标题要遵循准确、简洁、生动三个原则。标题要准确地概括照片的内容和主题；要用简练的语言去表述新闻内容，不能太冗长、太啰唆；尽可能运用恰当的修辞手法将标题拟制得有文采，引人入胜。在追求生动时，必须以准确为前提，标题概括不准确，那么一切就将失去意义。

**小资料 5-3**

**后期处理图片时应避免的问题**

现今的后期处理软件越来越简便化，编辑只需点击几下就可以纠正曝光和白平衡问题、调整对比度、删除不需要的部分并添加更好看的背景等。同时，编辑也应该注意避免在处理图片时容易犯的一些错误：

（1）色彩过于饱和。很多优秀的作品得益于亮丽的色彩，鲜艳总能使人释放出愉悦的心情。不过，调色得慢慢来，不要一下子把调整滑块拉得太多了。对此有一个小方法，当图片编辑在对照片进行调整的时候，先把视线移至屏幕外几秒，再回看处理界面。在接受了身边的正常色彩之后，会容易看得出照片哪些地方的色彩是过于饱和的。

（2）滥用滤镜。当编辑在使用后期软件时，如 Photoshop 等，应该根据图片本身选择合适的滤镜效果等，避免为了展示花哨的效果在一张图片中滥用滤镜。正如很少有好的照片会用到彩色铅笔、绘画涂抹这些滤镜，而大多数在处理照片时，会根据图片本身或者主题的需要选择合适的滤镜。

（3）高光过曝。一般来说，明亮高调的照片会更容易吸引人的视线，但要小心别一味地调亮光线，否则一些图像细节会丢失在高光区域里。正如人们也想看见白云里云层的质感和细节，而不是一片死白。要合理利用直方图，对图片的曝光情况进行调整，点击"窗口＞直方图"，即可呈现该图的曝光情况。编辑如果看见一个高峰位于最右边，而且有超过右边线的趋势，那么就应该通过曲线或色阶等工具，把直方图的高峰拉回左边直到合适。

（4）黑白的转化。虽然大多数数码相机都会内置单色模式或者黑白模式，直接拍就能出来黑白照片，但如果想得到最好的黑白效果，最好是通过 RAW 格式文件来进行转化。不过，如果是选择同时拍摄 RAW+JPG 文件，编辑则可以使用黑白的那张 JPG 照片来作为转化 RAW 的参考，以便得到更好的处理。在 Photoshop 里进行黑白调整控制，能对颜色及亮度等方面进行编辑，可能也仍然需要使用到色阶和曲线，来对黑白颜色过渡调节对比度，最终得到自然的结果。

（5）过饱和的单色色调。在 Photoshop 内对黑白照片进行色调的添加有许多方式，但其中最大的错误之一，就是往往都会"下手太重"。画面的颜色饱和度不宜过高，应呈现一种淡淡的色彩，有过渡感，而不是一团实在的色块。调节对照片进行图层复制十分重要，把未处理的置于最底层，然后对副本一边进行调节，一边与原片进行对比。

（6）过度使用 HDR。HDR（又称高动态范围成像）结合了一系列在不同曝光值下拍摄的照片，在一张照片内能保留高光与阴影区域的细节。当巧妙地使用 HDR 时，它可以增强一张高对比图像的视觉冲击力，同时又不会丢失各自的细节。但当 HDR 推到最大时，会产生低对比、奇怪的光晕和过于失真的色彩，这些都有十分浓重的人为后期痕迹。当然，只有在极少的情况下，这样的处理也能产生好的效果。不过，最好还是谨慎行事。

（7）过度锐化。大多数数码照片会因为锐化处理而摇身一变。一般来说，利用图像处理软件进行锐化，效果要比直接在相机内部设置高锐度拍摄要好。它也应该是整个后期编辑过程中的最后阶段。锐化是在像素级别上进行调节对比度的操作，如果做得好，它带来的细节会增强画面表现力；如果做得不好，会使图像边缘的微对比以及画质产生明显的转变。过度锐化的结果就是看上去十分不自然。总体来说，不锐化或者低锐化的操作都比过度锐化的效果要好得多。如果可以的话，尽可能有选择性地进行锐化，如使用选择图层副本或蒙版来避开不必要锐化的区域，调整的时候注意噪点的变化不宜过高。最后将画面放大至100%来检查细节。另外，锐化不能把虚焦的图像抢救回来，也不能纠正在拍摄对焦上已犯的错误。

　　资料来源　POCO. 摄影新手在后期修图中最易犯的 8 个错误［EB/OL］.［2013-10-05］. https: //academy.fengniao.com/400/4007790_all.html#4007790.

### 5.3.4　图片编辑的失范行为

　　图片编辑尤其要注意图片造假，避免出现编辑的失范行为。近年来，在Photoshop等图片编辑软件日益普及后，截去他人的图片水印产生图片侵权行为、利用高科技手段编造假新闻图片越来越容易操作，将不同照片进行剪辑后拼凑到一处，或者对照片上的某些内容进行删改或添加等，都会使照片与现实情况不符。图片编辑在选择网络图片、新闻照片时，必须非常仔细地审查，进行分析和辨识，必要时向当事人与目击者进行调查核实。

　　**1）网络图片侵权**[①]

　　图片能让读者快速掌握信息关键点，图片的价值日益凸显。随着智能手机的普及，微信、微博等社交软件逐渐成为国人生活的重要组成部分，图片使用已经越来越广泛，但也因为这样，近年来因为图片使用不当而引起的版权纠纷越来越多。

　　（1）图片版权。图片版权，即图片的著作权，包括图片作者对其拍摄、绘制创作的图片享有的著作人身权和著作财产权。图片的应用场景包括编辑用途和商业用途两类。编辑用途，即授权图片只能被用于签约出版物上以新闻出版的形式刊载使用，如新华社、人民日报发布的新闻报道；商业用途，常见于广告或宣传印刷品、网页、App等的网络广告和推广项目。普通消费者对于图片的使用一般为非商业用途，仅仅作为表达观点的辅助工具，对图片的质量要求和需求较低，购买意愿较差，因此图片版权付费的主要客户是媒体（编辑用途）、广告营销公司和各类企业主（广告用途）。

　　（2）构成网络图片侵权的情形。

　　① 随意使用网站下载的图片构成侵权。我国《著作权法》规定，使用他人作品必须经过著作权人的许可。除了法律有明确规定的可以不经著作权人许可，不向其支付报酬的情形（如《著作权法》第二十四条规定的为了个人学习、研究或者欣赏使用他人已发表的作品等情形）外，使用他人作品必须获得著作权人的许可。因此，在使用图片时一定要注意，从网站免费下载并不代表可以任意使用，无法得知著作权人不能成为侵权的挡箭牌。

　　② 使用修改后的图片构成侵权。著作权人对照片的整体和局部都享有著作权。未经著作权人许可对照片进行加工修改后的使用，不仅涉嫌侵犯复制权，还涉嫌侵犯

---

　　① 本部分内容参考了道可特法视界：有图有真相 | 什么情况下会造成网络图片侵权？如何避免"雷区"？［EB/OL］.［2018-08-31］. https://www.sohu.com/a/251224170_528351.

著作权人享有的修改权。此外，如果对著作权人的照片进行的加工修改，歪曲、篡改了权利人想表达的本意，对权利人的声誉造成损害，则会侵犯著作权人享有的著作人身权，侵权人除赔偿经济损失外，还要承担赔礼道歉等其他类型的民事责任。

2013年8月25日，某演员为庆祝其微博粉丝量达到2 100万在其微博发布了一条图文微博（如图5-7所示）。微博图片原图系知名摄影师朱庆福的摄影作品《中华男儿》，而该演员将图片中左起第三名战士的脸PS成了自己的脸，后朱庆福认为该演员微博中的这张图片涉嫌侵权，向北京市海淀区人民法院起诉并索赔110万元。演员方迅速回应并表示道歉。根据判决结果，该演员共需赔偿34.5万元，并在新浪微博置顶致歉声明72小时。①

**图5-7 朱庆福作品与林志颖侵权原图片**

总的来说，网络图片不可随意使用，未经著作权人同意，改造和使用著作权人的图片同样构成侵权，"非营利目的"不是侵权的挡箭牌。使用来自网络的图片时，要避免以下几点，以免造成侵权：

① 直接使用搜索引擎抓取的图片而没有注明来源或者作者；

② 转发作者明确说明禁止转载的图片；

③ 未经原作者同意对图片进行二次加工或者使用；

④ 在作者未同意的情况下对图片进行商用；

---

① 佚名. 林志颖剽窃摄影作品案一审判决，摄影师朱庆福获赔34.5万［EB/OL］.［2017-09-11］. https://www.sohu.com/a/191304949_197711.

⑤ 在图片分享网站有明确的分享规定的情况下，违反这些规定进行分享。

**2）新闻图片失范**

网络新闻图片造假是指新闻工作者没有如实地描述事件本身，报道的图片内容没有真实反映客观事实，或者反映得不一致，存在误差甚至扭曲。

（1）新闻事实造假。事实造假即新闻图片传递的新闻内容与新闻客观事实本身不相符，不论是图片与客观事实不符，还是文字说明与客观事实不符，都构成事实造假。新闻图片必须要准确地反映新闻现场，但是现实中的新闻图片造假现象总是不断出现。新闻图片中的人物必须是真实的，真实性是新闻的生命，新闻摄影必须遵守真实性这一基本原则。

2004 年 2 月，武汉晚报社摄影记者邱焰拍摄的《非典时期的婚礼》（如图 5-8 所示）荣获 2003 年第 47 届"荷赛"日常生活类（单幅）三等奖。但照片中的男当事人获此消息后，以照片侵权为由向邱焰索要赔偿，最终将邱焰告上法庭。据了解，照片当事人为影楼模特，二人并非举办婚礼，因此涉嫌图文报道失实。①

**图5-8 非典时期的婚礼**

（2）新闻形象造假。新闻形象造假指新闻形象的获得不是自然发生的，而是人为安排的，摄影者以"导演"的身份通过对要素加以安排而获得新闻形象。新闻摄影记者在拍摄的过程中要在不干涉对象的基础上抓取最能反映事物特征和本质的瞬间，这是新闻的基本立场，一旦摄影者在拍摄过程中有所作为，那么就构成了新闻图片造假，新闻形象造假中比较常见的就是"摆拍"。

摆拍是新闻摄影记者为了获取自己主观的形象记录而通过设计人为地安排场景，对图片中的要素进行安排，从而获得想要的形象效果，此时的摄影者就像是导演进行

---

① 佚名. 荷赛获奖照片侵权案审结 ［EB/OL］. ［2009-09-14］. http://www.cpanet.org.cn/detail_news_ 88173.html.

电视、电影的拍摄。这是新闻图片造假的最原始方法，这种摆拍的图片不尊重客观事实，是被禁止的。有的摆拍是为了拍出更有特点的照片，有的是为了达到某种目的。网络新闻图片必须尊重事实，要展示新闻现场的实际情况，这种摆拍的新闻图片完全不能显示出其价值。

2007年3月，许林、盛希贵、齐洁爽三人发布《中国新闻摄影2007打假行动联名倡议书》，开始了网上新闻图片打假。[①] 图5-9的两张照片就是许林在批判自己时公布的。

1974年5月在南泥湾摆拍《南泥湾五七干校》
摆布中，我尽量注意细节：老农的羊角巾、人物背后的草帽、手中的笔记本、脖子上的毛巾、桌子上的壶杯以及人物坐姿的高低错落等等。这哪里是拍新闻照片，简直就是在演戏！

1975年9月在大连机车车辆厂摆拍《三结合公关小组》

图5-9　许林网上图片打假示例图

新闻图片的传播要求其中的每一个要素、每个事件都必须是真实的，且必须与新闻事实完全一致，在互联网环境下，新媒体的新闻图片在互联网中可能会被无限传播，影响极广极大，如果新闻图片造假，对社会的影响将会是十分恶劣的，所以必须要杜绝造假，这也是新媒体良性发展的需要。

## 5.4　各种类型图片的应用

### 5.4.1　新闻照片

网络在版面和浏览方式上有着自身的特点，这些特点也制约和决定了网络新闻图片的使用原则。例如，很多网页的设计都是网页实际大小比屏幕可视范围大很多，在有限的视屏范围内，图片的排版并不是占的面积越大越好，因此，在网络媒体上使用和放置新闻照片时，要符合网络媒体版面和视觉传播的特点，把握原则，灵活掌握与运用。

**1）网络新闻照片的使用原则**

（1）图形的主体应清晰可见。

（2）图形的含义应简单明了。

---

① 刘娟. 人民日报老记者：摆拍新闻照片不可取！［EB/OL］.［2019-05-08］. https：//www.xwpx.com/article/2019/0513/article_58532.html.

（3）图片内所含文字应该清晰，容易辨认。

（4）淡色系列的背景有助于整体和谐，淡色背景最佳，能与主题分离的浅色标志或文字背景亦可。

（5）图像文件的容量比文本文件大得多，这使得用户下载的时间增加。因此，我们在设计网页时，既要考虑网页的精彩生动，还要注意内容简练，每一个网页不能使用过多的图片，在设计时应该尽量缩小图像文件的大小。[①]

**2）网络新闻照片的应用类型**

具体把图片应用到网页上时有很多种情况需要考虑。在网站主页和新闻首页上如何放图片，图片的大小，是把图片和头条相配，还是把图片作为整个网页的视觉调剂元素，都需要认真思考，这也是很多新闻网站改版的重要内容。

有学者对网络媒体或新闻频道中使用新闻照片的几种类型做了总结：

（1）作为主页上的主图，主要起调剂和美化版面的作用。

（2）作为主页上头条新闻的配图。

（3）作为新闻正文的配图。

（4）作为独立的图片新闻报道。[②]

在第一种新闻照片应用类型上，新闻照片被放置于网页比较抢眼、比较突出的位置，即在整个屏幕中人第一眼注意到的位置。现在国内许多媒体网站比较普遍地在首页首屏上放置新闻主图，图 5-10 所示的华商网的首页就把图片放在了页面正中，当页面打开后图片便会出现在视线中，相对于文字来说会给人更大的冲击力。新华网、中华网、人民网等重要媒体网站都是如此。

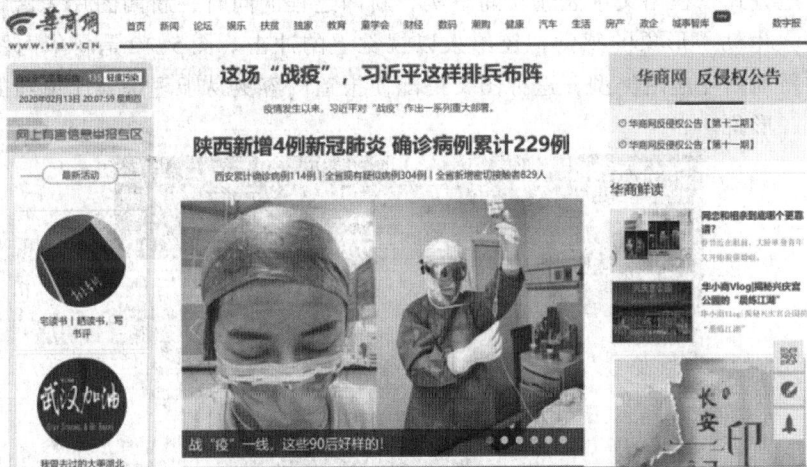

图5-10 华商网的首页首屏图片安排 （2020-02-13）

这种图片的使用并没有把图片和头版头条相配合，而是采用滚动的方式展现 6 张照片。在实际工作中，也不一定要把头版图片与头版头条新闻配合使用。网络编辑可

---

① 匡文波. 网络传播技术 [M]. 北京：高等教育出版社，2006.
② 邓炘炘. 网络新闻编辑 [M]. 北京：中国广播影视出版社，2005.

以根据页面美观和视觉效果的需要来选择一些更适合的新闻照片，这样既可以提升网页的视觉效果和美观程度，还能够起到提示新闻内容的作用。

第二种照片应用类型是网页的图片和头条新闻有直接关系，图片是完全配合文字新闻报道的，给读者带来更加直观的印象。如图 5-11 所示的南方周末新闻首页，文字新闻是《小区门口的消毒通道》，下边是在小区消毒的一组照片。在这种情况下，新闻照片是作为一种辅助元素出现的，配合文字新闻能够形成视觉强势，有更强烈的视觉冲击力和吸引力，这种照片的使用模式类似于报纸头版头条的图文搭配。

图5-11　南方周末的新闻首页（2020-02-13）

第三种照片应用类型是作为新闻正文的配图，很多网络新闻报道的页面都采取这种图文搭配方式，在用文字表述新闻事实、新闻过程的同时，新闻图片凭借瞬间的爆发力，给人生动、形象的感觉，还给人以视觉上的冲击。图 5-12 是新华网图片配新闻正文的新闻图片应用类型，这种图文搭配使报道内容更易于理解，比单纯的文字新闻更生动、形象。

图5-12　新华网的图文搭配（2020-02-12）

　　第四种照片应用类型是作为独立的图片新闻报道，如图 5-13 所示的新浪图片新闻页面，每一张图片都可以通过点击链接查看相关的新闻报道。布满整个页面的新闻图片，色彩缤纷，给人留下深刻的印象，人们可以在这里挑选自己感兴趣的主题的新闻图片。如果要了解新闻图片的详细内容，可以通过点击图片来查看详细的文字说明，在满足了人们视觉享受的同时又把事件解释得清楚明确。

图5-13　新浪图片新闻页面（2020-02-12）

### 3）网络新闻照片的版位设置

　　网络新闻照片的版位安排非常重要，照片位置安排得当能起到画龙点睛、调整版面的视觉效果的作用。其中一个原则就是照片要和整个页面相融合，打造一个视觉中心。网络新闻照片在网页上的版位有以下类型：

　　第一种就是把照片安置在页面首屏的左上方。这种版位安排方式很常见，符合人们从左到右的视觉和阅读习惯。很多网站照片的版位设置都采用这种方法，如新浪新闻、人民网等。如图 5-14 所示的搜狐网新闻中心，这种照片的版位安排能在第一时间抓住读者的视点，同时还能使读者自然而然地在看完之后把目光转向旁边的标题。

　　第二种照片版位设置是非常规的方式，即把新闻照片放在页面的右上方，与人们从左到右的阅读和视觉习惯相反。如果新闻照片选择适当，放在这个位置上也能起到很好的效果，成为整个页面的视觉凝聚点。图 5-15 所示的网易新闻的图片设置就是一个很好的例子。

图5-14 搜狐网新闻中心图片版位设置（2020-02-13）

图5-15 网易新闻图片设置实例（2020-02-13）

这些照片是可以循环更新的，主照片能够循环刷新显示，如华商网（http：//www.hsw.cn/）、新华网（http：//www.xinhuanet.com/）都采用这种图片展示模式。大图片、可循环成为新闻网站图片设置越来越多的选择。

在新闻正文报道的页面中，如果有新闻图片的话，一般都放置于正文正上方。如果有两三张图片的话，一般是纵向排列。为了避免前边是图片后边是大段文字的死板搭配，也可以把图片间隔插入到文字中，这样能起到调节作用。

## 5.4.2 广告图片

对于电子商务企业而言，投放到互联网上的广告能够迅速提高影响力，不仅增强了产品宣传力度，而且展示了企业形象和企业文化，创造了可观的商业价值。因此，对于电子商务行业内的网络编辑来说，也需要了解广告图片的挑选与编辑技巧，以服务于产品的销售。

电商环境下的产品图片设计与色彩、构图有着重要联系，如何让一个产品的广告图片作品给消费者带来强烈的视觉冲击，如何提高产品广告图片的吸引力，让消费者在心理上能够产生共鸣，并最终促成购买行为，是需要重点考虑的。

成功的产品广告图片设计要兼具观赏性、吸引力、实用性、推广力，要能够激发消费者的购买欲望，吸引潜在消费者的注意力，在进行设计时要突出这些因素，并讲究广告图片设计技巧的运用。

**1）电商环境下产品广告图片设计要素**

广告图片设计不仅要具有美感，而且要能够让消费者迅速理解图片的寓意，充分发挥广告的宣传作用，让广告图片具有吸引力和推广力。

人们在进行网络购物时，浏览的速度非常快，对于不感兴趣的广告图片会马上放弃浏览，因此，电商环境下的广告图片设计首先要具有吸引力，让人们能够花费更多的时间仔细观看广告图片，这也是吸引潜在消费者进行购买的重要环节，图片设计要重点突出、色彩夺目、直观明确、简洁明快、图片质量清晰，从而达到宣传和吸引眼球的目的。

广告的作用是推销产品，让人们以最短的时间了解产品并产生购买的欲望，广告图片要具有感染力，提高图片广告的推广力。图片设计要体现时尚因素，突出时代特征，吸引更多的年轻消费者的关注。

**2）广告图片的来源**

产品广告图片可以来自实景拍摄、插图绘制等途径。实景拍摄的广告图片具有真实感，对于拍摄环境和摄影师的拍摄技术有较高要求，而插图绘制相对随意，不受客观环境和自然条件的影响，但对绘画者的绘画水平、绘制主题的把握、绘制质量的要求都比较高。

（1）实景拍摄的照片。实景拍摄的广告图片需要注意人物和产品的搭配关系，产品广告的作用是推广产品而不是展示模特，人物只是具有辅助功能的配角，真正的主角是产品。因此，在选择实景拍摄的图片时，要注意照片的构图和布局，让消费者能够把注意力集中在产品上。例如，服装广告要让消费者感到服装的美感，而模特对于服装的展示要能够让消费者产生模仿和购买的欲望。

无论多美的照片，消费者看久了，也会产生视觉疲劳，因此产品广告图片不仅要唯美，而且需要不断创新，这就要求设计人员具有独特的视角，配合新颖的广告创意，对产品进行富有创意和个性的拍摄和宣传，让消费者保持新奇感和注意力，能够多次购买产品。

（2）绘制插画。插画的绘制在广告图片设计中也是经常被运用的手段，能够给消费者一种唯美和艺术的享受。绘制插画不受产品本身和客观条件的限制，绘画者可以充分发挥自己的想象力和创造力，把产品信息准确地传达给消费者，让消费者在短时间内得到最重要的产品信息，因此，在进行插画绘制的过程中，需要巧妙的构思和精心的安排。插画绘制要给消费者带来视觉冲击，留下深刻印象，设计要围绕产品特点开展。

### 3）广告图片设计的色彩运用技巧

广告图片设计的色彩选择要让人感觉舒服、亲切、明快。明快鲜艳的色彩是人们开始关注广告的第一步，也是广告展示的重要手段，能够很快引起消费者的注意，让消费者产生联想。比如服装广告，当消费者看到模特穿着的服装时，就会产生代入感，想象自己穿上服装之后的效果。因此，颜色悦目、美观的广告图片会让消费者感觉到舒服和亲切，产生购买的欲望。

色彩的搭配要根据产品的自身特点来进行设计，比如红色能够让人觉得非常明快奔放，让人精神兴奋，而蓝色让人心情安静。不同的色彩给消费者的感觉和寓意也不同，因此在进行广告图片设计的过程中要考虑各种颜色的象征意义，确保广告的效果。

### 4）广告图片的构图要点

广告的构图要让整个图片看起来具有美感、生动形象、简洁明快、图文并茂、突出主题，不能喧宾夺主，要能够吸引消费者的眼球。广告图片上的信息要便于消费者迅速了解产品，让消费者直接得到产品的重要信息，有助于商品快速推广。如果图片设计无法达到效果，就需要配合广告语，文字与图片互相补充、图文并茂，不但可以给消费者带来视觉冲击，也可以用文字的形式帮助消费者更好地理解产品信息，更有利于产品的推广和宣传。

**课堂互动 5-2**

要求：浏览天猫商城农夫山泉妙品唯专卖店①首页，如图 5-16 所示，分析该商家对广告图片的应用体现了电商产品广告应用的哪些要素。

（1）

（2）

---

① 图片为 2020 年 3 月 5 日截取，该店铺现已不存在。

（3）

**图5-16 农夫山泉网上商城广告图片**

分析提示：如图5-16所示，3幅图为产品与广告图片的结合，图1广告图片为水源地实地拍摄风景，凸显农夫山泉水源优质；图2广告图片为手绘插图，体现运动时单手开盖的便携性；图3则是手绘插图与真人照片相结合，表达产品适合婴幼儿饮用。

通过观察该商家对广告图片的选用可以看出，广告图片首先是要服务于产品，与产品紧密联系。不同的产品卖点配不同的图片与文字，整体色彩搭配清新淡雅，充满温馨感，构图具有美感、生动形象、突出主题。这样的广告图文结合、拍摄与手绘组合达到了很好的宣传产品的效果。

电商环境和产品广告图片设计是相辅相成、相互作用的，现代电子商务的不断发展对产品广告图片设计提出了更高的要求，而产品广告图片设计为电子商务的进一步发展起到了重要的推动作用，通过了解和掌握电商环境对产品广告图片的影响，研究产品广告图片的技巧和方法，对产品销售具有重要作用。

## 小资料5-4

**一、图片处理工具**

**1.Photoshop**

Adobe Photoshop，简称"PS"，是由 Adobe Systems 开发和发行的图像处理软件。Photoshop 主要处理以像素所构成的数字图像。使用其众多的编修与绘图工具，可以有效地进行图片编辑工作。PS有很多功能，在图像、图形、文字、视频、出版等各方面都有涉及。

**2.Fireworks**

Fireworks 是由 Macromedia（在 2005 年被 Adobe 收购）推出的一款网页作图软件，Fireworks 可以加速 Web 设计与开发，是一款创建与优化 Web 图像、快速构建网站与 Web 界面原型的理想工具。Fireworks 不仅具备编辑矢量图形与位图图像的灵活性，而且提供了一个预先构建资源的公用库，并可与 Adobe Photoshop、Adobe illustrator、Adobe Dreamweaver 和 Adobe Flash 软件高效集成。

**3.CorelDRAW**

CorelDRAW Graphics Suite 是 Corel 公司出品的量图形制作工具软件，给设计师提供了矢量动画、页面设计、网站制作、位图编辑和网页动画等多种功能。

4.illustrator

Adobe illustrator，常被称为"AI"，是一种应用于出版、多媒体和在线图像的工业标准矢量插画软件。

作为一款非常好的矢量图形处理工具，该软件主要应用于印刷出版、海报和书籍排版、专业插画、多媒体图像处理和互联网页面的制作等，也可以为线稿提供较高的精度和控制，适合小型到大型的复杂设计项目。

二、网页图片处理工具

PC端的图片处理与普通图片处理不同，除专业图片处理工具外，有时需要用到专用网页图形工具。

1.网页专用图形工具

随着互联网技术的日益成熟，网页中的图像日益增多，可用于制作网页图形的工具也丰富起来了。除Photoshop一类通用的图形工具之外，还出现了基于Web制作的简单化、专业化、规范化的图形工具。Ulead PhotoImpact便是其中杰出的代表。PhotoImpact不仅具有简洁强大的图像处理和管理功能，更具有出色的Web设计功能。

此外，Macromedia的Shockwave Flash是基于矢量的图形系统。它使用插件方式工作，支持位图、声音、渐变色和Alpha透明。由Flash生成的动画比单纯用HTML或JavaScript制作的页面占用的空间要小得多。

2.自带图形工具

Microsoft Office的Microsoft Photo Editor是其自带的照片编辑器，含有多种滤镜效果，支持GIF透明色，可基本满足Web设计要求。FrontPage7和Microsoft GIF Animator则自带Microsoft Image Composer。该图像编辑器引进子画面技术（Sprite Technology），使子画面图形能方便地从背景中分离出来。它还拥有包括500种特别效果的筛选器。此外，HTML编辑器Html Imager、Live Image、Cross-eye等均自带图形工具。

三、可视化图片制作工具

1.图表类

① RAW Graphs。RAW Graphs是一个在线的开源工具和数据可视化框架，用来处理Excel表中的数据。只需将数据导入到RAW Graphs，设计想要的图表，然后将其导出为SVG格式或PNG格式的图片即可。此外，上传至RAW Graphs的数据只会在Web端在线进行处理，保证了数据的安全性。

② Chart Blocks。Chart Blocks是一个简单的在线可视化工具，它的"智能数据导入向导"可以引导你一步一步地导入数据和设计图表。与RAW Graphs不同的是，你可以通过Chart Blocks一键在社交媒体上分享自己的图表，还可以将图表导出为可编辑的矢量图形或将图表嵌入到网站上。除了免费的个人账户以外，Chart Blocks还提供功能更加强大的专业账户和旗舰账户。

③ Power BI。Power BI是微软开发的一套商业分析工具，因此可以很好地与

Microsoft Office 集成。用户可以使用软件、在线网页编辑器和移动应用程序导入文件、文件夹和数据库等任何数据，并在任何地方查看数据。Power BI 对个人用户是免费的，针对团队单个用户每月只收取 9.9 美元的费用，并且可以做到团队中的任何人都可以在任何时候分析数据并做出决策。

2. 信息图类

通过可视化工具创建信息图表非常简单和方便，甚至仅需要几次点击就可以创建自己的个人社交网络信息图。

① Infogram。Infogram 允许使用许多免费模板创建信息图、图表和地图，所有的操作都可以在 Web 端轻松完成，可以下载生成后的图表，或将这些图表嵌入到网站中。Infogram 功能强大，很受用户欢迎，用户已经用它创建了超过 15 亿次的图表、报告和信息图表。Infogram 除了免费的基础版本外，还提供专业版本、企业版本等。

② Visual.ly。有了 Visual.ly，就可以轻松地为营销活动创建信息图表、视频、报告和电子书。此外，用户也在 Visual.ly 上传了许多精美的信息图。Visual.ly 在活跃的社交用户中非常流行，这些用户常常用 Visual.ly 自动生成自己的社交网络信息图。

3. 地图类

InstantAtlas 能够生成可视化报告的 SaaS 服务，提供专业的技术支持，它使信息分析师和研究人员能够创建动态的交互式地图报告，并将统计数据和地图结合起来。

4. 关系网络图类

如果想将关系网络数据可视化，必须选择专门的数据可视化工具来生成关系网络图中复杂的节点和叶子。

Gephi 是一款著名的开源可视化软件，可以处理关系数据并制作关系网络图，如在微博等社交媒体上的关注、选举中的投票、企业中的上下级关系等。

5. 数学图形类

数学图形在教学中应用广泛，教师和学生们都经常使用数学图形来快速生成函数图形。

Wolfram Alpha 被称为计算知识引擎，可以自动进行动态计算并返回可视化图形。Wolfram Alpha 基于 Mathematica，其底层的数据处理是由 Mathematica 完成的，而 Mathematica 支持几何、数值和符号计算，具有强大的图形可视化功能。

因此，Wolfram Alpha 可以解答各种各样的数学问题，并以清晰美观的图形向用户提供答案，还可以升级到 Wolfram Alpha Pro，支持上传数据和图片分析。

### 5.4.3　新闻漫画

**1）新闻漫画概述**

在阅读报刊时，我们经常会看到以漫画形式出现的关于新闻事实、热点现象评论的图片。这些漫画多是带有评论性质的，可以是表扬的，也可以是讽刺的。这种新闻漫画的含义一目了然，比文字具有更强的冲击力，同时在评论功能的发挥上使读者更易于阅读和接受。随着网络媒体的发展和完善，新闻漫画在网络中的应用也越来越广泛。**新闻漫画**是一种借助新闻传播载体，运用夸张和幽默的造型语言，报道或评议国内外新近发生的时事、社会问题的绘画。[1]

新闻漫画属于新闻传播范畴，它主要刊载在新闻媒介上；新闻漫画具有新闻报道的特性，如时效性、针对性、真实性，新闻漫画总是针对当前的新闻事实或现象的，对时效性有很高的要求；新闻漫画还具有解释性、评价性的特点，通过漫画形式表达了作者的某种意见和倾向，是夹叙夹议的，并且侧重于"议"。

新闻漫画主要发挥评议的功能，并且以批评性评议居多，通过评议或者抨击新闻事实或某种社会现象来表达某种观点和倾向。图 5-17 就抨击了在新冠肺炎疫情期间，不法商贩为了牟利而制造贩卖假口罩的现象。图 5-18 "严惩"也是指向鲜明，新冠肺炎疫情期间，一女子故意向电梯按键吐口水的行为应该严惩。

**图5-17　打假**

资料来源　徐简. 打假［N］. 中国青年报，2020-02-07（2）.

**图5-18　严惩**

资料来源　徐简. 严惩［N］. 中国青年报，2020-02-12（2）.

---

[1]　刘一丁. 中国新闻漫画［M］. 北京：中国青年出版社，2004.

好的新闻漫画要具有哪些要素呢？第一，要具有新闻性；第二，新闻漫画负有使命，即新闻漫画的战斗性；第三，新闻漫画还必须具有很强的艺术性和幽默性，而且要源于生活、源于现实，通俗易懂，用变化对比、误会借代、声东击西、意料之外等表现手法，于奇特、幽默之中给人以智慧的启迪，使人有豁然开朗的感觉。

**2）新闻漫画获取渠道**

在国内网络新闻媒体中，很多网站都开通了新闻漫画专栏或者频道，做得比较好且具有代表性的是中国新闻漫画网。中国新闻漫画网（如图 5-19 所示）是由《中国日报》网站主办、中国新闻漫画研究会协办的国内第一家专业漫画网站，于 2001 年 7月 18 日正式开通。它的主要功能是：用网络手段向全国和全世界新闻媒体提供最新的新闻漫画资讯、作品的欣赏、交流、交易，供各媒体选择发表；同时向世界展示我国最高水平的新闻漫画作品和介绍我国最优秀的漫画家。

图5-19　中国新闻漫画网首页（2020-02-13）

从图 5-19 我们可以看出，中国新闻漫画网的导航设置分为两种：第一种是整个网站的服务型导航，分为"首页""资讯""漫画""画家""专题""论坛""关于我们"；第二种是基于便于读者阅读这个目的的漫画分类导航，分为"国际新闻""社会生活""环境""财经""家庭""教育""健康""体育""人物""幽默""连环""插图""FLASH""院校作品""国外漫画""其他"。

这样设置导航栏的目的是便于读者阅读、查找自己喜欢或是感兴趣的漫画作品，同时把最精彩的漫画作品呈献给读者。在服务的提供上，中国新闻漫画网还经常公布国内外参赛和获奖的漫画作品，推动漫画业界的交流和沟通。

**课堂互动 5-3**

要求：为某个社会现象或新闻配幅新闻漫画。分析选择或制作新闻漫画时应该注意什么？

分析提示：新闻漫画必须具有它的特性，也就是它区别于普通漫画的特性，正是这些特性才体现出新闻漫画存在的意义。新闻漫画并非都由媒体自己的工作人员制作，大部分是由专门的漫画作者提供的，网站可以通过约稿的形式获得或者是从其他媒体转载。重大主题还可以进行社会性的漫画比赛或者征集活动，这样既可以为媒体提供新闻漫画，又能让新闻漫画所体现的意义具有更广泛的社会影响力。

其操作步骤如下：

（1）确定新闻漫画的内容和选题以及新闻漫画要表达的意义。

（2）如果不是自己制作，可以向专门的漫画作者约稿或者从其他网站转载；如果是自己制作，则要注意新闻漫画的几个特性，如新闻性、艺术性、幽默性、战斗性、针对性以及时效性等。

### 5.4.4 信息可视化图表[①]

信息可视化包括信息图形、知识、科学、数据等的可视化表现形式，以及视觉可视化设计方面的进步与发展。地图、表格、图形，甚至包括文本在内，都是信息的表现形式，无论论它是动态的还是静态的，都可以让我们从中了解到我们想知道的内容，发现各种各样的关系，达到最终解决问题的目的。

信息可视化的意义在于运用形象化方式把不易被理解的抽象信息直观地表现和传达出来。图5-20是一张长白山旅游的信息可视化图表。

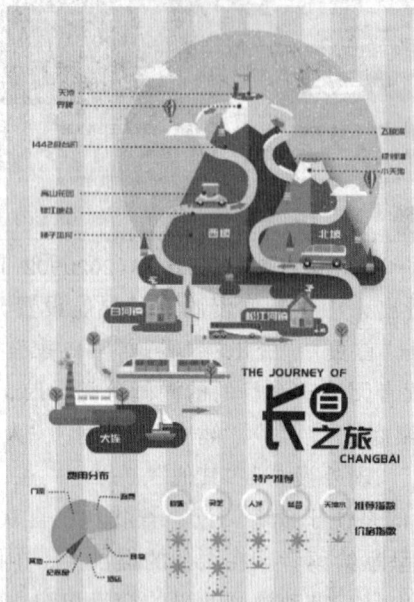

图5-20　长白山旅游图片

根据道格·纽瑟姆2004年所下的定义，从表现形式的角度看，"信息图表"作为

---

① 本部分内容参考了36大数据．信息可视化图表设计 ［EB/OL］．［2016-05-05］．https://www.sohu.com/a/73675692_116235.内容有改动。

视觉工具应包括以下六类：图表、图解、图形、表格、地图、列表。信息可视化图表则是隶属于视觉传达的一种设计，是以凝练、直观和清晰的视觉语言，通过梳理数据构建图形，通过图形构建符号，通过符号构建信息，以视觉化的逻辑语言对信息进行剖析的视觉传达方式。

信息设计区别于传统的平面设计，它更着重于数据的视觉化。目前，全球范围内的设计师们都在寻求以更创新、更独特、更有趣的方式来展示数据。

**1) 图表类型**

信息图表是信息设计中的一个子集，它能够使人们更好地读懂数据，能使复杂问题简单化，能以直观方式传达抽象信息，使枯燥的数据转化为具有人性色彩的图表，从而抓住阅读群体的眼球。信息图表设计覆盖的领域非常广泛，如说明书、地图、各种场合的 PPT 制作、书籍设计、游戏、UI、App 等。

设计的目的决定了图表设计的形式，按照形式特点我们常把图表分为关系流程图、叙事插图型、树状结构图、时间表述类及空间结构类五种类型。不管何种类型，都是运用列表、对照、图解、标注、连接等表述手段，使视觉语言最大化地融入信息之中，使信息的传达直观化、图像化、艺术化。

（1）关系流程类图表。如果想说明的事情需要费脑筋、费口舌来表述，那么有图形辅助就不一样了，我们可以迅速地找到表述亮点或表述事件的主干，这样能让你的主题和思路清晰动人。

图 5-21 是来自设计师 Jing Zhang 的信息图表。在图中，她用一种形象有趣的表达手法展示了鸡尾酒的成分情况，同时向我们展现了一幅"饮酒城市"的图景。

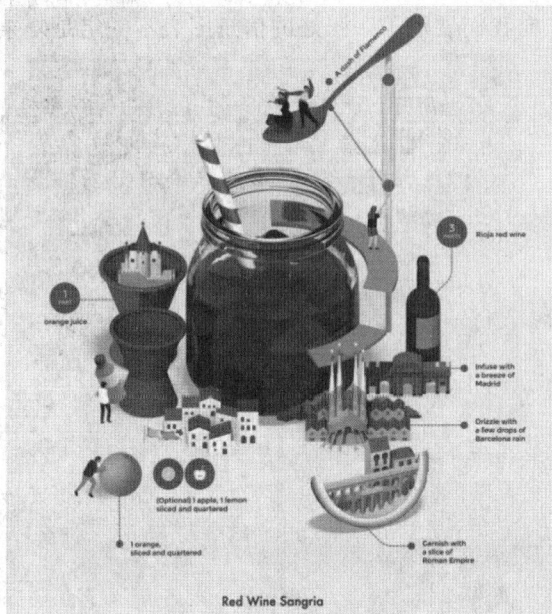

**图5-21 鸡尾酒成分图片**

（2）叙事插图类图表。叙事插图类图表就是强调时间维度，并随着时间的推移，信息也不断发生变化的图表。图5-22清晰地展示了地下赌球市场逐渐由欧洲转向中国的数据，是叙事插图型图表很好的示例。

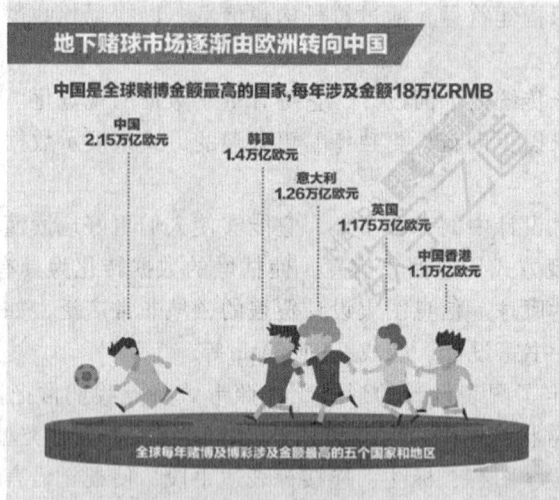

**图5-22 地下赌球市场演变图**

（3）树状结构类示意图。树状结构图具有非常有序的系统特征，可以把繁复的数据通过分支梳理的方式表达清楚。运用分组，每组再次分类的主体框架表示主从结构，让数据与示意图有效结合在一起。

图5-23就是一个树状结构的信息图表。虽然这样的信息图表早在2009年就被广泛使用，现在已稍显过时，但是这种清晰的表达方式仍然值得我们学习，包括图标的使用和结构的搭建，向我们展示了一张好的信息图表不一定是复杂的。

**图5-23 树状结构类示意图**

（4）时间表述类示意图。时间表述类示意图只要以时间轴为中心加入文字数据即可。从设计的角度来看，将主题融入图形设计中，挑选重要时间点解读，就可以使画面精美，加深理解。图5-24是一幅关于养老改革有多难的示意图，展示了从1991年到2014年12月关于养老改革的重大措施，看起来简洁明了。

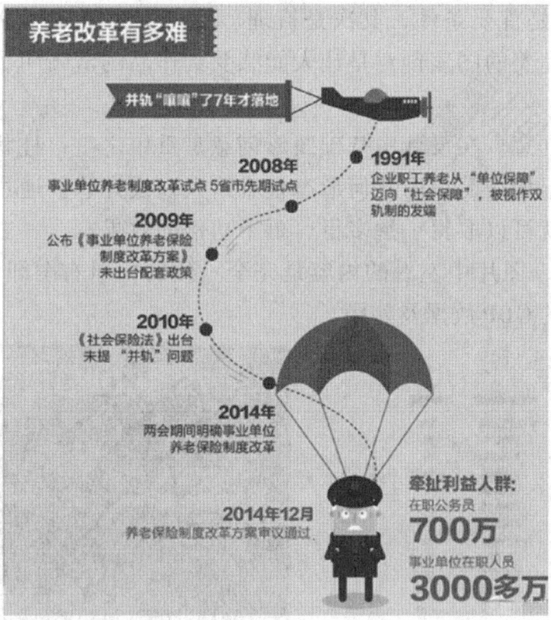

图5-24 养老改革相关示意图

（5）空间结构类示意图。运用设计语言把繁杂结构模型化、虚拟化是空间结构示意图存在的意义。大篇幅的文字讲不清楚的事情，也许需要的仅仅是一个简单的空间结构示意图。图5-25展示的就是一幅关于手机内部结构的空间示意图，比文字描述更清晰、更直观。

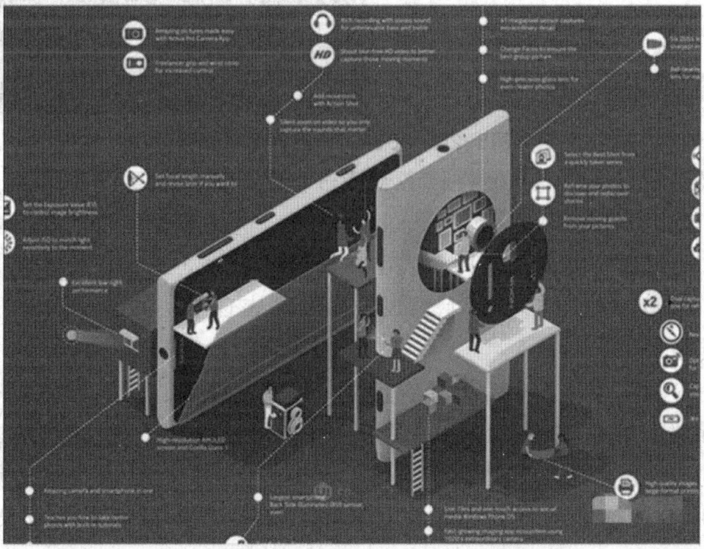

图5-25 某手机空间结构示意图

**2) 图表设计流程**

图表作为信息传达中的一种独特的表现方式，已经渗透到生活的各个方面，它不仅是文字的补充说明，更可以独立表现内容。信息图表是需要协作完成的，数据需要筛选和整理，精准是首要条件，其次是梳理。找出主线逻辑，筛选次要内容，从而进行精心的设计。完美的图表创意是让人能感受到作品的清晰明了，因此应关注以下要素：

（1）基础图形创意。在设计中基础图形创意是重中之重，柱状图和饼状图是最常用的两种基础图形，但是简单的几何形态很难给人以设计感。通过对基础图形的创意来突出设计主题，就可以取得一举多得、事半功倍的效果。

如图 5-26 所示，图片中左右的内容是完全一致的，但右图即使读者不详细阅读，也可轻易看出各省的 GDP 数据及差距。

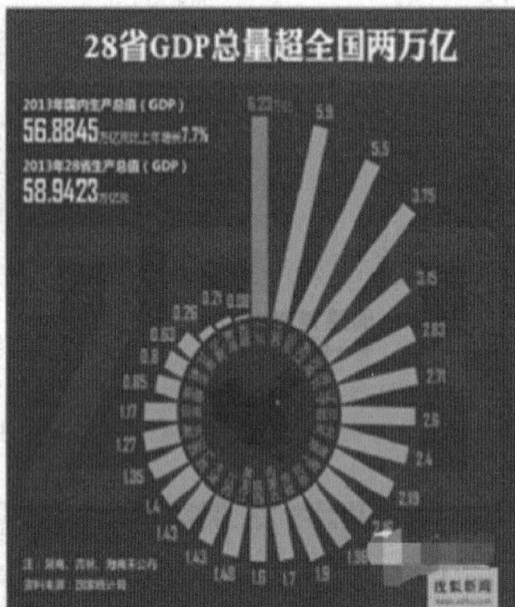

图5-26　28省GDP数据示意图

（2）高吸引度与视觉亮点。在读者阅读过程中，如果想要设计作品始终占据视觉的主导地位，就需要作品本身具有很好的表现力，这就需要我们尽力让读者以最直观的方式理解作品所要传达的信息内容。用户对信息的浏览速度越来越快，高吸引度便是最宝贵的财富点。如图 5-27 所示，风趣幽默的表现手法并结合当时最新的热点取得了良好的传播效果。

（3）画面简洁明了。图表设计具有直观、形象、准确、明了等特点，它的表现手法虽然多种多样，但是在信息传达方面始终坚持可读性和条理性共存。图 5-28 展示了牙齿生长的周期。图表的优势在于简化了表格信息的同时让人身临其境。信息的整理和归纳也并不是越多越好，力求以最精简的数据产生最清晰的效果，使人一目了然。

**图5-27 综艺节目盈利数据图**

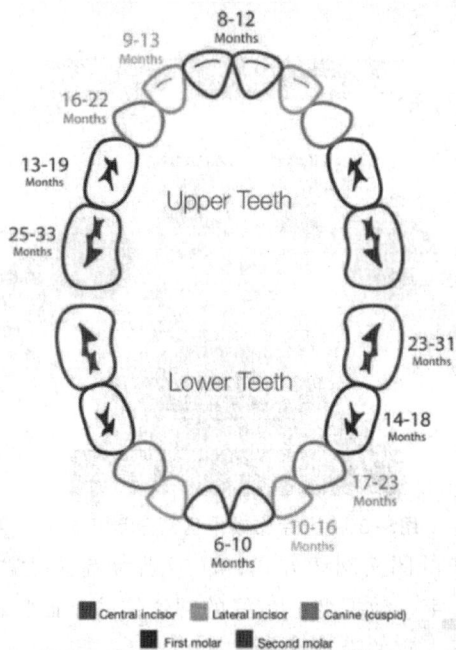

**图5-28 牙齿生长周期示意图**

（4）视觉导向与秩序。图表的版面设计要充分尊重人们的阅读习惯，当一张图表中充斥了大量的信息时，需要设计者合理地利用视线移动规律，将信息顺畅、有效地传达给读者。图5-29展示的是酒与食物之间匹配关系的示意图，遵循了视觉导向规律，提高了人们对信息的理解力，给人舒适的阅读感受。

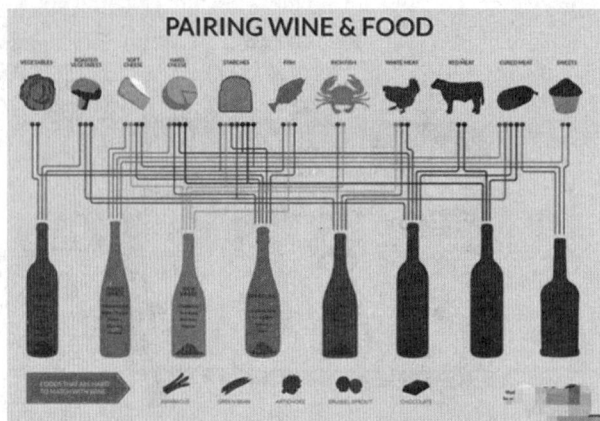

图5-29　酒与食物的匹配示意图

（5）象征图释。在图表设计中，我们尽可能少用文字来表达信息含义，用图说话，用图沟通。其实在生活中，部分公共标识就已经很好地做到了这一点，公共场所出现的各种导视图形，就起到了很好的指示说明作用。

如图5-30所示，北京市功能区划分一目了然，在设计上注重保持了风格的统一，让人视觉连贯、赏心悦目。

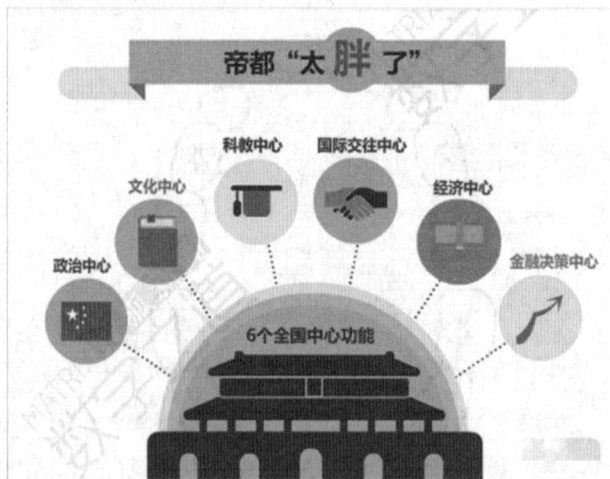

图5-30　北京市功能区划分示意图

信息图表优化了传统的图文阅读方式，已经成为当下视觉传达发展的必然趋势。信息图表不仅把枯燥的文字、数据变成美好的阅读体验，而且刷新了设计师们的设计思维方式，焕发出他们更丰富的设计潜能。

### 5.4.5　全景图片

**1）全景图片概述**

"360°全景"是将事物的多张各个角度图片相互衔接，进行技术组合，从而达到360°全景的效果。

"人民网 360°全景看天下" 栏目是人民网摄影记者精选两年内拍摄的各类重大新闻事件和城市地标，通过 360°全景呈现，给人以身临其境的感觉，以一种多视角、立体化的视觉效果，展现不同场景下多姿多彩的风景线，如图 5-31 所示。

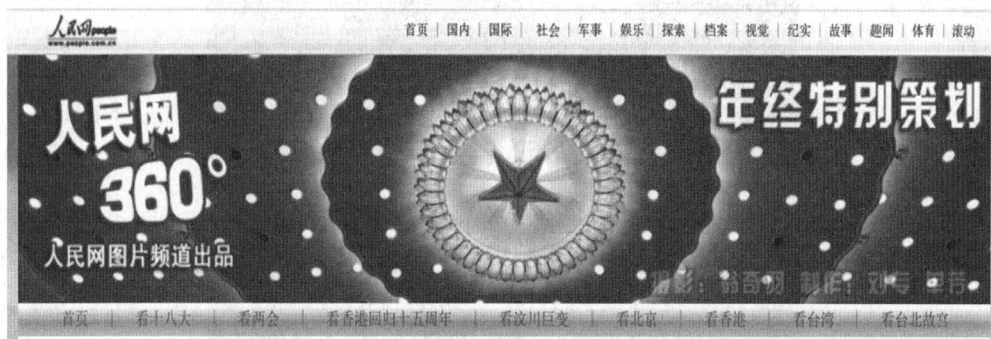

图5-31　人民网360°全景看天下

**2）全景图片特点**

（1）画面精细，细节设计人性化。全景图片在 3D 模式的基础上，运用图片剪接技术，展示给读者或静态或动态的新闻图景，再利用环境立体声，提升体验效果。受众可以全方位地体验拍摄者要展示的环境，达到体验效果。

澎湃新闻全景图片在制作上很精细，不仅加入指示性文字和局部细节图，还在画面中设置了航拍模拟体验模式，点击后可呈现飞行拍摄时的景观。此外，澎湃新闻的全景图片在制作时一般选择多种视角，分别展现近景、远景或航拍场景或不同位置的不同情境。观众可以通过点击箭头进行视角的切换，便于了解场景全貌，形成更加深刻的体验感受。

以澎湃新闻 2020 年 2 月 9 日的报道《360°全景｜设施齐全！实地探访武汉雷神山医院病房》为例，记者通过全景图片的方式展示了雷神山医院全景实地图片，如图 5-32 所示。配以文字说明："2 月 8 日，武汉雷神山医院正式交付，1 600 张病床将交付使用，澎湃新闻记者实地探访医院病房内部。武汉雷神山医院 1 月 26 日正式施工建设，经过连续十余日奋战建设而成。"澎湃新闻记者分别选择了病房 1、病房缓冲间、病房 2、医护人员宿舍及外景展示雷神山医院概况，读者通过点击细节图片和阅读文字可以更深入地了解该新闻事件发生的缘由，比单幅图片更有代入感。

（2）选景关注重要性、可观赏性和稀缺性。全景图片的选景并非易事，不是所有的事件都值得被制作成全景图片。在选景时首先需要考虑事件的重要性，在此基础上再考虑事件的可观赏性和稀缺性。例如，澎湃新闻在 2019 年 5 月 30 日的推送图片《360°全景｜"鹰飞倒仰"，探访北京箭扣长城修缮现场》中，向观众们展示了长城修缮现场的珍贵画面，如图 5-33 所示。

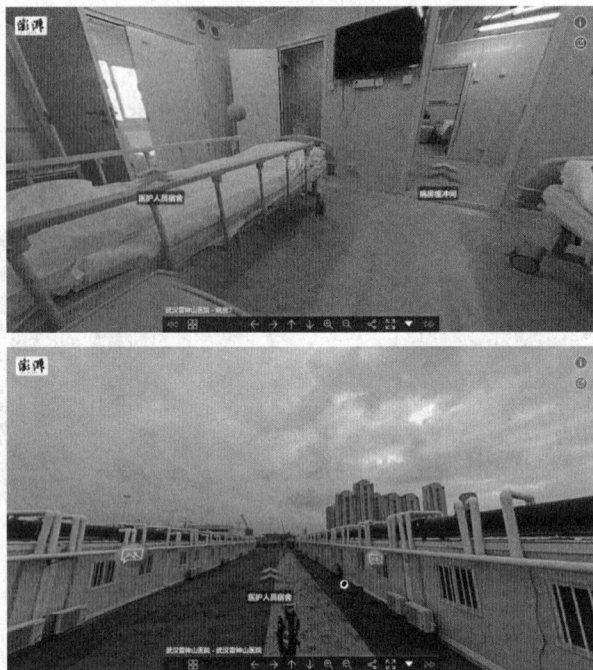

图5-32 设施齐全！实地探访武汉雷神山医院病房（2020-02-09）

图5-33 "鹰飞倒仰"，探访北京箭扣长城修缮现场（2019-05-30）

（3）与 AR、VR 技术相衔接，亲身体验感更强。全景图片可以选择 AR、VR 模式，与 VR 设备相连，用户可以体验实地观看的效果。AR、VR 与 3D 全景展示的技术可以运用在电商平台中商品的展示上。一方面，用户在足不出户网上购物的基础上，通过录入个人信息更真实地挑选商品，避免因不合适产生的退货行为；另一方面，沉浸式购物的运用，可以增加趣味性，延长客户挑选商品的时间，提高商品售出的概率。

**课堂互动5-4**

运用本章知识，主要针对图片的应用类型和版位为你所在院校校报设置网络版页面。

　　要求：分析如何为整个网站设置整体的图片版位，兼顾不同学院内容的特点、颜色与图片灵活搭配，在方便读者阅读的基础上使页面更清新，更具有审美效果。

　　分析提示：（1）网站的图片编辑和整体设计道理是一样的，都应该遵循先整体后局部的原则。网站图片的设置要在整个网站设置原则之下进行，要符合网站的风格、定位要求。首先要定位的是整体结构，这个规划好后，二级子页面或者三级子页面（都是目录页面）都要使用这个结构，在此基础上可以适当地灵活变动。最主要的一点是要保持网站各层级页面的整体性。

　　（2）要结合多种图片的应用类型来设置页面。比如，可以用图片作为主图来形成视觉中心；可以使用图片作为导航的栏图，比单纯性的文字导航更活泼，也更能美化版面；还可以作为新闻正文的配图，以弥补文字说明上的不足；也可以为网站设置独立的图片频道，以满足读者对图片观赏的需要。

## 职业工作站

　　对网站图片负责人来说，图片的设计和安排关系到网站或者频道的整体页面效果，所以图片的安排不能单单考虑图片自身，而是要延展到整个页面的风格、定位中去。

　　图片编辑由纸质媒体时代发展到网络媒体时代，其编辑方式有了巨大变化，其优势也是传统媒体传播时代不可比拟的，但是在其发展过程中存在很多问题：

　　（1）图文不配、虚假图片等问题广泛存在，即使有的图片是真实的，可能也仅仅反映了事实的一个侧面或者更容易使事实被歪曲。这种问题多发生在新闻图片中，所以对图片的选择和使用是至关重要的。

　　（2）从新闻图片方面来说，由于网络媒体自身拥有的记者力量比较薄弱，所以在重大新闻事件的照片使用方面，只能从传统媒体那里获得图片。如何建立一种与其他大媒体、通讯社的资源共享机制是大部分网络媒体需要解决的问题。

　　（3）如何应对海量的图片信息。数字时代信息来源丰富了，这一方面是好事，另一方面却增加了图片编辑的工作量，并且提高了工作的难度。

　　（4）来自读者的压力。网络的出现使媒体的互动性提高了，来自读者的意见可以得到迅速反馈。如何看待这些反馈的意见，是一味迎合还是坚持专业主张，以及如何让反馈信息在自己的图片编辑工作中得到良性循环，都是网络媒体图片编辑要考虑的问题。

　　（5）图片传播的低俗化。由于图片从采集到发布的整个过程变得越来越便捷，因此互联网上充斥着海量的图片信息，其中，大量图片的格调和品位都不高，甚至有低俗照片。如何在这样的传播环境下坚守职业道德，摒弃浅层的追求，深度挖掘图片信息，也成为图片编辑必须重视的问题。

## ⟹ 本章小结 ⟹

本章主要讲述了网络图片的编辑，旨在使读者能够了解图片编辑的流程和应注意的问题以及相关技巧。图片这一传统媒体普遍使用的信息表达方式在网络时代的应用比传统媒体更为复杂，不同的图片格式有不同的特点，这也影响了网络媒体在不同需求下对不同格式图片的使用，了解图片的格式和特点也成了使用网络图片的前提和基础。在具体的网络图片应用中，应该结合不同网站的特点以及应用的不同栏目特点来安排图片的位置。图片的安排总是为相应的主题服务的，也是为整个网站的风格定位服务的。

网上图片资源是丰富的，掌握多种图片来源，找到符合需要的图片是网站图片编辑的一个基础性工作，以后的所有工作都是在此基础上展开的，如网页上图片的使用方式、图片的版位设置。在获取了图片之后，就要对图片进行处理，我们不仅需要了解图片有哪些格式，还要学会使用加工制作图片的软件对图片进行适当的剪裁、压缩、修正、拼合等，配以相应的文字说明和标题予以发布。

目前，信息可视化图片大势所趋，图片编辑要尽可能地多学习将现有数据转化为富有设计感的信息图表，除了掌握新闻照片、新闻漫画的处理方法外，还要在新媒体时代，充分利用360°全景相机、结合VR技术等，制作全景图片，增加趣味性以辅助新闻报道。

## ⟹ 主要概念和观念 ⟹

□ 主要概念

有损压缩　无损压缩　新闻漫画

□ 主要观念

图片的获取渠道　图片的种类与格式　新闻图片的选择　图片的应用种类

## ⟹ 基本训练 ⟹

□ 知识题

▲ 简答题

(1) 图片新闻的优势和特点是什么？

(2) 什么是有损压缩？什么是无损压缩？

(3) 新闻图片选择过程中需要遵循的几点原则是什么？

(4) 在全景图片的使用过程中应该注意些什么问题？

(5) 新闻漫画同一般的漫画有什么区别？

▲ 选择题

△ 单项选择题

(1) 被称为联合图片专家组的图片格式是（　　）。

A.GIF　　　　　　　B.JPEG　　　　　　　C.BMP　　　　　　　D.PNG

（2）Windows 的画笔和墙纸使用的是（　　）格式的图片。

A.GIF　　　　　　　B.JPEG　　　　　　C.BMP　　　　　　D.PNG

△ 多项选择题

（1）图片的压缩格式包括（　　）。

A.有损压缩　　　　　　　　　　B.低级压缩

C.高级压缩　　　　　　　　　　D.无损压缩

（2）网络图片的获取渠道包括（　　）。

A.专业图片网站　　　　　　　　B.网站自身的图片频道

C.搜索引擎　　　　　　　　　　D.自己制作或者购买

（3）信息可视化图表包含的图表类型有（　　）。

A.关系流程类　　　　　　　　　B.叙事插图类

C.树状结构类　　　　　　　　　D.时间表述与空间结构类

□ 技能题

▲ 单项操作训练

（1）查看一张网络图片的格式。

（2）找到一个专业的提供图片服务的网站。

（3）看一看哪些自媒体上有比较即时的新闻图片。

（4）找到一幅和最近的新闻事件相关的新闻漫画。

▲ 综合操作训练

（1）从网站上找到格式为 JPEG 和 GIF 的新闻图片并下载到电脑中。

（2）参考【课堂互动 5-1】，使用搜索引擎寻找有关 2020 年新冠肺炎疫情尽可能多的 JPEG 格式的新闻图片。

（3）用新闻图表来表现近年来中国经济在世界经济总量中的变化，并设计成你喜欢的可视化图表。

## 综合应用

□ 案例题

### 图片版位设置理念在人民网和澎湃新闻网站中的体现

不同的网站有自己不同的定位、风格。人民网（http://www.people.com.cn/）最初是《人民日报》的电子版，现在逐渐发展成为一个以新闻为主打内容的综合性网站。网站首页为主要新闻和其他栏目的导航内容，采用纵向三栏式，在首屏的左上方设置了新闻主图，作为当日的重要新闻，形成视觉凝聚中心；网页下方的图片多以小图形式出现，作为栏图或者是导航图；在二级页面也就是"新闻中心"中，首屏主图设置在页面的右上方。

澎湃新闻网站的首页采用纵向两栏的样式，把当日重大新闻的三张醒目大图放在首屏左方中间位置，滚动播放，视觉冲击力是非常大的。在网页的下方，左右两栏分别设置一些小图片，左边整体分 3 栏展示图片新闻，出现的图片是作为栏图的，起导航作用；右边一栏是热新闻，展示近期热点事件，只是一些文字导航栏。在二级页面"视频"中，图片的出现形式又略有不同，首屏出现了配有简略文字说明的大图片，铺满屏幕，再往下是配有文字说明的小的图片，一方面，可以起到导航的作用；另一方面，即使读者不点击页面进一步阅读，也能对新闻事件有个大概了解。

比较人民网和澎湃新闻网站，我们可以发现，两者在图片的设置、网站的整体感觉上各有特点。人民网网页设置紧凑，给人感觉内容充实，而且重要新闻都会加粗、加大字体，头条新闻的标题和分栏处还会以不同的颜色标示出来，以示区分，广告则是在页面中间展示出来。相对于人民网来说，澎湃新闻网站内容排列没有那么紧密，无论是文字还是图片都注重留白，给人的整体印象是清新而整洁，在这样一种环境下，图片的视觉冲击力、审美作用无疑会加强。

（注：可结合本书第2章相关内容来理解此案例）

问题：如何理解案例中两家媒体网站呈现的图片设置理念，给了你什么启示？

□ 实训题

实训1：假设要建立一个购物类网站，尝试进行物品图片的搜集和获取以及网站图片的版位安排。

实训2：尝试为一个体育类网站设置图片频道。

□ 讨论题

（1）你觉得电商网站中VR、AR实景显示的发展前景如何？

（2）你认为短视频时代对网站图片的选择与运用有哪些影响或启发？

# 第6章
# 音视频编辑

## 学习目标

□ 知识目标：

　　了解网络音视频的格式特点及常用的格式；了解网络音视频的发展优势；了解当前网络音视频的应用范围和应用方式。

□ 能力目标：

　　能够使用适当的音视频格式设置网络音视频栏目，依据人们的阅读、浏览习惯编排音视频页面；掌握网络音视频的编辑能力。

□ 素养目标：

　　通过音视频编辑的基础学习培养相应的艺术素养，具备清晰的思维方式和逻辑方式，能够通过音视频传达简单易懂的知识。

## 【引例】

### 天渠：遵义老村支书黄大发 36 年引水修渠记

2017 年 4 月 22 日至 23 日，澎湃新闻先是连续两天推出《天渠——一位村支书的三十六年修渠记》客户端开启海报，以宏大的"天渠"二字为题，气势磅礴，在背景中用动画的形式展现村民带着劳动工具行走于悬崖之上修水渠的画面，渠旁是千米绝壁，场景震撼，以山水鸟鸣之声彰显"大片"气质，如图 6-1 所示。

**图 6-1 海报**

随后于 4 月 23 日下午，澎湃新闻正式刊发 H5 产品《长幅互动连环画 | 天渠：遵义老村支书黄大发 36 年引水修渠记》，沿用了大气磅礴的客户端开启海报封面，在开篇以 69 个字为整个报道奠定基调：一道万米水渠，跨 36 年建成，过三个村子，绕三重大山，穿三处绝壁，越三道险崖。一位村支书，用一辈子的时间，彻底打破了村庄干渴的"宿命"，带领千余人打开了脱贫致富之门。

在本则 H5 作品中还原了老支书黄大发从毛头小伙到花甲老人以青春耗尽、"拿命去换"的代价带领村民修通了万米水渠的故事，布局条理清晰，感人至深。第二页由黄大发清唱当地歌谣，饱含历史沧桑，在一开篇就将整个产品的讲述带入高潮。紧接着，在第一次修渠失败、一个字一个字认《新华字典》学习水利知识、挨家挨户走遍 7 个村民组、带头在腰间绑上绳子吊上悬崖、"为了水，我愿拿命来换"等细节处展现脱贫致富的艰苦征程，令人动容，音频、视频、画面、文字交互使用令读者印象深刻。

资料来源　佚名. 长幅互动连环画 | 天渠：遵义老村支书黄大发 36 年引水修渠记 [EB/OL].[2018-07-19]. http://www.xinhuanet.com//zgjx/2018-07/19/c_137334874.htm.

读者可以思考一下，本作品灵活运用了哪些移动互联网时代的报道形式？有何创新之处呢？

在这个移动互联网与手机阅读的时代，为带给读者更全面立体、更轻松、更震撼的阅读体验，除了传统的文字信息以外，音频、视频等多媒体内容也越来越多地利用互联网来进行发布。音视频的应用越发广泛，在各个领域都有所精进，各式各样的音视频因其不同的格式和特点使互联网内容变得更加丰富，也使人们获取各种信息更加便捷。那么我们就需要了解网络音视频软件的格式有哪些，各种格式有什么特点，还需要了解编辑音视频的技巧。

# 6.1 网络音视频

## 6.1.1 流媒体与网络音视频

网络音视频技术可以归结于流媒体技术，习惯上，人们把在网络上传输并且播放的音视频节目称为"流式数据"，把通过网络传输的音视频或者多媒体文件称为流媒体文件。那么，到底什么是流媒体和流媒体技术呢？

**流媒体**就是指采用流式传输技术在网络上连续实时播放的媒体格式，如音频、视频或多媒体文件，将一连串的媒体数据压缩后，经过网上分段发送数据，在网上即时传输影音以供观赏的一种技术与过程，此技术使得数据包得以像流水一样发送。

流媒体技术也称流式媒体技术。流媒体技术就是把连续的影像和声音信息经过压缩处理后放到网站服务器，由视频服务器向用户计算机顺序或实时地传送各个压缩包，让用户一边下载一边观看、收听，而不要等整个压缩文件下载到自己的计算机上才可以观看的网络传输技术。该技术先在使用者端的计算机上创建一个缓冲区，在播放前预先下载一段数据作为缓冲，在网络实际连接速度小于播放所耗的速度时，播放程序就会取用一小段缓冲区内的数据，这样可以避免播放的中断，也使得播放品质得以保证。

在采用流式传输方式的系统中，用户不必像采用下载方式那样等到整个文件全部下载完毕才能观看，而是只需经过几秒或十几秒的启动延时即可在计算机上利用解压设备对压缩的 A/V、3D 等多媒体文件解压后进行播放和观看，此时多媒体文件的剩余部分将在后台的服务器内继续下载。与单纯的下载方式相比，这种对多媒体文件边下载边播放的流式传输方式不仅使启动延时大幅度地缩短，而且对系统缓存容量的需求也大大降低，极大地减少了用户的等待时间，促进了网络多媒体时代的到来。

## 6.1.2 网络音视频的格式及特点

不同的格式文件分别对应不同的播放软件和压缩、解压技术，编码、解码方式的不同，决定了不同格式文件的压缩、解压方式的不同，同时也导致了不同音视频格式有着不同的格式特点。能够在网络上传输并且播放的音视频节目有着固定的格式，并非所有格式的音视频文件都能够直接在网上播放。

**1）网络音频的格式及特点。**

网络音频的格式及特点见表6-1。

表6-1 网络音频的格式及特点

| 格式 | 特点 |
| --- | --- |
| CDA格式 | CD音乐光盘中的文件格式，音质最好的音频格式，接近原声，需专门的抓音轨软件才能对CDA格式的文件进行转换 |
| WAV波形音频格式 | 在PC机上广为流行，支持多种压缩算法、音频位数、采样频率和声道，常用于保存未压缩音频，依照声音的波形进行存储，声音文件质量高，占用存储空间较大 |
| MP3/MP3 Pro格式 | 利用音频压缩技术将音频以1∶10甚至1∶12的压缩率进行压缩，保持低音频部分不失真，牺牲12KHz～16KHz高音频部分的质量来换取文件的数据量，音质次于CDA格式和WAV格式的声音文件 |
| RM/RA格式 | 采用有损压缩技术，压缩比较高，文件最小但音质相对较差。同时会因网络带宽不同而改变声音质量，极为适合传输速度较低的网络电台、音乐网站使用 |
| WMA格式 | 在录制时可以调节音质，在压缩比和音质方面都超过了MP3和RA格式，即使在较低的采样频率下也能产生较好的音质。支持对播放时间、播放次数、播放机器的限制，未经许可禁止非法拷贝甚至播放。支持音频流技术，适合互联网在线播放 |
| MIDI格式 | 允许数字合成器和其他设备来交换数据，并非录制声音，而是记录声音的信息，再以声卡再现声音。多用于原始乐器作品、流行歌曲的业余表演、游戏音轨以及电子贺卡，占用内存小 |
| APE格式 | 无损压缩，CD音频数据压缩为APE格式后可以再次无损还原，同一文件的APE格式数据量仅为CDA格式的一半 |
| FLAC格式 | 无损压缩，还原后内容相同，可用播放器直接播放，类似于MP3 |
| AAC格式 | 高级音频编码，编码效率及压缩能力远超以往，支持多类播放设备 |

**2）网络视频的格式及特点**

网络视频的格式及特点见表6-2。

表6-2 网络视频的格式及特点

| 格式 | 特点 |
| --- | --- |
| AVI格式 | 微软公司发布，调用便利，图像质量高，压缩标准可任意选择，应用最广泛，历史最悠久 |
| MOV格式 | 源于苹果公司Mac计算机上的图像视频处理软件QuickTime，可跨平台使用，存储空间要求小，虽为有损压缩，但画面效果优于AVI格式 |

续表

| 格式 | 特点 |
| --- | --- |
| MP4格式 | 音质更加完美而压缩比更大，增加了对立体声的完美再现、多媒体控制、降噪等特性，在音频压缩后仍能完美再现CD音质 |
| ASF格式 | 可以在互联网中以即时观看的视频"流"格式存在，图像质量略弱于VCD格式，优于同为视频"流"格式的RAM格式 |
| NAVI格式 | 去掉视频流特性的改良型ASF格式，即非网络版本的ASF，大幅提高了ASF视频文件的清晰度 |
| WMV格式 | 可扩充的媒体类型，可在本地或网络回放，具有多语言支持、扩展性强等优点 |
| FLV格式 | 形成文件极小，加载速度极快，使得网络观看视频文件成为可能，有效解决了视频文件导入Flash后文件过大及不能在网络中很好使用的缺点 |
| F4V格式 | 与FLV格式相比，在同等大小的前提下，更为流畅和清晰，更利于在网络传播，被大多数主流播放器兼容播放，无须复杂转换 |
| qsv格式 | 是爱奇艺公司研发的视频加速格式，只能使用爱奇艺万能播放器播放，不能使用常规格式转换软件进行转换 |

## 6.2 网络音视频的类别

### 6.2.1 网络音频的类别

**网络音频**是通过网络传播和收听的所有音频媒介内容。目前国内网络音频发展的主要类别包括音频节目、音乐网站、有声读物、音频直播及网络电台等①。

**1）音频节目**

音频节目指围绕某一主题或话题由单集音频文件构成的实时更新的节目。用户在订阅一档音频节目后能够自动接收或下载该节目新近发布的音频文件。

依据是否付费，可将目前主流的网络音频节目分为播客（RSS音频节目）和付费音频节目（知识付费服务）。

播客（RSS音频节目）是诞生最早的音频节目形式，节目有固定的名称和主播，用户可以免费收听已有的节目，在订阅一档节目后，节目新推出的单集内容一旦发布，就会自动下载到用户的设备中。因此，播客又具备通过RSS技术订阅相关内容的特征。

近年来，国内兴起了以知识付费为代表的付费音频节目，除了需要付费才能下载收听全部节目外，这类节目还具有详细完整的节目规划和上线时间安排，因此，其与

---

① 艾瑞网．2018年中国网络音频行业研究报告［EB/OL］．［2018-12-12］．https://report.iresearch.cn/report/201812/3308.shtml．

播客存在着显著的差异。播客与付费音频节目的差异对比见表6-3。

表6-3 播客与付费音频节目的差异对比

| 维度 | 播客（RSS音频节目） | 付费音频节目（知识付费服务） |
|---|---|---|
| 是否音频平台独有 | 绝大多数非平台独有，少数平台独有 | 绝大多数平台独有，少数非平台独有 |
| 是否需要付费收听 | 免费收听 | 除试听节目外，都需付费收听 |
| 节目信息 | 只有已上线节目的相关信息，一般没有未来节目的详细规划和安排 | 无论是否完结，都有详细的节目列表、确切的节目期数和主要内容大纲 |
| 更新周期 | 固定周期上线和非固定周期上线都有，除非节目明确停播，一般没有节目完结的概念 | 有明确的节目上线时间安排，且存在完结/非完结的区别 |
| 主题形式 | 一般围绕多个主题开展，有固定多个主播 脱口秀、主播邀请嘉宾谈话、个人表达等多种形式 | 一般围绕一个核心主题开展，形式上以个人表达为主要形式 |
| 收听动机 | 兴趣爱好导向为主 | 学习导向为主 |

**2）音乐网站**

音乐网站上有数量众多的音乐供听众收听，听众可以随意按不同类别收听自己喜欢的音乐。这种音乐网站又分为两类：一类是非常专业的、分类明确的音乐网站，比如网易云音乐（https：//music.163.com/），图6-2为网易云音乐2022年3月24日的华语男歌手分类界面。此类网站分类清晰，在首页的"歌手"栏目里又有华语男歌手、华语女歌手、华语组合/乐队、欧美男歌手、欧美女歌手、欧美组合/乐队等细分，在这一级分类之下又按字母排序进行分类。第二类就是以百度搜索引擎为代表的音乐搜索类，可以在网站搜索类选项下按不同文件格式或者其他内容进行搜索，搜索结果可以在线收听。

图6-2 网易云音乐2022年3月24日展现的华语男歌手界面

### 3）有声读物

有声读物指有声音的书，也就是人们常说的可以发音的"电子书"。1934年，世界上第一部有声读物在美国诞生，此后不少教科书出版商均以唱片形式出版语言教材，如20世纪五六十年代畅销全球的灵格风英语唱片。第三次科技革命后，有声读物初步成为一个新兴产业。进入21世纪，随着知识、信息获取方式的多元化，尤其是新兴的数字化媒介不断冲击着传统的纸质报刊书籍，社会阅读习惯也在一定程度上发生着改变。有声读物与数字化和传统出版都有交叉和区别，具有其独特的优势，创造了越来越显著的社会、经济价值。

### 4）音频直播

网络音频直播是一种在数字化、网络化、智能化环境下，以声音符号传播为主，兼容其他传播符号的音频直播活动。它是人类声音传播史上一次跨时代的变革。网络音频直播具有即时交互性、情感性、直播社群化和直播场景化等特征，有着传播效率高、场景限制少、制作成本低、精神认可度高、情感氛围强等优点，近年来市场规模逐步扩大，用户黏性也在逐步增强。

在移动互联网发展的大潮中，直播正在变得越来越流行，而作为直播产业最重要的形态之一，音频直播的价值也正在被越来越多的人所认知，除喜马拉雅、荔枝等音频平台纷纷上线音频直播后，社交音乐甚至视频直播平台也入局音频直播，伴随着AI、5G等新技术的快速进化和迭代，音频直播产业正在迎来一个前所未有的发展机遇，随着用户付费意识的觉醒，音频市场的收入规模也在逐年提升。

### 5）网络电台

网络电台指通过网络流媒体技术，实现传统调频广播电台的实时播放，相比传统广播，新兴网络广播起步较晚，在智能手机和4G普及后以App形式迅速崛起，占有大量市场。根据国内知名收听率调查机构赛立信等的调查，截至2019年上半年，网络广播App排名前五的分别为喜马拉雅FM、懒人听书FM、企鹅FM、荔枝与酷我听书，其中前三名的活跃用户量分别为3 733万、860万和206万人，如此大规模的用户量积累仅用了数年时间。

相较于传统广播，网络电台App具有内容可重复、与受众互动渠道广、内容包罗万象、收听工具更加便捷、收听环境限制少、更适合融合传播等优势，这也是网络电台App能够网罗众多年轻上班族的原因。

**课堂互动6-1**

为一家音乐广播电台在各音频分享App上建立专门栏目。

要求：分析如何在遵循移动化传播规律的基础上进行音乐广播电台栏目的设置，使其实现音乐广播电台的移动化传播。

分析提示：在栏目建立之前，首先要了解移动化传播规律，了解用户使用场景和使用时间，然后对各音频分享App进行受众定位分析，以及对App栏目设置有大概了解，再进一步对受欢迎频道如相声、有声读物、脱口秀等进行模仿和学习。在一系列准备工作做好之后，就需要注册主播以及对账号进行官方认证，选择与 App 的合作模式。

**小资料 6-1**

一、网络音频编辑软件

**1.Audacity**

Audacity（Audacity 中文版）是一款免费开源的录音和音频编辑软件，可导入 WAV、AIFF、AU、IRCAM、MP3 等，并支持大部分常用的工具，如剪裁、粘贴、混音、升/降音以及变音特效、插件和无限次撤销操作，内置载波编辑器。Audacity 支持 Linux、MacOS、Windows 等多个平台。

该软件具有以下特色：①功能强大；②免费且开源，无须支付任何费用；③软件自带中文，界面操作简单明了。

**2.迅捷音频转换器**

迅捷音频转换器是一款专业的音频编辑工具，拥有音频剪切、音频提取、音频转换等多种功能，支持绝大多数音频格式和参数的自定义更改，有效帮助用户实现音频文件格式间的相互转换，使用户更好地开展工作，也为广大用户提供了非常便捷的音频剪切功能，包括平均分割、时间分割、手动分割等，用户可以对音频进行合理的剪切，选择自己需要的音频片段。迅捷音频转换器支持批量操作，功能强大，操作简单，是一款不容错过的软件。

**3.Adobe Audition**

Adobe Audition 是一款专业音频编辑和混合编辑器，提供音频混合、编辑、控制和效果处理功能，专为在照相室、广播设备和后期制作设备方面工作的音频和视频专业人员设计。

该软件具有以下特色：①操作更便捷。直观编辑、音效设计、加工与混合及 Mastering 工具等操作更快速，专门为电影、录像和广告工作流程进行了优化，使软件的生产速度更快。②实时无损伸展剪辑，预览更改和设置，并呈现更好的效果。③强大的音高修正功能，可以手动或自动修正音高错误。

**4.GoldWave**

GoldWave 是一款音乐编辑工具，支持声音编辑、播放、录制和转换，支持几乎所有的格式，功能这么强大的 GoldWave，体积却十分小巧，用户完全不用担心内存占用过大的问题。此外，GoldWave 中文版还内含丰富的音频处理特效，从一般特效如多普勒、回声、混响、降噪到高级的公式计算（利用公式在理论上可以产生任何你想要的声音）。

**5.Sound Forge**

Sound Forge 是一款功能极其强大的专业化数字音频处理软件。它能够非常方便、直观地实现对音频文件（.wav文件）及视频文件（.avi文件）中的声音部分进行各种处理，满足从普通用户到专业录音师等用户的各种要求，一直是多媒体开发人员首选的音频处理软件之一。

二、网络视频编辑软件

视频编辑软件是对视频源进行非线性编辑的软件，属多媒体制作软件范畴。软件通过对加入的图片、背景音乐、特效、场景等素材与视频进行重混合，对视频源进行切割、合并，以及二次编码，生成具有不同表现力的新视频。业界常用的视频编辑软件大概有以下几类：

1.Premiere

Premiere简称PR，是Adobe公司开发的一款常用的视频编辑软件。现在常用的有CS4、CS5、CS6、CC 2014、CC 2015、CC 2017、CC 2018、CC 2019及CC 2020版本。PR是一款编辑画面质量比较好的软件，有较好的兼容性，可以与Adobe公司推出的其他软件相互协作。目前这款软件广泛应用于广告制作和电视节目制作中。其最新版本为Adobe Premiere Pro 2020。

PR支持采集、调色、视频编辑、音频美化、加字幕、DVD刻录、输出等一系列视频剪辑功能，在视频处理上也非常精准，对细节的处理都很到位，剪辑效果完全满足大众的需求。软件操作难度系数并不是很高，依靠网上的文章或视频教程，很容易上手。如果你想进行专业的视频剪辑，可以毫不犹豫地选择PR。

2.After Effects

After Effects简称AE，是Adobe公司推出的一款图形视频处理软件，适用于从事设计和视频特技的机构，包括电视台、动画制作公司、个人后期制作工作室以及多媒体工作室。

AE是PR的兄弟产品，但两者作用有所不同，AE是一款动态图形的设计工具和特效合成软件，简单来说就是做特效的。PR是一款剪辑软件，用于视频段落的组合和拼接，并提供一定的特效与调色功能，简单来说PR是做剪辑的。但两者相辅相成，PR和AE可以通过Adobe动态链接联动工作，AE做好的特效在PR中剪辑，然后成片，满足复杂的视频制作需求。

3.Vegas

Vegas是一款专业的影像编辑软件，现在被制作成为Vegas Movie Studio，是专业版的简化版本，同时是一款非常不错的入门级视频编辑软件，媲美PR。Vegas具备强大的后期处理功能，可以随心所欲地对视频素材进行剪辑合成、添加特效、调整颜色、编辑字幕等操作，还有强大的音频处理工具，可以为视频素材添加音效、录制声音、处理噪声，以及生成杜比5.1环绕立体声。此外，Vegas还可以将编辑好的视频迅速输出为各种格式的影片、直接发布于网络、刻录成光盘或回录到磁带中，做到了剪辑、特效和合成一气呵成。结合高效率的操作界面与多功能的优异特性，Vegas可以更简易地创造丰富的影像，其中无限制的视轨与音轨，更是其他影音软件所没有的特性。不论是专业人士或是个人用户，都可因其简易的操作界面而轻松上手。

**4.会声会影**

会声会影是加拿大 Corel 公司制作的一款功能强大的视频编辑软件，正版英文名：Corel Video Studio，具有图像抓取和编修功能，可以转换 MV、DV、V8、TV 和实时记录抓取画面文件，并提供 100 多种编制功能与效果，可导出多种常见的视频格式，甚至可以直接制作成 DVD 和 VCD 光盘，并且支持各类编码，包括音频和视频编码。

会声会影的主要特点是：操作简单，适合家庭日常使用，提供完整的影片编辑流程解决方案，从拍摄到分享流水线制作。以简单易用、功能丰富的作风赢得了良好的口碑，在国内的普及度较高。通过影片制作向导模式，只需三个步骤就可快速做出DV 影片，即使是入门新手也可以在短时间内进行影片剪辑。

**5.爱剪辑**

爱剪辑是一款强大、易用的国内首款全能视频剪辑软件，完全根据国人的使用习惯、功能需求与审美特点进行全新设计，在许多功能上都颇具独创性。其具有操作简单、直观易懂、功能强大、速度快、画质好、稳定性高、视频转场特效多、支持多种视频音频格式等特点，即使用户没有视频剪辑基础、不理解各种专业词汇，也能简单进行视频编辑。其最大的优势是具备较全的视频与音频格式支持、逼真的好莱坞文字特效、多种风格效果。

**6.剪映**

在短视频飞速发展的今天，智能手机上的视频编辑软件也显得尤为重要。

剪映是抖音官方推出的一款手机视频编辑、剪辑应用。剪映具有全面的剪辑功能，支持视频变速，有着多样的滤镜效果，界面简洁，操作简单，功能丰富。

它所支持的视频剪辑功能包括：剪辑、音频、文本、贴纸、滤镜、特效、比例、背景、调节、美颜等。其中，剪辑功能包括：视频分割、视频变速、调节视频音量、视频变声、视频降噪、视频倒放、视频旋转；音频功能包括：提取视频中的音频，添加各种音乐和音效；文本功能包括：自动识别音频并且一键添加字幕；贴纸功能包括：添加各种有趣的贴纸，免费提供丰富的静态和动态贴纸；有多种专业风格的滤镜；还提供丰富的动画特效、丰富的文本样式和动画；支持调节画面比例和缩放视频。

**7.Vue**

Vue 是 iOS 和 Android 平台上的一款 Vlog 编辑工具，用户可以通过简单的操作就实现 Vlog 的拍摄、剪辑发布，像"朋友圈"一样记录与分享生活，也可以在社区直接浏览他人发布的 Vlog。作为一款主打"短视频"和社交属性的视频编辑软件，Vue 考虑到了短视频的各种使用场景，通过电影式的画幅分隔，可以快速生成符合朋友圈要求的 10 秒小视频，甚至做到了直接通过微信分享发布。Vue 的贴纸功能，可以自动生成当前日期、时间、天气，甚至包括地理位置等的短片。

### 6.2.2 网络视频的类别

网络视频指视频网站提供的在线视频播放服务，主要利用的是流媒体格式的视频文件。在众多的流媒体格式中，FLV格式由于文件小、占用客户端资源少等优点成为网络视频所采用的主要文件格式。

根据视频平台特征，网络视频可以分为综合在线视频、垂直在线视频以及聚合视频三类，如图6-3所示。

**图6-3 网络视频分类**

依据视频内容来源，网络视频可分为用户上传原创内容、向专业影像生产机构和代理机构购买版权内容以及网络视频企业自制内容三大类。

根据播放的内容，网络视频可以分为网络影视剧、网络综艺、网络直播和网络短视频等。[①]

**1）网络影视剧**

不同于电视，依托于电脑、手机，通过互联网等新兴技术的承载和支持，影视剧在网络中的传播有着独特的特点和优势。

网络影视剧资源丰富。网络媒介的出现缩短了世界的距离，使得影视剧传播以及交流平台大大拓宽，中外影视剧作品及其相应的动态信息都可以通过互联网得到更加便捷的交流与传播，网络以其开放的姿态积极吸纳并展示着世界各国的影视文化信息。

同时，网络影视剧还具备不受时间、地域和空间限制的传播特点，只要网络上可以搜索到的影视剧，我们就可以在任何时间观看。网络传播的广泛性，使受众不必拘束在电影院或有电视的地方。在网络上看电影，观众成为放映者，根据自己空间或地域的不同，选择自己喜爱的影片观赏，在自己喜欢的空间里，享受电影、电视所带来的全新视听感受。

---

① 观研天下. 2019年中国网络视频行业分析报告-行业深度调研与发展趋势预测［EB/OL］.［2019-04-18］. http://baogao.chinabaogao.com/zixun/414644414644.html.

### 2）网络综艺

广义上的网络综艺，可以理解为在网络平台上播出的综艺节目。现如今所说的网络综艺节目，更多的是狭义上的由网络平台或制作机构自制、在网络平台首播的综艺节目。就类型而言，可将网络综艺分为真人秀、纪实类、脱口秀三大类。

从2007年国内第一部网络综艺《大鹏嗨吧嗨》诞生到如今网络综艺遍地开花，经历了不短的时间。初期的网络综艺作为一种尝试，低成本、制作粗糙，在质量和数量上远不及电视综艺，电视综艺还是占绝对优势地位。2011年，广电总局颁布"限娱令"，控制娱乐节目在卫视台的播出，给了自由度更高的网络综艺第一个发展机遇。2014年，脱口秀节目《奇葩说》的爆火引领了网络自制综艺的潮流，2014年也因此被称为"网络自制节目元年"，各大网络视频平台都加大了投入。2015年，广电总局再次加强管控，限制真人秀电视综艺的制作播出，题材不受限的网络综艺越来越成为观众追捧的对象。从此之后，网络综艺开始进入飞速发展阶段，更多的资本涌入，网络综艺不再是"低成本""小制作"的代名词，取而代之的是多样的模式、丰富的题材、精良的制作。然而，肆意发展的阶段，难免泥沙俱下，过度娱乐化、不良内容频现、缺乏思想深度成为网络综艺繁荣下的隐忧。2018年，广电总局发布"限秀令"，给当下正热的选秀、偶像养成类综艺敲了警钟，强调网络综艺也要引领正确的价值观，将网络综艺纳入了严格管控范围之内。于是，网络自制综艺的热度暂退，各大制作方也开始调整方向，越来越多叫好又叫座的优质网络综艺出现，网络综艺市场进入了平稳有序发展的新时期[①]。

### 3）网络直播

从传播途径来讲，网络直播指的是以直播为特征的互联网视频服务类型；从传播内容来看，网络直播更多是指网络主播在视频直播平台进行的实况呈现。

在现今发展过程中，网络直播呈现出主体多元化、社交黏性高及实时互动性等特点。

主体多元化体现在：网络直播的出现使得草根网民有机会更加直接地展示自己，随着直播热度的上升，网络直播的内容涵盖各个方面，有娱乐、美食、科技等。内容生产的主体——网络主播也涵盖草根、网络大咖、影视明星等各种身份。

社交黏性高体现在：用户往往会关注一些自己感兴趣的主播长期观看，同时可能伴随赠送礼物、参与抽奖等互动环节。比起简单评论留言，更多的精神、经济投入也会使网络直播的社交黏性更高。

实时互动性体现在：不同于微博等社交媒体，网络直播的互动性由及时互动上升为实时互动，主要体现在赠送礼物及发送弹幕方面。以微博为例，微博随时随地发布信息及评论的功能带给人们及时交流的可能，但这种评论以及回复的互动过程发生之前还有编辑互动信息的过程，而网络直播的出现能够真正实现实时互动。

近几年，在全民直播的浪潮下，各大直播平台积极探索"直播＋"模式，布局内

---

① 邹琳. 2018中国网络综艺报告［EB/OL］.［2018-06-05］. http：//36kr.com/p/5137279.

容生态，电商等平台也利用网络直播的优势和特点带动自身业务发展。2018年，淘宝直播平台带货超过1 000亿元，同比增长近400%。2018年，淘宝直播人数增加180%，粉丝超过百万的主播超1 200人，月收入超过百万元的主播超100人，全年成交额破亿的达81人。2019年，"双十一"直播购物市场热度再度升温，"双十一"当天通过手机淘宝App观看直播的用户达4 133万，同比增长131%。

通过网络直播带货有着以下几个明显的优点：

(1) 依靠直播间中粉丝对主播的黏性降低了用户和商品之间的信任成本；

(2) 直播环境下为用户营造了购物的场景，主播对用户诉求的实时反馈也降低了用户网购时对商品质量的顾虑；

(3) 直播间内的群体效应，能够推动用户加快决策进程。

**课堂互动6-2**

2021年12月20日，税务部门公布对网络主播黄薇（网名：薇娅）涉嫌偷逃税问题的查处结果，对其追缴税款、加收滞纳金并处以罚款，共计13.41亿元。近年来，税务部门依法查处多起文娱领域偷逃税案件，多名艺人、网络主播受到严厉处罚，这些案件的严肃查处传递出一系列明确信号。

要求：就薇娅偷逃税被罚一事谈谈你的看法。

分析提示：一是法律权威不容挑战。依法纳税是每个公民应尽的义务，任何业态、领域都没有法外之地，必须提升税法遵从意识，自觉依法纳税。对各种偷逃税行为进行严厉打击，是维护国家税法权威、促进社会公平正义的必然要求。

二是违法行为必受严处。一些从业人员缺乏对法律的敬畏之心，处心积虑、花样翻新，通过隐匿个人收入、改变收入性质等方式偷逃税款。"执法必严、违法必究"，无论知名度高低、金额大小，这些行为最终要受到严肃查处。

三是严监管意在促发展。没有规矩，不成方圆。中共中央宣传部印发通知，针对流量至上、"饭圈"乱象、违法失德等文娱领域出现的问题，部署文娱领域综合治理工作。偷逃税是其中一项突出问题，国家税务总局专门印发通知，进一步加强对文娱领域从业人员的税收管理。

应该看到，规范为了发展，规范才能发展。面对一系列乱象，只有遏制不良倾向、廓清不良风气、整治违法行为，文娱领域才能健康发展、行稳致远。通过规范监管，形成公平竞争的市场环境，有利于网络直播行业自序、持续发展。

**4）网络短视频**

移动短视频指在各种移动互联网平台上播放的、适合在移动状态和短时休闲状态下观看的、高频推送的视频内容，播放时长从几秒到几分钟不等，内容融合了技能分享、幽默搞怪、时尚潮流、社会热点、街头采访、公益教育、广告创意、商业定制等主题。不同于网络影视剧和直播，短视频制作不像电影、电视剧那样具有特定的表达形式以及较高的团队配置要求，具有制作门槛低、制作流程简单、互动性强等特点，同时大部分短视频的制作往往有明确的主题，又比直播更具有传播价值。超短的制作周期和趣味化的内容对短视频制作团队的文案以及策划功底有着一定的挑战，优秀的短视频制作团队通常依托于成熟运营的自媒体或IP，除了高频稳定的内容输出外，也有强大的粉丝渠道。短视频的出现丰富了新媒体原生广告的形式。

网络短视频的具体特点体现在：

（1）门槛低、制作流程简单。依靠短视频平台，创作者只需要一部智能手机就可以进行短视频创作，短视频平台自带的特效功能可以帮助创作者进行后期处理，这就降低了短视频的创作门槛，满足了许多草根创作者的创作需求。

（2）时长短、内容紧扣主题。从形式上看，短视频最鲜明的特点就是"短"，由于时长短，短视频展示出来的内容往往都是精华、直奔主题，抢在第一时间吸引用户的阅读兴趣，符合用户高频次、碎片化的阅读习惯。

（3）贴近性。贴近性或称草根性是短视频的另一特点，是指短视频的内容贴近不同年龄段网民的日常生活，这些带有流行元素、轻松幽默的短视频可以缓解用户来自现实生活中的压力，深受用户的喜欢。

（4）互动性。短视频的互动性一方面来自短视频本身、制作者的叙事风格、贴近性的传播内容等；另一方面则是短视频所依托的平台，如抖音、快手等。在短视频平台中，用户可以关注视频作者，给视频发布者私信，对观看的短视频进行点赞、评论，视频作者也可以对评论进行回复。

## 6.3　网络音视频的特点

网络音视频作为流媒体技术在互联网空间的实际应用，不同于以往单一地依靠文字、图片的表现方式，内容愈发丰富，互动更为频繁多样，在与移动互联技术的紧密结合和实时信息交互中，所呈现的特点也异于其他媒体类型。

**1）跨时空性**

网络音视频基于互联网的发展，具有跨时空性，不受时间与空间的限制，具有普遍性与全球性。如今，网络使得世界变成了一个大村落，音视频在其中不断发展，遍及的范围更加广泛。

**2）视听效果佳**

网络电视继承了传统模拟电视形象直观和生动灵活的特点，并能输出比传统模拟电视更优质的图像和声音。模拟电视清晰度只有350线左右，而网络电视的图像质量可以达到电视演播室的质量水平，清晰度达到1 200线以上，传输的图像质量可以达到DVD的画质。网络电视的声音质量也非常高，可以支持5个声道或者更多声道。

**3）交互性强**

网络音视频使得大众接受音视频信息的模式发生着巨大改变，受众由被动接受者变成直接的索引者，可以在更为浩瀚的网络空间中搜索到自己所需要的音视频资源，可以根据自己的时间选择节目和安排播放顺序，节目单上没有的还可以预约，从而真正实现了"想看什么就看什么""想什么时间看就什么时间看"。受众甚至可以直接参与到网络音视频发展的情境中：可以通过网络发表对音视频创作等的有关建议；可以和其他网友交谈感受；还可以自行转换身份，变被动为主动，在网站上发表自己原创的音视频作品。

**4）媒体综合性强**

相比于传统音乐，网络音视频改变了我们欣赏音乐的方式。欣赏一首歌曲，受众不仅能在倾听的过程中看到歌词，而且可以欣赏到相关的视频。更为重要的是，受众可以将自己喜欢的音乐音视频下载到手机或是电脑上，十分快捷与便利。

**5）增值服务多**

网络服务平台拥有许多传统电视无法承载的增值服务内容，如远程教育、远程会议、远程医疗、网络游戏、网络电视购物、互动游戏、证券业务、电视银行业务等。这些增值服务，有的是由互联网与电视技术的结合而生成的，有的是从互联网服务中直接借鉴过来的，通常这些增值服务需要单独付费。

## 6.4　网络音视频的编辑原则

为使得网络音视频节目更为符合自身节目定位和用户需要，以及提升节目影响力和用户黏性，相关的编辑工作必然也该遵守某些既定的编辑原则。

### 6.4.1　展现主题

无论是哪一种音视频，或者展现怎样的内容，都需要具备一个明确的主题，主题是作品中所要表现出来的中心思想，也就是主要内容，是作者对现实的观察、体验、分析、研究以及对材料的处理、提炼而得出的思想结晶。明确作品主题才能做好素材的筛选与使用，才可以体现作者对客观事物的主观认识和理解，所以在进行网络音视频的编辑与制作中，想要提升节目质量，就必须要做好剪辑工作，明确地展现主题，确保各个环节的合理性，只有得到全面审核与认可后，才能展现在观众的面前。

### 6.4.2　精心组织切入角度，适当体现剪辑风格

"好的开头是成功的一半"，新颖的切入角度能使作品本身更具有生命力，能够在吸引广大受众群体的基础上产生共鸣，因此选择好作品剪辑的切入点至关重要。目前的网络音视频类型比较多，针对不同的网络音视频类型所体现的剪辑风格也必然有所区别。比如网络新闻，特别是重大会议和活动的宣传报道，就要求新闻作品从画面构图到场景转换必须体现出庄重、严肃的气息，要求"稳"；关于百姓故事的报道则要在丰富、生动的基础上，突出"鲜活"二字；而一些深度报道的专题新闻作品必须要充分结合不同角度的素材，体现出"层次"和"饱满"。

### 6.4.3  合理选取画面，规范视频片段之间的连接

考虑到网络音视频受众的广泛性，一些视频的画面选取尤其要引起注意，要充分考虑到观众的感受，例如视频内容为某些突发性的灾难事件时，有关车祸惨状或者乘客受伤、死亡的画面应该尽量减少或者不出现，过于血腥和刺激的场面容易引起观看者的反感和恐惧心理，同时也要考虑保护未成年人的心理。在视频剪辑时，根据内容所选取的视频片段之间的连接要合理和规范，一方面要符合人们的观看和认知逻辑，另一方面要符合人们的审美习惯。通过寻找好的剪接点，可以将两个画面流畅地连接起来。连接点的前后需要寻找两个相互逻辑关联的场景，或者相似的情景，可以使观众在浏览视频的时候将前后画面作为一个整体来理解。

### 6.4.4  渲染艺术内涵的个性化

好的视频节目应当将作品的影响力和艺术感染力有机结合，板着面孔教育人的简单直接不如真情倾诉的润物无声，因此好的网络视频要不断提高其艺术感染力，不断强化美学价值，以优秀的作品鼓舞人，以高雅的格调激励人，以真实的案例感染人。还应做到音画字同步，只有把这三种元素有机结合才能使视频节目看起来更流畅、更容易被人所接受，不仅可以展现出人物的思想情感，而且可以让观众感受到氛围，从而展现出作品主题，提升对观众的影响力。

### 6.4.5  讲究内容集中，通俗易懂

音视频的内容集中就是尽量将一件事情的来龙去脉说清楚。事情的叙述尽量使用正叙方式，通俗易懂就是充分发挥网络媒体的特点，给音视频节目附以一定的文字说明，合理使用网民所熟知和流行的网络语言，不用过于晦涩的词语或者句子。

## 6.5  网络视频的编辑技巧

视频是活动的图像，这些图像随着时间变化不停地发生变化，产生动态的画面，供人欣赏。视频剪辑是指对拍摄后的视频进行后期处理工作，将现有的声音与画面进行重新排序，达到自己想要的效果。根据视频要求和目的的变化，视频编辑也不同，要根据理想的质量对原始素材进行剪辑。视频编辑的效果决定着视频最终质量的好坏，也影响着视频播放量的高低和受人们喜爱的程度。那么，针对只在网络发布的网络视频，完成剪辑需要掌握哪些必备的技巧呢？在视频处理的不同阶段又该进行什么工作呢？

### 6.5.1  准备阶段

准备阶段是收集素材和整理相关资料的时间。视频作者应收集生活中的相关素材，进而形成自己的素材库，然后就可以对素材库中的资料进行整理和分类，对于过时的或质量不好的素材，随时整理并丢弃。从现有的素材中选出要编辑的视频基本框

架，之后逐渐丰富各个部分。对每个部分的时间分配和镜头数量进行安排，做好充分的准备后，就可以安排视频的正式编辑工作。

### 6.5.2 编辑阶段

剪辑的首要目的是对收集的素材进行筛选和组合，得到更加满意的效果。其次是区分出有用和没用的素材以及哪些是可以通过技巧进行处理和提升的素材，对视频进行编辑是为了通过技巧将不合理的部分合理化。对于编辑的位置和技巧要通过镜头进行选择，同时要恰当运用声音、画面、特效等技巧。剪辑阶段容易发生的问题主要包括画面不顺畅和声画不同步等。

整合归纳素材是一个十分重要的环节，无论是收集素材的时间、内容，还是质量等，与素材相关的所有内容都要记录好。以此作为基础，就可以进行下一步，也就是镜头筛选。在筛选镜头时要注意镜头的质量、画质、镜头移动是否和画面同步以及光线的好坏等。筛选完素材后，就要进行剪辑工作，在剪辑视频时也要考虑到多种因素，如镜头的质量、长短、剪辑的位置和镜头的连接等。

### 6.5.3 合成阶段

在剪辑素材完成后就需要将选择好的素材合成到一起。在合成时首先应检查声画是否同步，镜头的质量是否达到要求等。在合成阶段同样有着以下几个小技巧：

**1）镜头排列讲究逻辑**

网络视频编辑要做到镜头排列讲究逻辑。视频是由一个个长短不一的画面镜头组合而成的，画面本身是一种语言，它们之间是有逻辑关系的，不同的排列组合给人的观感往往大不一样，有时甚至会意思相反。因此，这就要求编辑必须掌握画面剪辑的基本规律，同时具备较强的编导意识和蒙太奇思维。编辑剪辑视频时，要学会从杂乱无章的素材中找到适合体现主题的镜头，同时根据新闻的特点和受众需要，对画面按照一定顺序和内在逻辑重新排列，让受众了解事件的来龙去脉，体现新闻的真实性和客观性。由于视频新闻镜头的景别主要有远景、全景、中景、近景及特写，所以，编辑还要善于将不同景别的镜头进行新的编排，力求找到最佳组合，确保编辑出来的视频节目立体和流畅。

**2）镜头剪辑学会"甩包袱"**

相声和小品之所以吸引人，是因为演员在表演过程中，时不时地甩出一个个出人意料的包袱。要想故事讲得好听，必须甩包袱，要想受众有兴趣看完一个视频，视频中必须埋有包袱。现在网络上的不少视频新闻，逻辑混乱、杂乱无章不说，仅仅平淡无奇就让人无法接受。因此，剪辑视频时，要从受众的角度考虑，根据内容需要，把最有震撼力和说服力的镜头分放到片子之中，要学会设置悬念，擅长欲言又止，切忌平铺直叙、提早剧透。

**3）灵活运用现场声**

要善用现场声，视频是声画的艺术，画面和声音相辅相成，缺一不可。在剪辑过程中，如果能让画面和声音实现有机统一，会让视频有骨有肉、丰富饱满。网络视频的声音可分为解说、同期声、现场声、音效、配乐等。对视频编辑而言，重要的是用好同期声和现场声。一般来说，同期声是指在现场录制的同步声音，有记者出镜，有采访对象接受采访的声音等；现场声是指现场的即时声音，如学校教室里的读书声、车间里机器的轰鸣声、台风登陆点的风雨声等。生动的同期声和现场声，胜过主持人的一百句解说，同期声和现场声是网络视频接近真实的一个重要元素，它是网络视频最具竞争优势的特点和优势，善用、巧用同期声和现场声，会使网络视频更具情节化和个性化，新闻感染力会大大增强。

**4）合理控制时长**

编辑制作视频新闻，除了控制时长外，还要控制好画面的节奏，尽量不用长镜头，每个镜头的时长一般不要超过3秒，运动镜头如果太长，可以做成快动作，同时可以适当配上节奏感强的音乐，在视觉和听觉上加快片子的节奏。通过把握节奏，与移动互联网受众的喜好和需求良好对接，提高网络视频的到达率。

**5）合理包装美化**

网络视频编辑更应该学会适当做包装，移动互联网时代是一个讲颜值、讲个性、讲创意的时代。有颜值，有个性、有创意，就有可能拥有大流量，因此，适当的包装成为一种必然的要求。包装，就是对视频新闻的外在形式要素进行重组、规范和强化，以凸显新闻的个性与特征，提高新闻的识别度和效果。包装对视频而言，必不可少，但不可过度包装或依赖包装，一个好的网络视频，首先是内容真实，其次是表达新颖，最后才能通过适度的包装升华主题。

要对视频进行包装美化，首先可以给视频加上快动作或慢动作特效，提升视频的节奏感。其次，适当给视频加上字幕，由于视频主要在PC端、平板或手机端传播，相较于电视，这些媒介的屏幕都属于小屏，因此，视频字幕不能太多，字体不能太小，字幕效果不能太花哨。再次，要注意色彩的搭配，不能无视色彩的属性，切忌张冠李戴乱用色。最后，包装要有创意，要有设计感、年代感和时尚感，多用图文、数据、动漫、三维动画等。

## 6.6  网络音视频节目的经营管理

网络音视频从最初的单一个体行为，逐渐发展到了今天成为一个基本成熟的产业形态，其中成熟的组织团队和严密的商业运作是网络音视频规模化、产业化发展的基石。

任何一个产业，在投入大量资本和人力资源的前提下，必然希望获得相应的商业回报，进入正常的营运周转中，所以盈利是网络音视频媒体生存以及进一步持续发展的最基本目标和必要前提，也使进行网络音视频节目的管理成为网络音视频编辑工作的重要一环，熟悉各网络音视频节目的盈利模式更是对节目进行管理的重要前提。

### 6.6.1 音乐网站盈利模式

音乐网站是呈现网络音频最常见的形式，目前的盈利方式包括：

**1）卖数字专辑**

目前最主流的变现模式之一是帮助音乐人发行数字专辑，用户购买一张数字专辑就意味着可以获得各种衍生内容，包括"高品质音乐的收听和下载"、"组建粉丝公会"、"专属铭牌"以及"抽取亲签海报的机会"等项目。例如，在周杰伦专辑的销售页面上，QQ音乐开辟了"累计土豪榜"，按照自发售日起产生的累计购买量排名，将前10名上榜且实时更新排位，以粉丝间的竞争心理来刺激专辑销量的增长。

**2）做音乐直播**

乐视音乐于2015年"网络直播"了李宇春"Why Me"十年演唱会，实现了500万人同时在线观看，将纯粹线上的合作延伸到了演唱会的整个环节，观众购买入场门票便获赠一张590元的乐视超级体育会员年卡以及易到用车100元代金券，将消费者从单一产品消费领域转为多场景消费，促进了多类产品的消费使用。

**3）伸手上游产业**

2015年，QQ音乐推出了一个名为MUSIC+的新品牌，用以圈定音乐人IP资源，加强音乐人与MUSIC+之间的合作。腾讯会为歌手们提供包括新作品独家首发、数字专辑发行、专属音乐会、专属粉丝部落等项目在内的全方位推广服务，同时也参与全面合作艺人的演唱会线上线下互动环节。对于QQ音乐独家代理版权的音乐人，除了在宣发资源上会有所倾斜外，还会提供相关的维权服务，帮助这些音乐人通过专门的版权管理监控部门处理其他平台的侵权问题。

### 6.6.2 网络音频直播的盈利模式

在个性化、快节奏的生活方式中，音频作为一种可移动、伴随性媒介，在某种程度上满足了人们的网络消费意愿。网络音频直播也逐渐形成了粉丝经济、内容付费订阅、广告定制和电商等商业模式。

**1）粉丝经济模式**

网络音频直播的粉丝经济模式，是在由音频主播的人气、优质内容和声音的吸引力或协作式内容生产等因素形成的准社会关系基础上建构的盈利模式。主播拥有庞大的粉丝群体，粉丝支持主播，为主播打赏、送礼物、送道具等，向主播表达支持与喜爱。在一些网红音频主播的直播间里，粉丝还会争抢打赏的排名，有时甚至"一掷千金"，在粉丝之间也存在着互动机制，例如，荔枝网以语音直播技术为基础，在原有打赏互动、连麦互动的基础上推出娱乐模式，实现用户与用户之间的网状型互动。

**2）内容付费订阅模式**

内容是网络音频直播的核心竞争力。丰富有趣的内容能有效地吸引用户，带来商业价值。在网络时代的信息洪流中，人们往往很难迅速找到所需求的优质内容，内容付费订阅便能让用户以优质音频内容来填补碎片化的个人时间，比如，追听一本主播连续更新的有声书，订阅收听系列音频直播在线课程等。音频直播除了让人们收获知识和信息外，还可以让人们在直播间内与相似社会圈层、地位、兴趣、目标的人进行交流，在这种情况下，网民的身份认同感、社交满足感大大增强。

**3）广告定制模式**

与视频直播广告不同，音频广告直播缺少可视化形象，主要依赖于主播语言描述。纯声音形态的广告通过声音能引发出无限的联想或想象，这正是音频不可替代的优势所在。音频直播间中的广告往往经过精心设计，放在不影响听觉体验的环节，以网民乐于接受的方式精心传播。因此，音频直播广告趋于个性化、定制化。在大数据技术下锁定目标，广告主向用户投放其感兴趣的声音广告，减少抵触情绪，故其广告往往收到意想不到的效果，获得较高的广告转化率。主播还可与粉丝共同参与多平台品牌活动，分享使用体验，线上线下联合，形成多方共赢的商业模式。

**4）电商模式**

2019年被网友称为"直播带货"元年，"视频直播+电商"模式大放异彩，比如某主播直播8小时，观看量达4 300多万。网络音频直播也有相似的购买模式。例如，在喜马拉雅FM的直播间内，有显示相关产品购买内容的圆形按钮，用户点击按钮即可直接跳转到购买页面，秒下订单，在线支付。在拥有百万粉丝的"喜马蒲松龄"杨湃的直播间中，右方按钮显示内容为"杨湃奇谈"，点进即为购买页面，还可定点抢五折购买券。除此之外，在车联网环境下，音频直播平台可通过汽车系统内置音频应用和销售音频硬件产品的方式拓展商业市场。①

## 6.6.3 网络视频行业的盈利模式

**1）商业广告**

网络视频商业广告是指网络视频服务提供商在网页、PC客户端、移动App（智能手机、平板电脑等）等各个渠道投放的有偿商业广告。目前，广告仍是视频网站的主要盈利模式。例如，在搜狐视频、爱奇艺、优酷等视频网站点击视频之后，都会出现根据视频时间长短而附加的相应时长广告，2分钟的视频节目，广告时长一般不超过20秒，而超过10分钟的视频，广告时长基本为30～40秒。

在形式上，目前主要有各渠道通用的视频播放贴片广告（流媒体视频广告）、信息流广告、暂停广告等。视频播放贴片广告（流媒体视频广告）是用户在观看视频内容之前或之后播放的由专业公司制作的商业短视频广告，除非用户开通VIP会员，一般不能跳过。贴片广告最受广告主的青睐，因其是集移动互联网与传统媒体两方面优势的一种广告形式，具有成本低、表现力强、不受终端限制等特点，是目前视频网站最主要和最核心的广告形式。

信息流广告是穿插在网页、PC客户端、移动App中的，以静态图片或动态图片、链接等载体形式表现的有偿商业广告。

---

① 童云，李雨琪，张启锐. 网络音频直播的特征与商业模式［J］. 现代视听，2019（11）：17-21.

暂停广告是在诸如播放暂停界面等特定场景下出现的广告，一般以静态图片或动态图片为载体，用户既可以通过点击跳转相关链接，也可以通过点击关闭按键来关闭广告。

商业广告为行业确定了重要的商业模式，纵观网络视频行业的发展历程，商业广告作为稳定、可以大规模推广的商业模式，伴随着行业一路发展，给了行业极大的发展信心。商业广告对行业的意义还在于为会员付费免广告的商业模式提供了重要的前提条件。

**2）用户付费**

随着国家、社会对版权、专利等所有权的重视和广泛宣传，中国消费者对付费才能获得服务的接受度越来越高。

网络视频用户付费，又可称作网络视频增值服务，是指用户通过直接的付费行为给企业带来的收入。在国内，目前网络视频用户付费主要有包月 VIP 会员订阅、付费点播两种主要模式。包月 VIP 会员订阅是指用户通过支付一定的费用，享受相应时间周期内的 VIP 会员服务，其会员订阅的最小时间单位为月。

网络视频 VIP 会员订阅与海外诸如 Netflix 等付费订阅网络流媒体视频相类似，不同之处是，国内的网络视频 VIP 会员订阅还包含免（跳）广告、优先（一次性）收看相应电视剧集、音质画质的提升等诸多方面的会员特权。

付费点播是指用户可以通过单独付费的方式，在一定的时间期限（一般为 48 小时）内在线观看一部需要付费收看的电影。单部电影点播和海外苹果 iTunes 电影商店、Google Play 电影商店等的单部电影租借相类似。目前，好莱坞主流的新近电影作品在国内各网络视频平台上线后，一般需要点播或用券观看。

用户付费商业模式的开发和培育，逐步降低了企业收入长期对商业广告的绝对依赖，成为企业比较重要的收入来源，对企业扩充收入来源、实现多元化发展发挥了关键的作用，从而有利于行业整体的健康发展。用户付费商业模式，尤其是 VIP 会员订阅模式，在多屏时代用户激增、消费黏性进一步提升的背景下，给予了用户多种会员特权和福利，使得用户能够通过合理的投入享受到高品质、有保障的网络视频服务。

**3）版权运作和分销**

随着行业的不断发展和各平台的大量尝试，近年来，新的网络视频商业模式纷纷涌现。虽然它们对企业整体的收入贡献低，且尚处于探索阶段，但对企业的多元化经营和盈利能力提升等方面，依然发挥了不可小觑的作用。

版权运作和分销是指网络视频平台采购了影视作品相应期限内的流媒体独家版权或开发了自制影视内容后，将相关版权分销到其他网络视频平台等其他播出渠道的商业运作模式。随着网络视频平台和海外影视巨头的合作关系不断加强，以及网剧网综的大规模生产制作，版权运作和分销的商业模式在国内也逐步走向成熟。

在中国，由于视频企业往往会采购某影视作品的在线流媒体独家版权或代理版权，并将其转授权给其他视频企业，因此版权运作和分销曾一度是仅次于商业广告的网络视频企业收入来源，但随着近年来用户付费模式的迅猛增长，网络视频企业将独家影视内容作为发展用户付费模式的重要筹码，将更多资源用于制作原创影视内容，并不再转授权优质的影视内容给其他视频企业，因此版权运作和分销这种商业模式的重要性迅速降低，让位于更具发展潜力的用户付费模式。

#### 4）硬件研发和销售

基于旗下海量的内容，近年来网络视频平台将目光瞄准承载内容的硬件领域，作为入口的互联网电视和OTT互联网电视盒子也就成为其新的战场。自有硬件一方面能够成为用户流量的重要入口，另一方面硬件销售还能创造收入来源。爱奇艺推出了OTT超清盒子，越来越多的网络视频服务提供商涉水硬件研发和销售，努力拓展这一商业模式。

#### 5）视频电商业务

视频电商业务的开拓是网络视频行业近年来的亮点。2014年10月，阿里巴巴和优酷土豆宣布共同推进中国营销领域的数据处理化进程，试水视频电商业务。2014年，爱奇艺推出了视频电商业务，并在众多节目与业务中深度探索；2015年4月，爱奇艺宣布旗下视频电商爱奇艺商城正式上线，用户在观看视频节目时可购买视频中出现的相关产品。例如，在爱奇艺买下独家版权以中韩同步周播的方式上线了电视剧《太阳的后裔》后，爱奇艺商城便同步推出了宋慧乔、宋仲基的剧中同款商品，提供一站式购买，使得"边看边买"这一在线购物模式，也逐渐被越来越多的用户接受和尝试。视频电商业务的发展使用户的广告注意和购买行为合二为一，成为网络视频变现的一大创新模式。

**职业工作站**

多媒体信息具有信息量大、信息冗余大等特点，但是多媒体信息可以采用最直接、最有效的方式进行传递。现在的网络技术和存储技术发展还不足以使人们可以自由地使用未压缩和未经编辑的多媒体信息，所以对多媒体信息进行压缩和编辑是有必要的。人们现在的生活多样化，需求多样化，对多媒体的需求也是多样化的，对现有音视频进行后期处理是人们对多媒体需求的一种。鉴于网络音视频对数据流量和网络的要求不同，音视频的质量和容量还要考虑到绝大多数网民的上网方式，以流量上网的网民和以无线上网的网民，对于音视频的画面音质要求和播放的方式是完全不同的。在编辑音视频时，也要充分考虑到观看者硬件方面的情况。同时，编辑网络音视频的内容时，需要重点把握播出的节奏，调节网络流量、音视频长度和网民在观看时的耐心程度之间的关系。

**本章小结**

本章主要介绍了互联网音视频的格式特点和类型等。对于主流的音视频格式，网络编辑人员需要熟知，并能根据不同需求进行格式转换。同时对音视频编辑基础进行了介绍，清晰的主体、良好的品质和组接是音视频剪辑的基本要求。本章最后对音视频内容运营相关知识进行了介绍。网络编辑人员需要了解基本的盈利模式，并能进一步发现新需求，找出新利基。编辑在制作网络音视频时，需要注意到互联网行业和传统行业如商城、电台、电视台的音视频制作有所不同，互联网行业的音视频需要在对用户行为习惯深入考察后，利用音视频配合字幕或者文字说明清晰流畅地展示公司宗旨和产品信息，能够让网民更直观地了解产品。同时，随着移动短视频的快速发展，竖屏模式视频发展迅速，如何更好地进行竖屏编辑是网络编辑需要注意的新热点。

## 主要概念和观念

□ 主要概念

流媒体　网络音频　网络视频

□ 主要观念

网络音视频的特点　网络音视频的编辑原则

## 基本训练

□ 知识题

▲ 简答题

（1）什么是流媒体？

（2）网络音视频节目的特点是什么？

（3）网络音视频的编辑原则是什么？

（4）根据书中关于流媒体的介绍谈一下流媒体的特点有什么？

▲ 选择题

△ 单项选择题

WMA是（　　）推出的与MP3格式齐名的一种新的音频格式。

A.微软公司　　　　　B.苹果公司　　　　　C.华为公司　　　　　D.谷歌公司

△ 多项选择题

（1）下列视频格式属于流媒体格式的是（　　）。

A.RM　　　　　　　B.RT　　　　　　　C.ASF　　　　　　　D.MOV

（2）网络音频新闻具有的不同于传统音频新闻的一些要素和特征是（　　）。

A.新闻语音　　　　　　　　　　　B.背景语音

C.重复收听　　　　　　　　　　　D.语言简洁而不晦涩

□ 技能题

▲ 单项操作训练

（1）查看几个网络音视频节目的格式。

（2）在互联网上找到一个提供网络音频服务的网站或者一款提供网络音频服务的软件。

（3）在互联网上找到一个提供网络视频服务的网站或者一款提供网络视频服务的软件。

▲ 综合操作训练

（1）为一家音乐广播电台在各音频分享 App 上建立专门栏目。

（2）建立一个以娱乐为主要内容的视频节目网站。

**综合应用**

□ 案例题

### 卫龙辣条如何在抖音视频中刷出高级感？

卫龙作为辣条界的翘楚，一直以创新取胜，它的营销手段也一直是业界津津乐道的话题，在入驻抖音短视频平台后，一条标题为"不可思议，辣条吃出了米其林的感觉"的短视频作品收获 17 万点赞。

在本条短视频中，卫龙选择从"高级感"的角度去展现产品，一方面为了提升品牌形象，力图抹去"辣条是垃圾食品"的刻板印象和固化认知，以大方向外界展示生产车间的做法获得了消费者的称赞，对品牌的信任度有所提升。另一方面，该作品的呈现方式也很简单且美好，作为原本认知中比较接地气的零食与视频里"高大上"的场景的反差带来了强烈的冲突感，增加了内容的看点和戏剧性，实现了与现在的年轻人追求的生活理念和生活质感的不谋而合，达到了精神上的共鸣，带来的是用户的高度认可。

资料来源　佚名．卫龙辣条如何在抖音营销上刷出高级感？［EB/OL］．［2020-08-22］．https://www.1330.com.cn/douyin/202011606.html.

问题：（1）除了"不可思议，辣条吃出了米其林的感觉"这条作品之外，卫龙其他的视频作品在流量上也取得了不俗的成绩，分析卫龙短视频作品的可取之处。

（2）结合本案例，分析在进行音视频编辑时如何为作品寻找、制造冲突点和戏剧性。

□ 实训题

设想自己将开设一个短视频账号，你对该账号如何定位和运营？如何在积累大量流量用户的基础上使其对账户产生黏性？如何进行粉丝价值转化，将用户直接转化到私域流量池？

□ 讨论题

（1）你觉得网络音视频将朝什么方向发展？

（2）现有的网络音视频有什么缺陷？

# 第7章
# 社交媒体平台编辑

## 学习目标

☐ 知识目标：

　　了解社交媒体平台的概念及特点，对支撑社交媒体平台发展的相关技术有所认识；了解 QQ 的主要功能及腾讯 QQ 看点的编辑技巧；了解微博的主要功能及信息传播特点，掌握微博编辑的技巧；了解微信的优势及主要功能，掌握微信公众号编辑的技巧。

☐ 能力目标：

　　能够合乎规范并熟练地进行腾讯 QQ 看点的编辑和微博的编辑；能够熟练地进行微信公众号文字、图片的编辑，并对版面进行设计。能够根据不同定位的微博主体的实际需要，运用微博编辑的知识与技能，分析与解决微博运营过程中的实际问题；能够运用微信公众号编辑的技能，创造性地设计与推送公众号内容。

☐ 素养目标：

　　通过社交媒体编辑培养思想政治素养，注重其所编发信息的思想性和政治性；培养对热点的捕捉和认知素养，能够及时发现社会热点；培养技术应用素养，紧跟互联网发展步伐，了解新媒体、掌握新技术、拓展新应用，不断拓宽传播渠道、创新编辑形式。

**【引例】**

### 2019微信数据报告

2020年1月份，微信官方平台发布的《2019年微信数据报告》呈现在了广大用户面前，用数据统计的方式，从微信公众号、小程序、朋友圈、微信运动、搜一搜、微信支付等方面展现出了2019年微信对人们生活的影响。

这份微信数据报告中指出，2019年微信的月活跃账户数为11.5亿，比2018年同期增长6%，而微信的活跃高峰时段一般在午饭前和下班后；微信公众号打开活跃高峰时间约为21：00，年轻人喜欢在微信公众号中看动漫类的内容，中年人看孕产育儿类内容；当前小程序总量约为3亿个，打开的活跃高峰时段在午饭前后和下班晚饭后，年轻女性多使用电商类的小程序，中年女性多使用文娱类小程序；在微信朋友圈中，男性更爱分享工作和游戏，女性更爱分享美食和情感，朋友圈国内打卡最多的地方是广州、北京、深圳、上海和成都等地，朋友圈分享热门歌曲TOP3为《我和我的祖国》、《你笑起来真好看》及《芒种》；微信运动的日人均步数为6 932步，周末微信少于100步用户数有1 200万，百步青年被朋友点赞的用户占比为23%；2019年的微信搜一搜十大流行语有：我太难了、小姐姐、正能量、996、佛系、单身狗、雨女无瓜、柠檬精、硬核、妥妥的；微信搜一搜中的北方搜索热词为海淀家长、普惠和新能源，南方搜索热词为垃圾分类、冲鸭和智能家居；微信支付中，支付人数增速TOP3行业为政务、医疗和教育，吃饭的时候59%的单是男性买，超市百货购物时，57%的单是女性买……

这份微信年度数据为我们展现了微信强大的生态圈，说明微信已经进入了人们生活的方方面面，对人们的社交、消费、娱乐、工作等都产生了极其重要的影响，也对整个社会的发展起到了极其重要的作用。相信随着技术的进步，微信将会更大程度地影响社会和用户。正如微信官方平台所说，所有完成都是序章，所有未完成都是伏笔。

资料来源 丁洋涛. 最全！2019年微信数据报告出炉，月活11.5亿的微信揭开这些秘密［EB/OL］.［2020-01-09］. https://caijing.henan100.com/2020/900937.shtml.

在这一章里，将向您介绍有关社交媒体平台的知识，尤其以QQ、微博和微信这三个典型的社交媒体平台为代表。我们需要了解社交媒体平台的功能及特征，并且对QQ、微博和微信三种社交媒体平台的编辑技能有所掌握。

## 7.1 社交媒体概述

### 7.1.1 概念

社交媒体（Social Media）作为一个基于网络技术发展而来的新兴概念，其有着多样的定义，国内学者结合国内外研究对社交媒体进行了描述。它是指建立在互联网技术，特别是Web2.0基础之上的互动社区，它最大的特点是赋予每个人创造并传播内容的能力。社交媒体是用来进行社会互动的媒体，是一种通过无处不在的交流工具进行社会交往的方式。

**社交媒体平台**是人们彼此之间用来分享意见、见解、经验和观点的工具和平台，现阶段国内的社交媒体平台主要包括微博、微信、博客、论坛等，国外的社交媒体平台有 Meta 和 Twitter 等。除此之外，更多新型社交媒体平台不断涌现，除了以社交为基本功能的平台之外，还包括以图片为主要内容的平台，例如国外的 Instagram、Snapchat、Pinterest；以视频为内容的平台，例如国外的 YouTube，国内的腾讯视频、爱奇艺、优酷，以短视频为内容的抖音、快手、美拍，以生活服务为内容的大众点评、马蜂窝等，这些都在其主要服务的基础上增加了社交的属性。具有不同功能、不同特点的社交媒体平台无处不在，在吸引了更多用户的同时，展现出强大的用户聚合力和社会影响力，而这些社交媒体平台在其发展过程中除了娱乐、分享、点评、直播、互动等功能外，也增加了新闻传播功能。

社交媒体平台以互联网为依托蓬勃发展，发挥着巨大的作用，产生极大的影响，其传播的信息已成为人们浏览互联网的重要内容，不仅制造了人们社交生活中争相讨论的一个又一个热门话题，而且能够吸引传统媒体争相跟进，进行信息的传播。

### 7.1.2　社交媒体平台的特征

**1）颠覆传统社交方式**

相对于传统媒体来说，社交媒体大大改变了传统意义上人们沟通与交流的方式，创造出了一种全新的社交方式。依托互联网平台，社交媒体建成了强大的社会交往生态圈，打破了人际交往的时空限制，把现实中的人际交往建成了虚拟的交流平台，人与人之间可以随时随地进行交流，减少了人们之间交流的距离感，同时也可以实现视频语音交流，使人际交往的效率更快。

**2）作为中介促进用户与媒体互动**

随着社交媒体平台的快速发展，已经吸引了越来越多的新闻媒体入驻社交媒体平台发布新闻，进行信息的传播。社交媒体平台作为中介，新闻媒体在社交媒体平台上发布信息吸引用户浏览观看，进而传播信息和制造效益；用户借助社交媒体平台参与信息讨论、发表观点，进行社交活动和信息浏览。新闻媒体和用户之间、用户和用户之间通过社交媒体平台这一纽带进行密切的互动。

**3）用户角色的多元化**

在传统媒体时代，用户只能被动接受信息，他们只是信息接受者这个单一的角色。而在互联网时代，新媒体技术的出现打破了传统媒体对信息的垄断，凭借新兴技术的运用，用户可以是信息"传播者"，生产信息内容；也可以是信息"被传播者"，消费信息内容。媒体和用户之间可以自由转换身份。

**4）信息传播的个性化、专业化推送**

在互联网迅速发展的背景下，网络上充斥着来自世界各地海量的信息，人们在阅览信息时势必会受庞大的信息流所困扰，从而接收到没有信息价值和不感兴趣的信息。现代科技的进步，使得网络平台可以通过后台算法来推测人们喜好的信息并进行分类，然后实现精准推送，进一步解决了人们对信息的选择和预览的难度，使得信息传播更加个性化、专业化、精准化。

### 7.1.3 当前三大典型社交媒体平台

随着互联网技术、移动通信技术及大数据等的快速发展，越来越多的社交媒体平台涌现在互联网上，成为人与人、人与物、人与社会之间沟通的重要渠道。这些社交媒体平台与个人社交、娱乐生活、信息传播深度融合，成为人们必不可少的使用工具。当前我国最典型的三大社交媒体平台是微博、微信和QQ，它们凭借着各自强大的功能与优势，成为最普及的娱乐和社交工具，对我们生活的方方面面产生了极其重要的影响。

## 7.2 QQ的编辑

### 7.2.1 QQ的发展历程

QQ是腾讯QQ的简称，是一款基于Internet的即时通信（IM）软件。目前QQ已经覆盖Microsoft Windows、OS X、Android、iOS、Windows Phone、Linux等多种主流平台。其标志是一只戴着红色围巾的小企鹅。腾讯QQ支持在线聊天、视频通话、点对点断点续传文件、共享文件、网络硬盘、自定义面板、QQ邮箱等多种功能，并可与多种通信终端相连。同时，QQ还可以与移动通信终端、IP电话网、无线寻呼等多种通信方式相连，使QQ不仅仅是单纯意义的网络虚拟呼机，而是一种方便、实用、超高效的即时通信工具。发展至今，QQ已有20多年的历史，是中国资历最深的社交媒体平台。以下是QQ的发展历程：

QQ于1999年2月诞生，原名OICQ，11月QQ用户注册数突破6万。

2000年，腾讯将其改名为QQ，6月QQ注册用户数破10万。

2001年2月，腾讯QQ在线用户成功突破100万大关，注册用户数已增至2 000万。

2002年3月，QQ在线用户突破300万大关。

2003年8月，腾讯推出的"QQ游戏"再度引领互联网娱乐体验；9月，QQ用户注册数升到2亿。

2004年4月，QQ注册用户数再创高峰，突破3亿大关；8月，QQ游戏同时在线人数突破了62万，跃居国内第一大休闲游戏门户。

2005年2月16日，腾讯QQ的同时在线人数首次突破了1 000万。自2000年6月腾讯QQ的在线人数突破10万以来，仅用了几年时间就达到了100倍的增长。

2008年6月，QQ同时在线人数突破4 000万，注册用户接近8亿。QQDNF黑钻业务推出，从此七钻鼎立。

2009年年末，QQ的注册用户数突破10亿。

2013年，腾讯公司发行QQ系列的最新版本QQ2013，进行了更多细节上的优化。

2018年12月12日，QQ发布公告，称由于业务调整，WebQQ即将在2019年1月1日停止服务，并提示用户下载QQ客户端。

2019年11月，腾讯QQ已经正式在微信平台上推出了"腾讯QQ"小程序，用户可以在微信上接收QQ消息。

2019年12月12日，《汇桔网·2019胡润品牌榜》发布，QQ以1 200亿元的品牌价值排名第15位；上榜2019最具价值中国民营品牌十强，排名第7位；在2019生活服务行业品牌价值中，全国排名第2位，民营排名第2位。

2020年1月，2020年全球最具价值500大品牌榜发布，腾讯QQ排名第27位。

### 7.2.2　QQ主要构成模块及其功能

**1）QQ群**

QQ群是腾讯公司推出的多人聊天交流的公众平台，群主在创建群以后，可以邀请朋友或者有共同兴趣爱好的人到一个群里面聊天。QQ群成员可以通过文字、语音进行聊天，在群空间内也可以通过群论坛、群相册、群共享文件等方式进行交流。QQ群的功能还包括群留言板、群相册、群硬盘、群名片、群邮件、匿名聊天、成员等级、查找群等。

**2）QQ空间**

QQ空间（Qzone）是腾讯公司在2005年开发的一个个性空间。QQ空间主要包括主页、说说、日志、留言板、音乐盒、相册、个人档案、个人中心、分享、好友秀、好友来访、投票、城市达人、秀世界、视频、游戏等。

QQ空间的功能包括写日志、写说说、上传用户个人的图片、听音乐、写心情等。除此之外，用户还可以根据个人的喜爱设定空间的背景、小挂件等，从而使每个空间都有自己的特色。当然，QQ空间还为精通网页的用户提供了高级的功能：可以通过编写各种各样的代码来打造个人主页。

**3）QQ游戏**

QQ游戏承载着QQ的休闲娱乐功能，它诞生于2003年，是腾讯首款自研游戏产品，也是全球最大的"休闲游戏社区平台"，拥有超百款游戏品类，上亿量级活跃用户，最高同时在线人数超过千万。目前已涵盖棋牌麻将、休闲竞技、桌游、策略、养成、模拟经营、角色扮演等游戏种类，典型的QQ游戏有欢乐斗地主、欢乐麻将、迷你麻将等。

用户用QQ号和密码就可以登录到QQ游戏中心，无须再次注册；或者在QQ上点击QQ游戏按钮即可进入丰富多彩的QQ游戏世界，并且可以在QQ上直接邀请好朋友一起玩游戏。

**4）QQ邮箱**

QQ邮箱由腾讯公司在2002年推出，是一款向用户提供安全、稳定、快速、便捷电子邮件服务的邮箱产品，目前已为上亿的邮箱用户提供免费和增值邮箱服务。QQ邮箱服务以高速电信骨干网为强大后盾，拥有独立的境外邮件出口链路，免受境内外网络瓶颈影响，全球传信。采用高容错性的内部服务器架构，确保任何故障都不影响用户的使用，随时随地稳定登录邮箱，收发邮件通畅无阻。

QQ邮箱的主要功能包括收发邮件、记事本、附件收藏、在线文档、联系人、文件中转站等。

**5）腾讯QQ看点**

腾讯QQ看点立足打造受年轻人喜爱的青春内容社交平台，丰富的社交化行为和以游戏、二次元动漫、明星、极限运动、时尚美妆、黑科技为主体的内容是其区别于市面上多数内容分发平台的主要特征。

Biu是腾讯QQ看点的站内分享操作，用户Biu过的内容会在其好友的看点首页展示；此外，用户Biu过的内容还会在用户个人主页"我Biu的内容"里按照时间先后顺序展示出来。

### 7.2.3 腾讯QQ看点的编辑技巧

**1）腾讯QQ看点如何发布内容**

（1）打开浏览器网页，搜索企鹅号，如图7-1所示。

图7-1 企鹅号搜索

（2）点击搜索出来的腾讯内容开放平台，如图7-2所示。

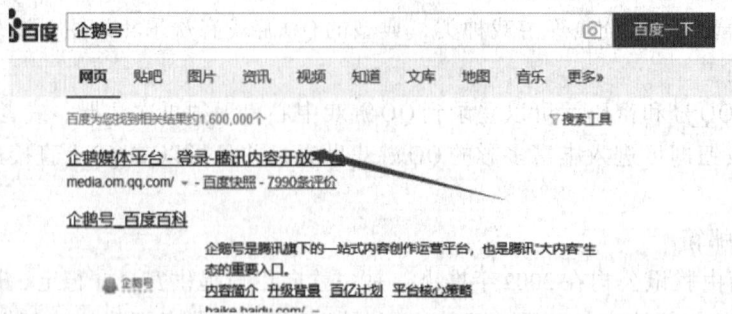

图7-2 内容开放平台

（3）接着点击内容发布，并输入你想发布的内容，如图7-3所示。

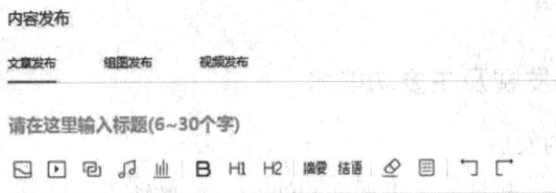

内容发布

文章发布　　组图发布　　视频发布

请在这里输入标题(6~30个字)

图7-3　发布内容

（4）在企鹅号上发布成功后，会被推送到腾讯QQ看点上，如图7-4所示。

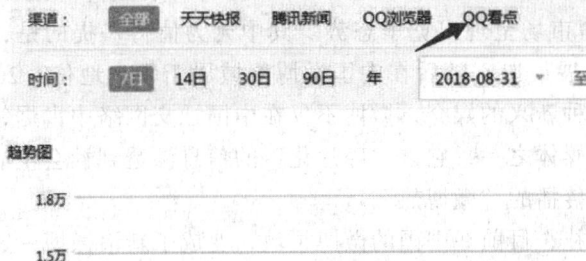

图7-4　推送到QQ看点

**2）腾讯QQ看点的内容编辑**

（1）文字编辑。因为腾讯QQ看点内容更聚焦于年轻人的娱乐生活与兴趣爱好，所以腾讯QQ看点在内容资讯上更偏重娱乐生活类等内容。要想吸引年轻人阅读，就要发布符合年轻人思维方式和喜好的内容。但是目前它存在的一个大问题是，看点中的内容质量低下，多以博眼球、猎奇内容来吸引用户，并且存在着抄袭、剽窃其他平台内容的现象。因此，我们在进行腾讯QQ看点内容的文字编辑时，要注意以下几个原则：

第一，要注重原创，对转载的文章内容标明来源；

第二，在编辑文章开头时，可以以金句开头，引发共鸣，或者设置悬念，激发读者好奇心；

第三，在编辑文章主要内容时，善于运用年轻人喜欢的流行语，营造轻松的氛围，此外在进行某件事的叙述时，可以以描述"痛点"为卖点，戳中读者的同理心来吸引读者阅读；

第四，在文章结尾时，可以抛出话题引发讨论，也可以以段子或金句结尾增强趣味性；

第五，整篇文章要体现出相应价值，避免出现低俗内容。

（2）视频编辑。在进行视频制作时，要尽量把时长控制在5分钟之内，尽可能快速地引起受众的视觉高潮，吸引读者观看；可以采用当下流行的炫酷类的特效和动感类的音频，切合年轻人的喜好；视频中添加的字幕可以采用当下的流行语或表情包。

## 7.3 微博的编辑

### 7.3.1 微博的发展及主要功能术

**1) 微博在中国的发展**

**微博**，即微博客，源自英文单词 microblog，又被称为"围脖"。作为 Web2.0 时代的产物，微博是博客形式的一种创新，但单篇的文本内容通常限制在一定范围内，用户能够通过微博融合的多种渠道发布文字、图片、视频、音频等形式的信息。它具有内容碎片化、使用方式便捷、传播迅速、交互性强等特点。

得益于互联网的快速发展和普及，微博开始在中国崛起。2009 年，相继涌现出一批新的微博网站，包括 9911 微博客、同学网、新浪微博、搜狐微博、腾讯微博等，并在中国微博市场呈现出竞争态势。其中尤为值得一提的是，2009 年 8 月开始公测的新浪微博发展最快，随后在中国微博领域居于领先地位。2010 年被称为中国微博元年，作为一种新兴的媒介，微博不仅在中国社交网络中占据领先地位，更成为中国最具影响力的媒体之一，它以"碎片化"的信息渗透到社会生活的众多领域，掀起了中国社会信息传播的"微博热"。

经过多年的洗礼，目前在中国的微博领域，变成了新浪微博一家独大的局面，新浪微博成为中国最大的社交媒体平台之一。微博发布的 2019 年第一季度财报数据显示，其月活跃用户数已经达到 4.65 亿[①]。除了普通网民利用微博平台进行社交和信息交流之外，媒体、企业、政府等纷纷注册微博账号，利用社交媒体的优势扩大自己的影响力。此外，越来越多的自媒体、大 V 在微博上涌现，扮演着意见领袖的角色，对网民或社会产生着或大或小的影响。

**2) 微博的主要功能**

微博自诞生之日起，其功能始终在不断完善。以新浪微博为例，新浪微博的主要页面包括发现页、关注页、推荐页、消息页及个人主页。微博用户不仅可以通过各页面浏览信息、转发分享信息，还可以通过互粉与其他用户进行交往互动，并且随着微博整合各种网络应用，用户在微博上可以进行的操作已经越来越多。总的来说，微博目前已具备的主要功能如下：

（1）基本功能：信息的获取与发布。用户在微博平台上进行评论、转发、关注、发送信息和讨论热门话题，都体现了信息获取与发布这一基本功能。

在信息获取方面，用户通过自由设置"关注"他人等功能，获取关注对象发布的所有信息，并且微博上大量的机构、名人、关注话题充分扩充了用户获取的信息总量、信息的广度和深度。在信息发布方面，用户可以通过"发布"或"广播"等功能，对外发布字数限制一般在 140 个汉字（各家微博略有不同）以内的内容，并且能够通过"转发"、"点赞"或"评论"等功能实现对他人信息内容的再次"发布"和回应。

---

① 数据来源于微博 2019 年第一季度财报。

（2）核心功能：社会性交往与互动。微博作为典型的社交性软件，充分发挥了社交媒体平台的功能，促进了人们的社会交往与互动。以新浪微博为例，其人际网络主要通过"关注"构建起来的"粉丝"关系实现，而信息互动则通过"评论""转发""点赞"等功能体现，二者在信息传播的过程中互相影响、互相促进。尤为重要的是，众多微博推出的实名认证功能，进一步强化了与现实社会的联系，成为真实的社会网络在虚拟的社交媒体平台上的延伸。值得注意的是，微博上的好友关系往往是以弱连接为基础的，好友之间在网络上通过"趣缘"、"业缘"、话题等因素相连接，结成网络关系，进行社交与互动。

除此之外，新浪微博推出"超级话题"（简称"超话"）功能模块，通过自动捕捉共鸣强、互动强、参与度高的话题，形成超话，参与者可以就该话题在超话社区中展开进一步讨论，同时可以与超话的其他参与者互动。随着微博某些长期话题的沉淀，"超话"的功能模块逐渐支撑起了微博社区文化，形成了在微博大平台中一个个的紧密"小圈子"。

在超级话题社区中，用户可以进行双向交流，同质性话题会引发强烈的价值认同。网民因为对相同话题的关注产生强互动性、强黏性和社区的内部管理民主化的运营特征，逐渐形成了圈子文化。网友快速持续的圈内信息发布和互动往往会带来圈子内部关系由弱变强的发展，在内部形成非常繁荣的生态，实现了特定群体的文化共创。

（3）拓展功能：整合各种网络应用。微博通过对多种互联网产品、网络应用的整合实现功能的不断拓展。当前微博拓展了微博红包、微博打赏等功能，还能够和电商平台进行合作，推广企业的产品。此外，用户还可以在微博平台上点击其他音乐平台的链接收听音乐等。

## 7.3.2　微博信息传播的优缺点

### 1）碎片化的信息传播

由于信息篇幅的限制，使微博的内容和信息量也受到一定的限制，呈现出"碎片化"的特点。这种碎片化的信息形式，一方面契合了现代社会信息化、时间碎片化影响下的生活方式，另一方面又在改变着人们关注信息的方式和习惯，甚至影响到社会生活方式和人际交往模式。

### 2）信息的多渠道整合

作为社交媒体平台中信息传播渠道的一部分，微博具有强大的整合功能，通过开放平台实现了对其他信息传播渠道的整合。目前，从传播信道上看，国内微博基本上都可以通过电脑、手机、平板电脑等工具以多元化方式发布信息。此外，微博平台十分注重微博产品与其他产品之间的融合，这使多渠道的信息传播更加便捷畅通，例如，传统媒体平台上发布的内容也可以在微博上发布，部分网络视频App上的视频可以在微博上观看。这样不仅形成多种信道的叠加效应，而且促进了传播渠道之间的互相影响。

### 3）病毒式传播加速信息流通

病毒式传播是以病毒的传播来比喻信息的传播，其共同特征在于迅速地传播和扩散，以及爆发式的影响力。微博的病毒式传播，主要通过其传播工具的便捷化、人际传播模式的高效率、社会网络的广泛性来实现，使信息在短时间内从一个节点传播到不计其数的节点，成为一种特点鲜明的大众传播形式，加速了社会信息的流通。此外，微博简短的信息量、充分的信息传播互动功能和多元化的传播渠道整合等因素也促进了这种病毒式传播。

### 7.3.3 微博的编辑技巧

**1）对微博进行准确专业的定位**

微博定位主要是内容定位，让别人知道你这个微博主要是干什么的，能从你这得到什么价值，你自己则要明确做这个账号的目的，是纯分享还是为了店铺宣传或者其他目的。

定位首先体现在微博账号命名、认证、微博介绍。要让别人从你的微博名称和介绍中大概知道你这个账号会是什么内容，从而容易吸引感兴趣的人群，如搞笑、美食、壁纸、自媒体还是优惠券或者影视相关内容等，如图7-5所示的几个知名博主的微博名和认证。

图7-5 微博大V的定位

**2）完善微博内容，加强自身特色**

（1）注重微博内容的原创性。在运营微博时，即使对他人的微博内容或观点持喜爱、赞同态度，也不能一味转发他人的微博，要注重内容的原创性，发布原创内容，通过自己的个人魅力或想法来吸引粉丝。

（2）注重微博发布的规律和时间。微博发布的次数过多会造成粉丝的视觉疲劳，尤其当我们发布的微博内容对于粉丝来说没有收获价值时，过多地发布微博就会引起粉丝的反感。因此，发布微博要注重发布的规律和时间，从而提高微博的关注价值。

（3）提高微博内容的质量。提高微博内容的质量要做到"人无我有，人有我精"，要善于观察生活，发现生活中跟微博主旨相关的东西，加以包装变成自己的东西，多挖掘，多积累。此外要讲究个性化和创新，将内容用一种更加新颖的方式加以呈现。

（4）内容连续连载。内容有趣且足够吸引人时可以尝试连载的方式，连续性内容让粉丝有期待，有期待就会一直关注微博，这就比一般的段子质量高得多。

**3）善于利用大众热门话题，选取热门关键词发博**

（1）巧妙利用微博热搜榜。微博热搜榜根据用户搜索次数排出前50的热门事件进行实时更新，内容丰富涉及方方面面。我们可以通过热搜榜来了解大多数用户都在关注的内容，将我们的内容和热门话题联系起来，吸引更多关注，获得更多阅读量和转发量，当然要尽量选取与中心思想有关联的热词和热门事件，否则会降低文案内容质量。

（2）发微博带话题。这是最直接的一种利用话题的方法，当然带话题也不能太多，最多两个，最好一个，带上关键词就好。

**4）利用粉丝效应，加强与粉丝的互动**

（1）主动挖掘潜在粉丝。在使用微博时可以通过发表有内涵、有价值的观点吸引粉丝，也可以通过抢占热门微博的热门评论的方式来吸引粉丝。

（2）利用网络大V的影响力。多和大V进行互动，转发、评论大V的微博，如果自身的原创微博被大V转载，则能够利用大V原本的粉丝基础来为自己涨粉。

（3）加强与粉丝的互动。可以在评论区与粉丝进行互动，巩固自己的粉丝群体，增强与粉丝的黏性，同时通过粉丝效应扩大自身的影响力。

**5）善于进行数据分析**

通过数据分析能够更好、更明确地了解粉丝以及自身运营方面的优劣。进行数据分析时可以使用微博数据助手的功能，进行粉丝分析、内容分析、互动分析、相关账号分析，从而获取精准的数据，提高运营水平。

**课堂互动7-1**

### 海尔官微的编辑与运营

海尔集团的官方微博作为典型的企业微博账号，截至2020年2月15日粉丝量已经达到137万，被网友评为"80万蓝V总教头"。海尔官微凭借在微博上的各项"神操作"成为企业新媒体运营界的标杆之一。

要求：从下面的海尔官微的一系列操作中，总结其在微博运营过程中所运用的技巧，以及这些技巧带来的好处。

1.定期发放福利（如图7-6所示）

**图7-6  海尔在微博平台发放福利**

2.转发并评论主流媒体微博（如图7-7所示）

**图7-7  海尔转发评论人民日报微博**

3.评论并转发粉丝微博（如图7-8所示）

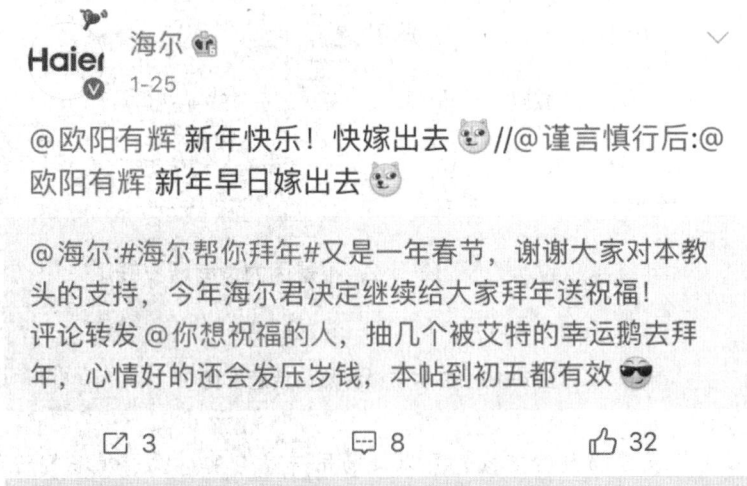

**Haier** 海尔
1-25

@欧阳有辉 新年快乐！快嫁出去 //@谨言慎行后:@欧阳有辉 新年早日嫁出去

@海尔:#海尔帮你拜年#又是一年春节，谢谢大家对本教头的支持，今年海尔君决定继续给大家拜年送祝福！
评论转发@你想祝福的人，抽几个被艾特的幸运鹅去拜年，心情好的还会发压岁钱，本帖到初五都有效

3    8    32

**图7-8 海尔评论并转发粉丝微博**

4.与其他品牌合作（如图7-9所示）

**Haier** 海尔
1-21 来自微博 weibo.com

他是@蒙牛未来星儿童奶，有他在，就有成长能量！
#拥海尔享年味#

**图7-9 海尔与蒙牛合作**

5.带热门话题（如图7-10所示）

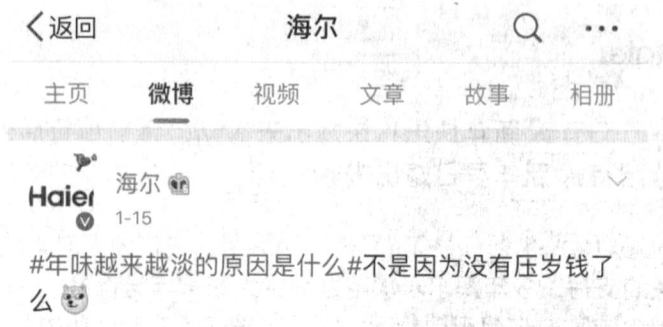

**图7-10　海尔带微博热门话题发博**

分析提示：

（1）通过定期发放福利的方式，可以提高用户参与度，吸引更多的粉丝关注，提高自身影响力。

（2）转发并评论官媒的微博，尤其是人民日报这样粉丝基础大的微博，利用了原博的粉丝基础为自己涨粉。

（3）评论并转发粉丝的微博，可以提高与粉丝的互动性，增强粉丝黏性。

（4）与其他品牌合作，利用其他品牌的影响力，达到合作共赢；带热门话题，提高参与性，吸引更多的受众关注。

## 7.4　微信的编辑

### 7.4.1　微信的发展及主要价值

**1）微信的发展**

**微信**是腾讯公司推出的一款社交媒体产品，它可以跨通信运营商、跨手机操作系统平台进行文字、语音、图片、视频等信息的实时发送。它既可以实现点对点的交流，也可以在朋友圈中进行信息分享，同时支持分组聊天、建群聊天、建立微信公众号等。信息发送本身是免费的，但是使用微信会消耗网络流量。

微信于2011年1月上线，根据腾讯发布的2019年第一季度财报，微信的月活跃账户数已经达到了11.12亿。微信已经成为国内最大的移动通信工具。

随着技术的发展，微信的功能越来越强大，除了进行社交活动外，使用微信还可以进行线上支付和在线购物，并且微信与很多电商平台达成了合作。微信还开通了许多服务功能，例如其他手机应用App可以通过小程序的方式在微信平台供用户使用，这为微信用户带来了极大的便利。此外，微信集成了在线游戏功能，成为用户使用微信的一个重要动力。

微信主要基于手机、平板电脑等移动终端，虽然它后来也推出了电脑版客户端，但电脑端的功能与移动端相比，还是有一定的局限的。

**2）微信的主要价值**

（1）社交价值。微信作为一款社交产品，社交是它最核心的价值和优势，也是支持它的其他功能的基础。

微信用户将社交方面的需求作为核心需求，网民在微信上使用较多的社交功能分别为文字聊天、语音聊天、群聊天和视频聊天，此外还有朋友圈的功能可供用户进行社交。也就是说，它不仅可以使用户进行点对点的密切交流，还可以使用户进行除点对点之外的更广泛的社交。因此，微信的社交优势极大满足了网民在社交方面的需求，它已经成为中国人进行社交的首要工具。

一方面，微信的即时通信功能使得它的社交黏性极强。微信朋友间更多的是一种"强关系"，这也是微信社交黏性强的重要原因之一。微信用一种多元的方式在其平台上营造出各种不同的社交手段及社交圈，以迎合人们多样化的社交需求。

另一方面，作为一种移动社交媒体平台，微信极好地运用了"场景思维"，使得空间和场景的意义大大加强，"附近的人""摇一摇"等功能就是这样一种思维的良好应用。通过点击"附近的人"，微信用户可以获得基于地理位置的其他用户的信息，找到附近的用户，进行社交。微信也可以通过摇一摇手机的动作方式，获得基于地理位置的歌曲、图片、影视剧等信息和服务。这些基于地理空间的社交及服务极大增强了微信的社交优势。

（2）信息交流的价值。媒体、企业、政府机构以及自媒体人对这个拥有庞大用户量的社交媒体平台的媒体属性赋予了无限的期待与厚望，以公众号为基础进行媒体化实践，促成了公众号在微信平台上不断涌现与发展。2017年底，微信公众号已超过1 000万个，其中活跃账号350万个，月活跃粉丝数为7.97亿。微信公众号已经成为用户阅读新闻、收集信息、获取资讯的一个极其重要的渠道。

微信公众号在微信中最具有媒体属性的功能，其传播特性在某些方面也与媒体传播相似，但微信的媒体属性不只限于公众号这个部分，公众号里的内容通常通过朋友圈或群聊等被广泛转发分享，扩大其传播范围，增大其受众覆盖面。

微信在发挥其媒体作用时，因为公众号发布的内容没有字数的限制，所以它在深度表达上有着独特的优势。但是，微信公众号的一个局限性是它的内容发布速度不及微博等其他社交媒体平台，即在时效性方面处于劣势。还有一个局限性是，某个相同的内容容易在不同的微信公众号上重复传播和转载。

（3）营销及服务的价值。随着微信的功能不断全面和强大，越来越多的企业将微信作为进行营销的平台，为用户提供服务。

微信营销是企业通过对微信平台上的用户数据进行挖掘、参与用户管理和个性化服务等一系列环节，把企业所提供的产品在微信上进行销售，所以微信营销并不是指将传统的广告搬运到公众号或朋友圈中。

微信也是一个个性化的服务平台。各个企业在微信平台上开通服务号，为每个用户提供一对一的个性化服务，这样一种新的企业客服方式为企业进行商业运营和服务提供了新的选择。

当前，越来越多的政府部门也借鉴企业服务号的运营方式，选择在微信平台提供服务。

### 7.4.2 微信的主要功能

微信作为目前国内最大的社交媒体平台之一，在发挥自身特色提供社交功能的同时，也不断为用户开发更多的便捷功能。这些功能以微信的主要构成模块为依托，涉及用户学习、工作和生活的方方面面。

**1）微信群**

微信群是微信平台进行社交的主要功能之一，它是指微信中小规模的多对多的互动平台，微信用户以某一要素为节点，组成群聊。多数微信群是线下现实关系在线上的转移，另外，现在也有越来越多的微信群是基于弱关系形成的，但在互动中会逐渐形成强关系圈子。

在微信群中进行交流时，我们同样可以采用与其他网络平台相同的传播方式，发送文字、语音、图片、视频以及表情符号和表情包等。

微信群包括群主和群成员。一般来讲，群主是一个微信群的核心人物，是微信群的发起者，他在建群之时，会对群进行定位，他所拉入的第一批群体成员与群定位紧密相关，丰富了群的整体构成。但是随着群体人数不断增加，或者随着群里某一任务的完成，群定位可能会发生一定的改变。

同样地，在微信群里可能会出现一定的话语权力中心，他们发挥着意见领袖的作用，一般这样的人是群主。除了群主之外的人，会有一些是活跃的信息贡献者和发言者，他们也许不会对微信群的走向和定位产生太大的影响，但是他们会巩固群的整体意见，或者通过不断地发现或转发信息，给微信群带来新的话题，促使群保持着持续的活跃度。微信群里另外一大部分人通常处于"潜水"的状态，他们一般不会发言，但是如果有一个吸引人眼球的信息或话题出现，很多"潜水"成员便会进行新的讨论与分享。

此外，微信群虽然可以进行信息的自由交流与分享，但是它并非一个理想的交流平台。群中的信息呈现方式使话题很难聚合，如果不是群成员有意维护某一个话题的交流秩序，那么各种信息交织在一起组成一个队列时，话题的焦点无法突出，话题之间的关系也很难明确，各种信息缺乏语境，显得杂乱。

**2）朋友圈**

微信朋友圈是微信用户与其好友之间进行分享的一种方式，用户可以在朋友圈里分享文字、图片、视频、转载的内容等，或抒发感情，或表达观点，而用户的好友可以以点赞和评论的方式与用户进行互动。

微信朋友圈是一种一对多的双向传播模式，每个用户分享的信息可以呈现给所有好友观看，也可以通过分组呈现给部分好友观看，所有好友分享的内容在用户的个人账户中以时间为序进行线性排列。值得注意的是，微信好友一般以强关系为主，因此朋友圈的开放程度是较低的。

微信朋友圈是一个相对比较封闭的系统，虽然也可以有一定的变化，但是它的结构是相对稳定的。尽管人们在现实中有较大的差异，但是朋友圈更多地强调了同质性，它也会表现出一定的对异质信息与意见的排斥。

从另一个角度来看，在微信的朋友圈中进行交流时，话语权力相对来说是平等的。微信朋友圈里人们更注重关系联结，在意情感的交流与互动，因此，人们的关系会更为稳定和持续。此外，由于微信的一个重要作用是维系小圈子中的关系，并谋求社会资本的回报，因此在朋友圈中人们会刻意地维持一定的和谐稳定的关系，在观点表达上也会更倾向于求同、维和，差异往往会被人们有意忽略或掩盖。

### 3）微信公众号

2012年7月，微信上线公众号功能，以订阅号、企业号、服务号的模式将用户与资讯、服务连接在一起。根据西瓜数据《2019年公众号生态调查报告》显示，2019年微信公众号已超过2 000万个，其中活跃账号超500万个，公众号已成为用户在微信平台上使用的主要功能之一。

微信公众号已形成成熟的流量变现模式。经过数年发展，庞大的创作群体加速了微信公众平台的快速发展，尤其是粉丝数量的激增促使公众号从单纯内容输出向商业化、专业化转变：企业通过企业号、服务号发布官方信息并直接与用户沟通，订阅号通过打赏、推广广告等方式进行流量变现。微信公众号已形成广告推广、电商、内容付费、付费打赏等清晰的商业模式，并围绕公众号产业链集聚了大量第三方运营企业。

目前，公众号以鼓励高质量原创内容、与小程序相互引流等方式进入了新一轮发展阶段。2017年，微信团队加入公众号付费阅读功能，通过提高原创者的广告分成并开通原创声明功能保护原创者版权，以提高公众号推文质量。公众号运营方通过增加小程序，促进两者相互引流，增加公众号变现渠道。同时，公众号迁移功能的开放，既解决实际运营者与账号所有者不一的问题，又为运营者开辟了新的涨粉通道，公众号正脱离独立运营模式，加强与小程序、微信支付的结合，融入微信生态圈中。

### 4）小程序

自2017年初正式发布以来，小程序凭借无须安装、触手可及、用完即走的优点以及小程序自带的社群属性，在微信平台上迅速发展，数量增长迅猛，成为重要的商业流量的入口。小程序凭借轻应用的优势，迅速受到微信用户的关注。根据腾讯2018年第一季度财报，截至2018年3月，微信小程序月活跃用户数已经超过4亿，上线小程序数量高达58万个，主要涉及零售、电商、生活服务、政务民生等200余个领域，小程序在微信中的渗透率已达43.9%，显示出较强的成长性。

由于国内App市场竞争激烈，在超级App占据大量流量的背景下，小程序市场对于广大中小型App而言是一个极好的发展机会，促使众多开发商迅速涌入。小程序广泛连接线上、线下各场景，2018年3月用户访问量最多的小程序类型主要有游戏、电商、餐饮、出行、教育等。

此外，小程序具有高度的社交化属性，成为微信重要的独立应用平台和引流渠道。小程序以线下扫码、转发至微信群、微信内下拉搜索等作为进入方式，先天具备较强的社交特点，其使用过程中易产生流量转换、推广、消费。也就是说，小程序不仅增加了应用场景和新的变现渠道，而且凭借微信社交化的传播方式增加了产品的曝光和消费机会。

**5）微信支付**

随着消费者支付观念的转变以及移动支付技术不断成熟，根据艾瑞咨询的数据，2017 年中国移动支付用户规模已达 5.62 亿，移动支付已逐渐成为国内大部分城市用户主要的支付方式。

发展之初，微信团队利用微信的社交属性，每年推出不同的红包玩法，"红包大战"本质在于刺激用户在微信平台内绑定银行卡，将庞大的社交用户群体同金融和支付对接，为微信平台完成了可靠的支付环节建设，扩大了社交媒体平台的影响力。

目前，微信支付凭借国民级社交工具入口的优势，成为国民主要的线上支付方式之一。

**6）摇一摇**

"摇一摇"是微信中的一个基本功能，设计之初，通过摇一摇手机这样的动作，用户可以发现同时也在摇手机的其他用户。发展至今，"摇一摇"已经不只是发现附近的朋友，还可以"摇歌曲""摇红包""摇电视""摇周边"等，为微信的商业化应用带来了新的发展空间。

摇一摇这个动作本身是源于人类本能的一个简单设计，它是这一功能的一个触发器，其作用就如同人们用手指点击一个菜单一样。但是它可以让用户的这一行为变成可传播的符号。它通过与歌曲、影视、红包等功能进行结合，赋予了这一行为独特的意义和乐趣。在未来，"摇一摇"还会被设计到更多的场景中，开拓不同的场景可能性。当然，这也离不开环境信息采集、环境识别、数据分析与匹配等技术的支持。

**7）视频号**

近年来，短视频的迅速发展逐步重塑了用户的阅读习惯。微信生态矩阵也开始布局短视频，于 2020 年 1 月推出独立的"视频号"功能模块。"视频号"和"摇一摇"一样位于微信的发现页中，成为微信的重要功能，如图 7-11 所示。

图7-11  微信发现页

　　视频号的使用者可以连续上滑沉浸浏览短视频内容，在内容分类上，包括朋友点赞过的视频、官方推荐视频和自己关注的视频号账户视频。当用户自己注册了视频号账户后，就可以进行视频内容的创作和发布。

　　视频号相较于其他短视频平台的优势在于它与微信生态的绑定。在视频号内容发布之后，微信用户可以直接进行点赞、评论互动，并转发到朋友圈和聊天对话中，微信也设置了专属的提醒和消息样式。当用户与某视频内容互动后，其微信好友也会收到该内容的推送，由此产生二级甚至多级传播。

　　截至 2021 年，视频号的日活跃用户数已达到 4.5 亿，人均使用时长达到 35 分钟。

　　视频号作为微信生态的重要组成部分，还能和微信中的公众号相互链接。比如，当用户关注某公众号时，如果该公众号也注册了视频号，就可以通过相关指引让用户直接进入视频号界面。相对地，用户也可以通过视频号主页的链接关注相关公众号。

　　视频号直播也与公众号进行了链接，如图 7-12 所示。当有公众号对应的视频号开启直播时，会在订阅号页面展示"直播中"样式，更直接地吸引用户的注意力。视频号直播也一样可以发布在朋友圈和聊天对话中点击直接进入。

图7-12　中国电影报道实现了公众号与视频号的互链

　　借此，视频号有效丰富了微信公众号的内容形式，突破了单一的文字及图片的内容创作方式，为微信公众号主体提供了更加多元化的内容创作载体和更丰富的流量入口。

### 7.4.3　微信公众号的编辑技巧

　　微信公众号作为用户获取信息的主要平台，在进行编辑时要掌握一定的技巧才能吸引受众阅读，从而提升自身影响力。

### 1) 微信公众号的内容编辑

（1）推送内容的选择。微信公众号在推送内容时，一般采用两种形式：一是单条信息单独推送，二是多条信息组合推送。因为公众号在推送信息时会受到信息推送次数的限制，所以多数公众号会倾向于每天采用多条信息组合推送的方式，特殊情况下会采用单条推送方式。[①]

当公众号对推送的内容采用组合的形式时，无论推送内容有几条，一定有一篇是作为重点来推送的，这与传统媒体中的头条相类似。作为头条的内容在推送界面出现时，采用的图片更大，标题更醒目，图片内容对于吸引人们点击正文阅读具有重要的作用。公众号所选择的头条如果能与订阅者的兴趣相呼应，将会提高订阅率和点击率，进一步提升传播效果。

（2）标题与引导语的写作。微信公众号的内容与微博那样可以直接向用户呈现有所不同，它是"折叠"的，或者说是分层呈现的。当某篇文章的标题及引导语具有吸引力时，人们就会决定是否要点击阅读这篇文章，此时标题及引导语就发挥了重要作用。

结合当前我国用户的阅读习惯，在微信文章的标题或引导语写作中，常常运用的技巧有：

强调故事或观点的戏剧性与冲突性；

通过数字的运用给人权威、理性的感觉；

运用设问，反复制造悬念；

击中人们感情的柔软之处；

运用流行词语；

……

总体来看，标题和引导语的写作以展示"卖点""痛点""泪点"等作为主要写作方式，吸引受众眼球。当然，对这些手段的运用是要掌握分寸的，一旦过度，就会招致人们的反感，例如"不转不是中国人"这样的表达方式，极易引起人们的反感。重要的是，标题和引导语一定要准确传达文章内容的亮点与要点，展现一定的事实，揭示文章的核心。

### 2) 微信公众号的图片编辑

好的封面图或是配图可以作为一篇文章的敲门砖。下面从素材搜索、图片制作和图片尺寸修改与排版三个方面说明微信公众号图片编辑的小工具和小技巧。

（1）素材搜索。素材可以从搜索引擎、高质量图片网站以及GIF图库中寻找。搜索引擎是我们最常用的搜图方法。在百度、必应、谷歌搜索素材时，可采用多语言搜索的方式，可得到更多的素材内容进行选择。例如，搜索"动物"和"animals"会得到不一样的结果。也可以从高质量的图片网站如Pixabay、500px、Flickr上搜集，这些网站包括照片、插画、矢量图和视频等，有的内容可免费下载。

动态图片是微信公众号吸粉的关键一项，搜索动图同样是每个微信公众号编辑人员

---

① 彭兰. 社会化媒体理论与实践解析［M］. 北京：中国人民大学出版社，2015：294-303.

的重要工作，动图可以从 Giphy、SOOGIF、gif 喵上搜集。Giphy 是一个在线动态 GIF 图片搜索引擎，只要用好 Giphy，基本的动图都能找到。SOOGIF 是国内的一个动图网站，集合了 GIF 压缩、剪裁、制作的功能，更方便实用。Gif 喵则是斗图常用的国内网站，内容全面且动图质量比堆糖、花瓣上的普遍要高，并且也自带 Gif 制作和压缩功能。

（2）图片制作。在正文图片不适合做文章封面时，可以自己做一张封面图。

下面介绍下简单快捷的做图方法：

①PPT 制作。利用 PPT 做纯文字系列图片，简单快速，印上 Logo 就比较有特色，如图 7-13 所示。

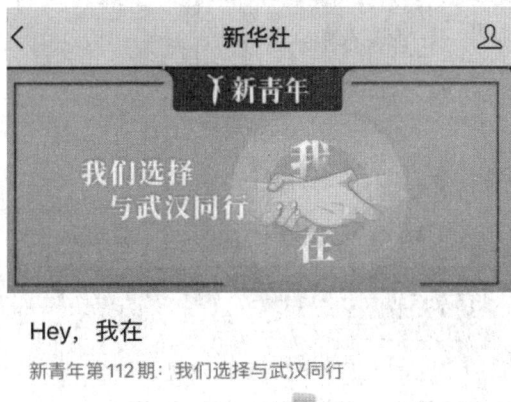

**图7-13　新华社推文封面图**

②创客贴。创客贴是国内目前主流的在线设计工具，模板多样，操作简单，适宜于公众号封面、朋友圈邀请函、搜集海报、二维码等多种社交内容的制作，如图 7-14 所示。

**图7-14　创客贴页面**

（3）图片尺寸修改与排版。

①尺寸修改。很多人会忽略微信封面图大小这个因素，而一个好的封面图可能就

是一篇文章的敲门砖。微信图片封面的最佳尺寸是900px*500px，多图片非首条尺寸为200px*200px，可以用电脑自带编辑器进行大小修改，也可以用PPT、美图秀秀等进行图片大小的修改。

下面以PPT修改为例：

A.在顶部，设计—幻灯片大小—页面设置中进行大小设置修改，如图7-15所示。

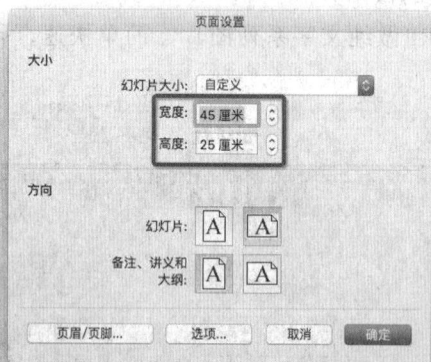

图7-15　页面设置

B.做好之后，在文件—导出中修改导出设置。

注意选"仅保存当前幻灯片"，尺寸改为"900*500"，如图7-16所示。

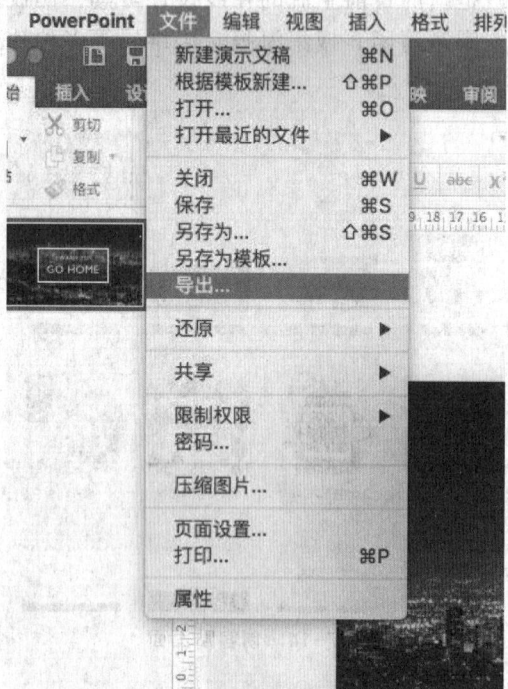

图7-16　幻灯片导出

②图片排版。

A.留白。目前来看，留白已经是很多主流排版方式的一种经常性选择，不论是 PPT，还是设计行业都有这样的趋势。这在微信排版中同样适用，所以建议在文字和图片之间留一行空白，在手机阅读时体验更好。

B.居中。图片加入后对齐方式设为居中，可以确保在电脑中查看时图片也很规整。

### 3) 微信公众号的版面编辑

（1）版面编排模式。公众号的内容版面主要体现为图文组合的模式，还包括视频+文字模式、单纯的文字模式等。

在进行编排时，可以选择几张与正文匹配的图片放在页面中，图片的位置可以位于标题与正文之间，以及文章中间的某个位置。插入图片是可以发挥重要的作用的，一方面，图片的加入可以加强内容的真实性；另一方面，放置图片可以调节受众的视觉。

对于过长的文章，需要在文章的开头加上内容提要，帮助用户了解全文。同时，也可以在文章中加入若干小标题，起到调节视觉和引导阅读的作用。

有些公众号在进行内容编辑时，会使用微信公众号内容的编辑软件，采用边框、花字、花边、动画等丰富的形式对内容进行编排，提高文章内容的可读性和丰富性。

在正文页面的最后，可以加上一些自我推介性的内容，如微信号及关注方式、二维码、联系方式等。

微信公众号在编辑内容时，对于色彩和字号的选择也有一定的要求。色彩和字号应该以适合多数用户的使用习惯为基本原则，但是要特别注意避免过多的变化，否则会影响用户的阅读体验。另外，在有些文章中，可以适当在某些关键词上进行色彩或字体的变化来提示重点阅读内容。

（2）排版技巧。微信公众号排版很重要，排版美观程度直接影响阅读体验。微信公众号的排版可以说既包含了传统排版的技法，又融合了许多"被微信平台的特点"而激发出来的排版手法。

① 微信公众号排版有何不同之处。微信公众号已经成为中国网民获取信息的主要来源，曾经担任这个角色的可能是新浪新闻、腾讯新闻或者再早一些的人民日报等媒体。虽然听上去是风水轮流转，但微信公众号与报纸和传统网页媒体之间的差别却非常大，它具有以下特性：a.纵向滚动：没有翻页，没有横屏（虽然支持，但几乎没有人会横屏阅读），只有纵向滚动这种形式，长文显得漫无尽头。b.主要用手机屏幕呈现：相比电脑和书本，手机的屏幕更小更窄，可发挥的空间也小，网格设计系统的用武之地不多了。c.阅读碎片化：阅读时间短，阅读耐心小。除了有其他公众号，还有微信的通信功能共同剥夺着读者的时间，让读者不能长时间停留在你的文章中。

② 微信文章排版。纵向滚动、手机屏幕呈现、阅读碎片化三个特点是这个时代、微信的产品设计和微信生态共同的产物，一个好的微信文章排版要适应并利用这些特点。

A.清晰的层级设计

微信文章的排版需要清晰的层级设计，用清晰的层级设计来解决纵向滚动的弊端。有了清晰的层级设计，即使看很长的文章，读者也知道自己读到了什么地方，只要不迷路，阅读就有动力。

在交互设计领域，有一种方式叫面包屑导航，即"手机>智能手机>苹果手机"这样层层递进并且把结构显示出来的导航样式。其名字的由来是在没有地图等辅助定位方式的情况下，人们会用在地上撒面包屑的方式记录走过的路径。

面包屑导航被运用在很多系统复杂的网站中，比如淘宝和京东的筛选器都采用了这种导航模式，如图7-17所示。

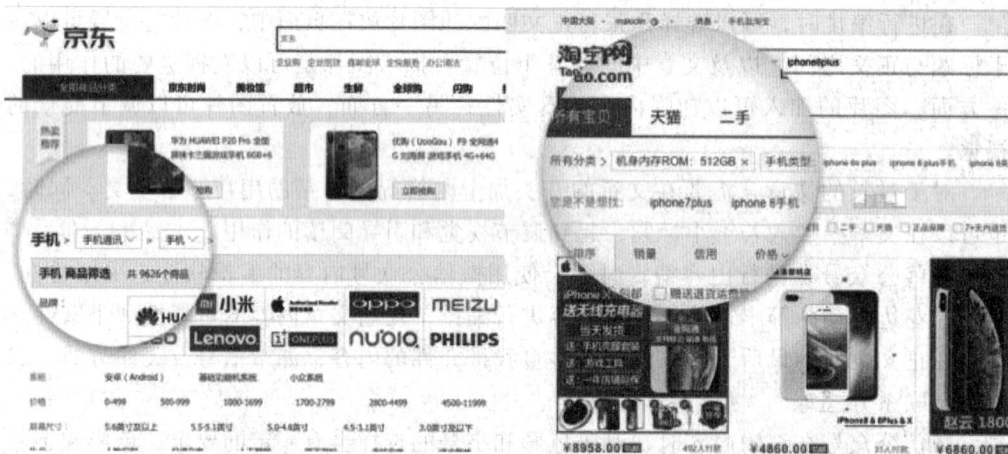

图7-17　京东、淘宝导航模式

面包屑导航的精髓在于，它非常清晰地让用户知道自己在哪里，在看什么东西，不会迷失于偌大的网站中。其实，微信公众号文章的排版面临着同样的问题：手机屏幕又窄又长，而且是无限纵向滚动的，让读者知道自己在哪里是非常重要的。想要在微信文章中提醒读者所在的位置，可以通过清晰的层级设计实现，可以使用以下办法：

方法一：在小节之间插入分割线或序号。最基础的办法是在小节之间插入分割线或序号。在每个段落结束的时候插入分割线可以让读者明显地感受到：线以上的内容和线以下的内容是不同的，而且我刚刚读完了一节。如果觉得分割线的视觉效果太过明显，可以尝试降低分割线的透明度。当然，分割符号也是一个很好的选择，如图7-18所示。

如果使用序号就更好了，一来可以让小节之间的区分更加明显，二来可以起到类似页码的作用。比如，图7-18中十点读书公众号就采用了"序号+分割线"分小节的手法。

方法二：强调小节标题。如果文章中的小节有明确的标题，则可以通过强调小节标题来分割层级。强调小节标题的方法有很多，通常情况下可以使用居中、加粗、变色等手法强调小节标题。

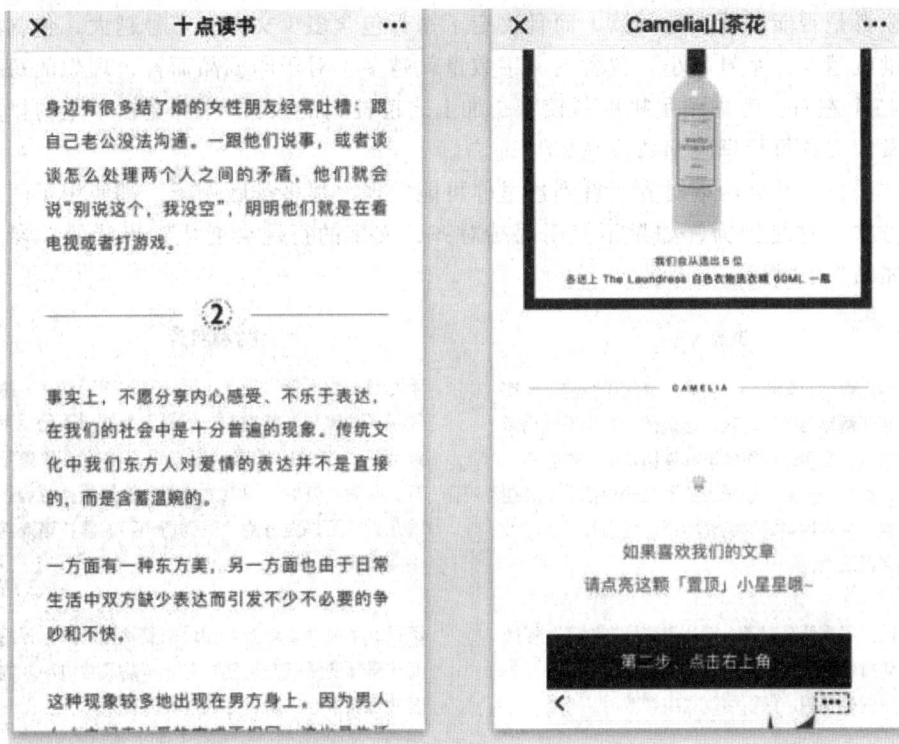

**图7-18　分割线或序号排版**

方法三：在每个小节开始处插入图片。还有更加直接的方法就是在每个小节开头的地方添加一个图片。这个图片类似于题图，但是它是属于该小节的题图，要注意图片所展现的内容一定要符合该小节所传达的内容。如果图片的内容与小节内容无关甚至冲突，反而会降低读者的阅读速度，或误导读者。

通过在小节之间插入分割线或序号、强调小节标题以及在小节开始处插入图片三个方式就可以构造清晰的层级设计了。

B.创造减压的排版

宽松的排版可以给读者提供舒适的阅读环境，减少读者的阅读压力。就好像穿高跟鞋和运动鞋走同样的路，穿运动鞋可以让你走更长的路，舒适的体验能让读者花费更长时间阅读你的文章，加之现代人工作和学习压力更大，看一个"可看可不看"的公众号，读者很有可能随时离开，而设计在其中的作用就是不让读者因排版设计而离开，甚至通过排版设计让读者阅读更长时间，这就需要创造一个"减压的排版"。

以下几种方法，可以给微信文章创造一个减压的排版：

方法一：宽松的页边距和字距在页面上留白可以给读者创造视觉休息区，在微信上排版也是这样。留白第一步就是增加页边距，对于纵向可以无限滚动的手机屏幕来说，只有屏幕左右两边的留白可以称为页边距。在微信公众平台的编辑器中你可以使用"两端缩进"设置增加页边距，两端缩进设置在8或16看起来会比较舒适。

方法二：恰当的字号，同样是利用横向空间。在长长的手机屏幕上，字号不仅决定了读者是否能够清晰地阅读，而且决定了每行包含多少文字。字号越大，包含的文字数量就越少；字号越小，包含的文字数量就越多。对于印刷品而言，理想的每行字数在45个左右。考虑到手机屏幕较窄，加上之前提到的大页边距+宽松字距的排版手法，微信文章每行理想字数应在20个左右。

方法三：开启两端对齐。看到这里你可能发现，很多排版例子，都使用了两端对齐的方式。这是因为，如果不使用两端对齐，文字的行尾会变成锯齿状的，参差不齐，如图7-19所示。

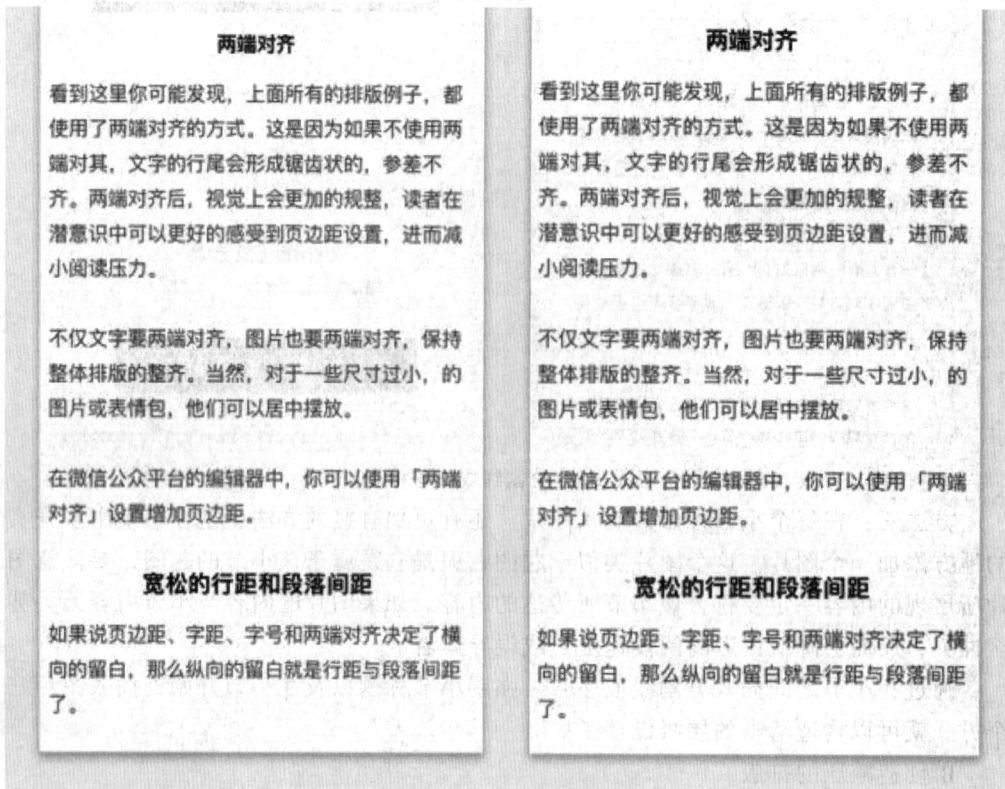

**两端对齐**

看到这里你可能发现，上面所有的排版例子，都使用了两端对齐的方式。这是因为如果不使用两端对其，文字的行尾会形成锯齿状的，参差不齐。两端对齐后，视觉上会更加的规整，读者在潜意识中可以更好的感受到页边距设置，进而减小阅读压力。

不仅文字要两端对齐，图片也要两端对齐，保持整体排版的整齐。当然，对于一些尺寸过小，的图片或表情包，他们可以居中摆放。

在微信公众平台的编辑器中，你可以使用「两端对齐」设置增加页边距。

**宽松的行距和段落间距**

如果说页边距、字距、字号和两端对齐决定了横向的留白，那么纵向的留白就是行距与段落间距了。

图7-19 文字两端对齐

两端对齐后，视觉上会更加规整，读者在潜意识中可以更好地感受到页边距设置，进而减少阅读压力。

**4）多媒体在微信公众号中的运用**

第一，语音的运用。运用语音的方式可以增加内容的可信度，提高公众号的影响力，让读者有近距离交流的感觉。但是语音要想成为一种常规性的传播手段，也需要像文字一样，提高其内在价值，如图7-20所示。

第二，信息图表的运用。运用信息图表可以更直观、简洁地向用户表达信息的内容，数据的呈现方式也有助于增强信息的透明度和可信度。图表如果设计合理、表达准确，往往比文字更容易理解与接受，传播也更为方便，如图7-21所示。

### 罗胖60秒：为什么你需要《资治通鉴》？

原创 罗振宇 罗辑思维 今天

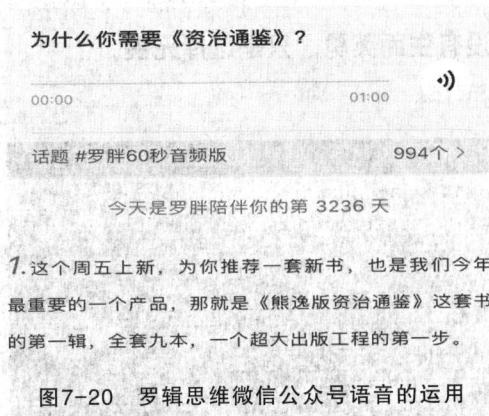

为什么你需要《资治通鉴》？

00:00      01:00   ))

话题 #罗胖60秒音频版     994个 〉

今天是罗胖陪伴你的第 3236 天

*1.* 这个周五上新，为你推荐一套新书，也是我们今年最重要的一个产品，那就是《熊逸版资治通鉴》这套书的第一辑，全套九本，一个超大出版工程的第一步。

图7-20 罗辑思维微信公众号语音的运用

### 10连降，有的也出现反弹，这些数据你要关注

人民日报 昨天

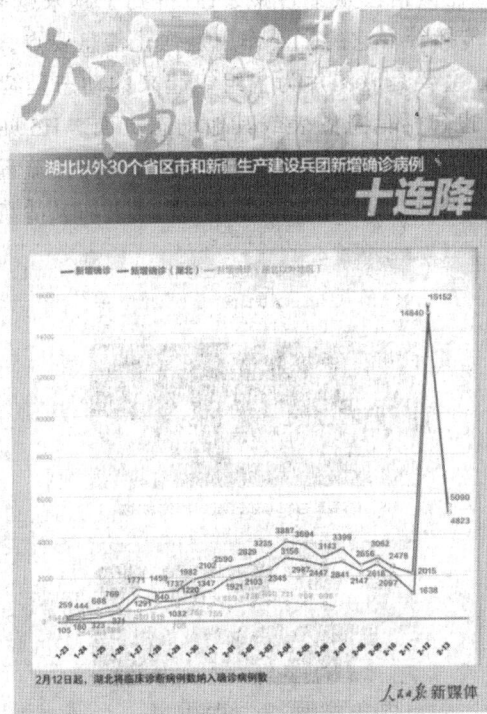

图7-21 人民日报微信公众号图表的运用

第三，视频的运用。视频的运用方式包括微电影、短视频、宣传片、纪录片等，运用视频可以使信息内容更直观生动地表现出来，调动用户的兴趣，尤其在当前快餐化阅读的时代下，短视频运用得更加广泛，通过在短时间内引起受众的视觉高潮，达到信息的有效传播，如图7-22所示。

**图7-22　人民日报微信公众号视频的运用**

第四，H5的运用。在微信公众平台中，H5得到了越来越多的应用，包括游戏、调查、广告、互动内容传播等。它的主要作用是强化信息要点，提升视觉享受和参与体验。目前H5的设计，主要是以图片为主组织起来的动态延续的信息单元，其中的图片既包括新闻图片，也包括信息图表或其他动态页面。H5页面中信息要点的出现可以是动画式的，通过动态顺序来强调页面中的信息及阅读流程，也可以有一些动态交互的部分，以展开信息细节。页面之间的切换方式更加灵活自由，趣味性可以做得更好，如图7-23所示。

**图7-23　人民日报微信公众号H5的运用**

**课堂互动7-2**

如果要在微信公众号上对某一电商产品进行推广，作为编辑应该如何制作这条公众号推送内容？

要求：对推送内容的文字、图片、版式进行总体设计。

分析提示：在进行微信公众号推送时，要对文字内容、图片、排版等几个方面有一个总体把握。注意对推送内容有所定位，编辑文字时把握事实，善于对图片进行编辑，用"文字+图片"的形式向受众传递优质内容。最终在排版时采用相关技巧，让版面既有内涵又有新意。

其操作步骤如下：

（1）进行单条信息推送，采用"文字+图片"的形式。

（2）在进行文字编辑时，因为要推送新闻内容，因此标题和导语要客观公正，展现事实，不得夸大、不得使用"标题党"的方式。

（3）在进行图片编辑时，要选用与新闻内容相关的图片，可以选择几张与正文匹配的图片放在页面中，图片的位置可以分别位于标题与正文之间，以及文章中间的某个位置，起到突出主题的作用，图片大小要适中。

（4）在最终排版时，首先要有清晰的层级设计，其次可在文字内容之间插入分割线或序号；另外，可以设置宽松的页边距和字距，选择恰当的字号，进行两端对齐。

### 7.4.4 微博与微信的传播差异

微信诞生于微博在中国发展良好之际，很快，微信便与微博齐头并进，成为我国两大社交媒体平台。微信对中国用户的社交媒体使用有很大的影响，其与微博有很大的差异。

**1）微信比微博更注重私人关系诉求**

微信一般以强关系连接用户，微博以弱关系连接用户，微信好友的关系比微博好友更为紧密，这就使得人们对这两种平台的诉求有所不同。对微博，人们获取公共信息的诉求更为突出，而对微信，人们维系私人关系的诉求更为明显。

因此，微博的活跃度往往需要一些公共事件或话题的驱动，如果某一时期的公共话题较少，或者某些话题由于平台管理的原因受到限制，微博的活跃度就会下降。而微信中的私人关系对用户能产生更强的黏性，即使活跃度不高，微信的基础通信功能也足以维系大多数用户。

**2）微博注重媒体取向，微信注重社交取向**

作为微博平台的运营商，新浪将其在媒体运作方面的一贯经验在微博平台上发扬光大。众多大V的凸显，便是其强化微博媒体特色的重要手段，尤其是越来越多的主流媒体借助微博平台发布新闻、传递信息，成为受众获取资讯的重要渠道。目前，人民日报的官方微博已经拥有1.11亿粉丝且在持续快速上涨。

微信的社交偏向更为显著，以社交媒体起家的腾讯更多地将社交关系的连接作为平台的主打优势，通过文字、语音、视频聊天等功能增强用户黏性，将微信打造成维系日常人际关系的首选平台。

**3）微信的传播模式呈扩散式，微博的传播模式呈裂变式**

微信中信息的传播以社交联系为基础，一个公众号无法直接把信息推送给未关注的用户，一个用户也无法把信息发给非好友的用户，这就使得一个终端信息源一次性只能面对有限的接收末端，并且受到微信好友数量的限制，微信中信息的二次传播也就是转播也是受限制的。这就使得微信中信息的传播不可能极快地达到整个目标网络，以完成全面的传播，只能以相对稳定的上升趋势逐步地完成一定范围的覆盖，从小到大地扩散。

在微博中，具体信息的传播模式是裂变式的。微博上每一个用户公开推送的信息都可以被所有的微博用户看到，用户能面对的受众是一样的，只是个体的影响力有所不同，这就决定了一个终端信息源一次可以面对所有的信息接收末端，而且所有的用户都拥有评论转播的权利，这也为某一具体的信息提供了更多被转播的可能，信息能够很快在全网范围内完成裂变式传播。

**4）微信朋友圈"求同"，微博"求异"**

由于微信的一个重要作用是维系小圈子中的关系，并谋求社会资本的回报，因此，在朋友圈中人们更倾向于关系的稳定与和谐。在观点表达上，人们更倾向于求同，差异往往会被人们有意忽略或掩盖。

在微博这样的大圈子里，用户要凸显自己的价值，更需要的是表现个性与差异，差异会被人们强化、放大，并且成为吸引注意力的重要手段。

**职业工作站**

### "咕噜健身厨房"的微信生态运营

特点一：垂直领域，个人IP鲜明

"咕噜健身厨房"是微博博主"咕噜健身吃喝日记"在微信平台开创的公众号（如图7-24所示）。从账号名称就可以看出账号主人的个人标签："健身"和"吃"，账号主人的昵称"咕噜"又会给用户差异化的记忆点。所以，用户既能通过搜索"健身"等关键词锁定此公众号，也能从其他平台对"咕噜"这个人本身的记忆点搜索到该公众号。"咕噜健身厨房"从名称上就在不断提醒用户两件事："我是谁"及"我能为大家带来什么样的价值"，给关注者留下了深刻印象。

在关注公众号后，公众号会向关注者自动推送一条图文回复。此处的内容设计是公众号对读者的二次引导，也是公众号品牌形象的直接传达，如图7-25所示。

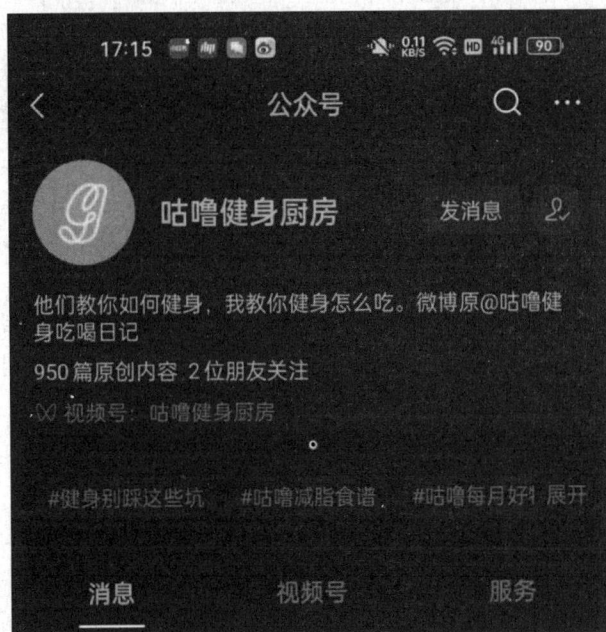

**图7-24 咕噜健身厨房公众号**

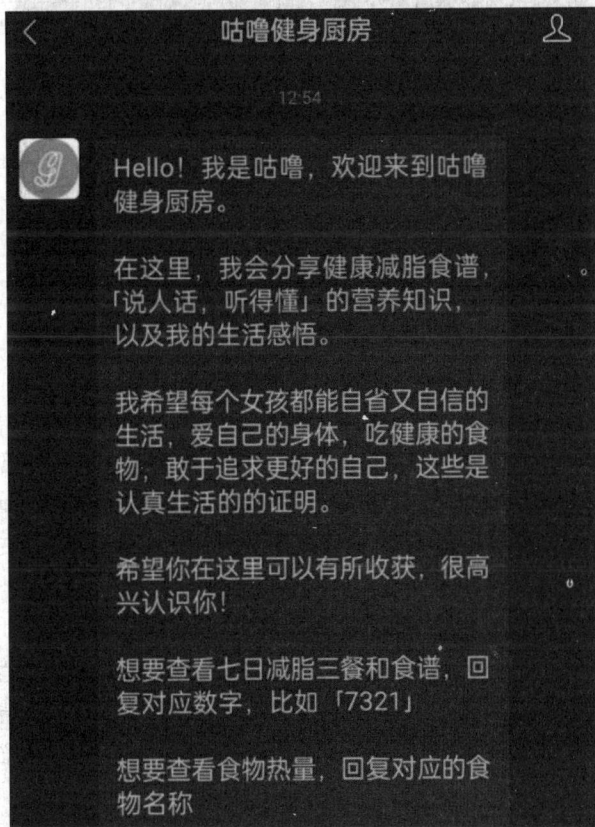

**图7-25 咕噜健身厨房回复文**

"咕噜健身厨房"在自动推送文首就用"'说人话，听得懂'的营养知识"直接传达了自己的价值，又对"每个女孩"传达希望，与自己的精准受众直接沟通品牌的调性。最后，以回复数字直接跳转订阅话题的形式，增加了用户阅读、使用公众号的流畅感和易用性。

特点二：内容模块设计合理

"咕噜健身厨房"的更新频率为周更，每周都会上新文章推送，形式上有图文，也有视频，如图7-26所示。在内容的组织方式上，"咕噜健身厨房"将成系列的内容板块进一步整理为"订阅话题"，如"咕噜的7日减脂3餐"话题，目的在于培养用户的长期饮食习惯。在推送内容中也会引导读者长期订阅，从而形成对公众号更深层的记忆点。

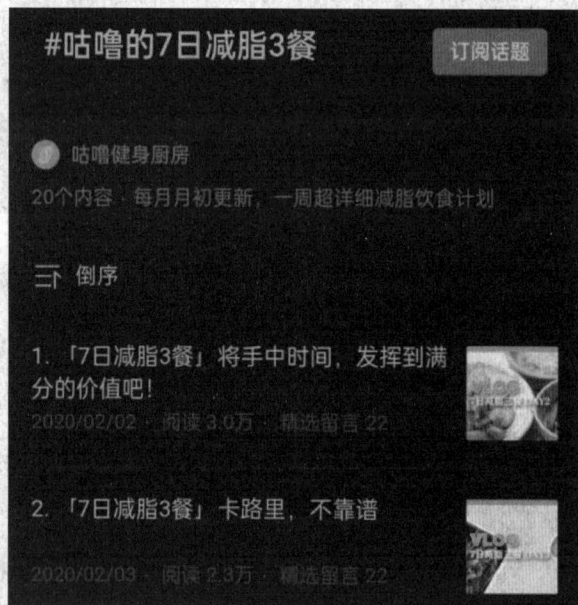

**图7-26 咕噜健身厨房发布的信息**

相比文字内容，视频的表现会更加具象、丰富，当然也更轻松和娱乐化，因此，视频对账号主人的镜头语言和个人表现力会有进一步的要求。"咕噜健身厨房"的视频形式主要是Vlog式的博主直拍，进一步增进了与粉丝的互动，加深用户对账号的黏性；更具人性化的内容模块设计也可以吸引不同渠道的受众，从而盘活用户的增量部分。

特点三：注重线上全平台矩阵发展

在研究成功的公众号的特点时，我们不难发现公众号只是一个自媒体运营方式的其中一环。在微信生态内，在"咕噜健身厨房"公众号的菜单栏内直接关联了账号的视频号，也会将自己的食谱中常用的食材或是测评视频中展示过的商品放在关联的微信小程序"咕噜轻卡"中售卖，如图7-27所示。

**图7-27　咕噜健身厨房小程序**

　　在微信生态外，微博是"咕噜健身厨房"的另一处关注来源，在公众号介绍处就特意标明了相关的微博账号；女性生活方式的主题也使得小红书成为"咕噜健身厨房"的重要阵地。用户复合的关注行为，代表对该账号的强黏性；基于全平台、多形式的内容，自媒体还能设计付费链路，引发更广泛、更高频的用户付费转化，最终达到商业化变现的目的。

## ➡ 本章小结 ➡

　　随着互联网技术、移动通信技术以及大数据等技术的突飞猛进，社交媒体平台以其强大的功能和优势渗透到了人们生活的方方面面，成为人们必不可少的工具。尤其随着QQ、微博和微信的发展，这三大典型的社交媒体平台已经成为人们进行社交、娱乐、生活、获取资讯的重要渠道。不仅如此，媒体、政府和企业也在充分利用QQ、微博和微信，作为发布信息、塑造形象的主要窗口。

　　本章主要对社交媒体平台进行了详细的讲解。首先讲解了什么是社交媒体平台以及社交媒体平台的特征，对支撑社交媒体平台发展的技术做了介绍，对社交媒体平台的核心要素进行了说明。其次，本章重点对当前我国三个典型的社交媒体平台QQ、微信和微博进行了详细的讲解。对QQ进行讲解时，要了解QQ的主要功能，并且善于运用腾讯QQ看点的编辑技巧发布内容；对微博进行讲解时，要在掌握微博主要功能及其传播特点的基础上，学习如何进行微博的编辑；对微信进行讲解时，要了解微信的主要功能，对微信强大的生态圈有明确的认知，再从文字编辑、图片编辑、排版等方面掌握微信公众号编辑的技巧。此外，还要明确微博和微信二者之间的差异，尤其对传播特征与应用特征有所区分。

## ▷ 主要概念和观念 ➡

□ 主要概念

社交媒体平台　QQ　微博　微信

□ 主要观念

社交媒体的特征　QQ的主要功能　微信的主要功能　微博的主要功能

## ▷ 基本训练 ➡

□ 知识题

▲ 简答题

1.微信公众号文字编辑的技巧有哪些？

2.腾讯QQ看点的编辑技巧有哪些？

3.微信与微博的传播差异有哪些？

4.企业如何编辑微博进行自身推广？

□ 技能题

▲ 单项操作训练

1.在知名企业的微信公众号中分别找出"文字+图片"形式、纯视频形式、纯图片形式、H5形式的推送内容。

2.找出具备分割线和小标题这样的排版特征的微信公众号。

3.找出一个构筑微博矩阵的企业官方微博。

4.看一看不同定位的微博用户是如何吸引粉丝的。

▲ 综合操作训练

1.参考【课堂互动7-1】，分析海尔官方微博在运营过程中所使用的策略。

2.开通一个个人微信公众号，以推广电商产品为主题，进行内容的编辑与版面设计。

## ▷ 综合应用 ➡

□ 案例题

纽西之谜（geoskincare）品牌属于新西兰NZ Skincare Company Ltd公司，该公司于2000年在新西兰成立，致力于为大众特别是爱美女性提供安全高效的护肤产品，维持肌肤理想状态，解决肌肤护理需求。它在2020年夏天通过主播直播间的方式出现在公众视野中，接着用户被"种草"，销售额迅速提升。与此同时，纽西之谜在微博电商转化上也带来了新的突破，利用KOL矩阵账户投放产品信息，通过KOL影响力提升用户对产品的信任感，产品迅速地实现了被KOL"种草"的同时又无缝衔接电商转化，ROI提升明显，使品牌变现、占领市场起到了立竿见影的效果。纽西之谜微博投放如图7-28所示。

**图7-28　纽西之谜微博投放**

　　在整个微博引流电商的转化枢纽上，纽西之谜也做到了五大引流入口的打通，用户在微博上的任何被"种草"动作都可以直接转化，一键直达销售链接窗口，如图7-29所示。

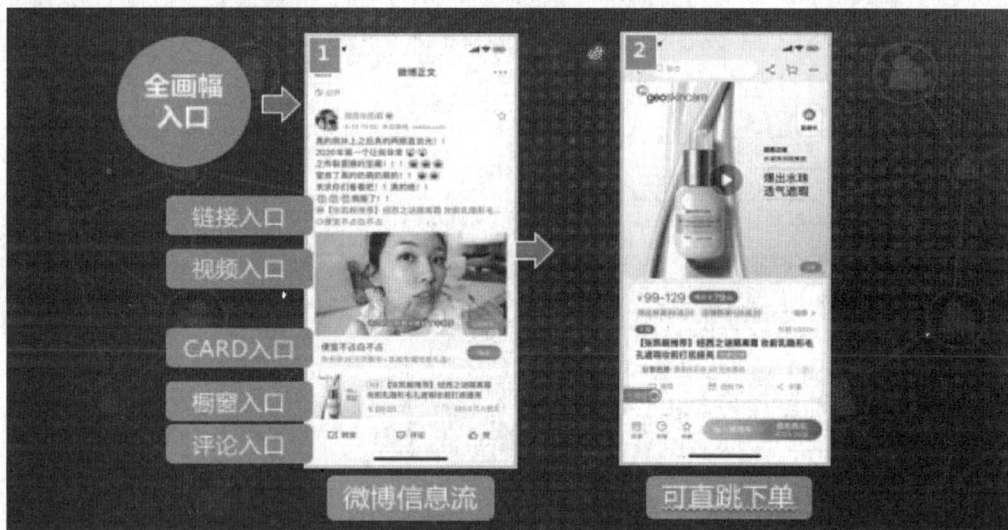

**图7-29　产品跳转购买链接窗口**

　　问题：微博在电商营销中起到了什么作用，微博KOL矩阵合力推广的工作模式对你有什么启示？

　　□ 实训题

　　（1）尝试根据最近发生的新闻，写一篇微信公众号推送稿件，并添加相关图片进行版面设计。

　　（2）假设你为某企业运营官方微博，你如何利用最新的热门话题推广企业产品，写出你想要发布的微博文案。

□ 讨论题

微博和微信作为当前最重要的两大社交媒体平台，分别都吸引了媒体、政府和企业入驻平台来进行信息的交流和分享，这两大社交媒体平台也成为它们对外展示的重要窗口。利用好这两大社交媒体平台，有利于媒体、政府和企业扩大传播力、影响力、宣传力。那么媒体、政府和企业在编辑微信公众号及微博的过程中有什么区别？有哪些可以互相借鉴的地方？

# 第8章
# 手机客户端编辑

## 学习目标

□ 知识目标：

　　了解手机客户端的概念；了解手机客户端的分类；了解手机客户端的发展历程；了解手机客户端的发展现状；学会手机客户端标题的制作；了解手机客户端的文案设计方式；了解界面设计的基本原则和常见的布局方式。

□ 能力目标：

　　能够根据手机客户端分类进行客户端的编辑，合乎规范并熟练地进行手机客户端的编排和设计；学会活动策划案的写作。根据手机客户端分类设计文案和标题；能较熟练地设计手机客户端的文案和界面。

□ 素养目标：

　　坚守信息时代手机客户端编辑的素养；培养手机客户端编辑完善的知识素养与技能素养，具备丰富的知识储备和文化底蕴，通晓广博的人文社科知识；培养与时俱进的新媒体业务素养，符合新媒体快速阅读、扫描式阅读、依赖标题识别内容的阅读特点。

【引例】

## 小红书：标记我的生活

作为年轻人的生活方式平台，小红书以"Inspire Lives 分享和发现世界的精彩"为使命，鼓励用户通过短视频、图文等形式来记录生活点滴，分享生活方式，并基于兴趣形成互动，成为新时代的消费决策入口。小红书 App 首页如图8-1所示。

图8-1　小红书App首页

截至2019年7月，小红书用户数已经超过3亿；截至2019年10月，小红书月活跃用户数已经过亿，其中70%新增用户是90后。在小红书社区，用户通过分享文字、图片、视频笔记，记录了这个时代年轻人的正能量和美好生活，并且通过机器学习，实现了海量信息与用户的精准、高效匹配。

分析：在小红书 App 中，首页有关注、发现、附近三个 Tab 供选择。除 Tab 切换外，有搜索和 Feed 流两个主要模块，其中 Feed 流占大部分位置。这也与之前分析的用户场景相吻合，即：社区使用者主要分为主动和被动浏览者，主动浏览者来到首页后搜索，而被动浏览者通过阅读 Feed 流获取信息。

在关注、发现、附近三个 Tab 中，发现 Tab 和附近 Tab 都用了瀑布流的方式展示，而关注 Tab 用了类似微博和朋友圈的普通 Feed 流方式展示。这主要是因为，发现和附近 Tab 中，通过智能算法推荐给用户的笔记需要让用户在短时间内获取更多的信息量，瀑布流恰好能满足这一需求，同时错落有致的图片排版允许视线任意流动，也能缓解用户的视觉疲劳。相反，以订阅模式分发笔记的关注 Tab 中，用户看到的都是自己感兴趣的内容，需要对笔记详情一目了然，则不适宜用瀑布流。

界面、内容、用户体验……手机客户端的编辑对编辑人员的职业素质能力有着极高的要求，手机客户端编辑必须与时俱进、真抓实干，积极研究和探索，提升素养，才能有效应对各种挑战，促进手机客户端的良性发展。

# 8.1  手机客户端概述

## 8.1.1  手机客户端的概念和分类

**手机客户端**的意思是应用程序（英文名 Application，缩写为 App），通俗地说就是手机软件，主要指安装在智能手机上的软件，用于完善原始系统的不足与个性化，满足用户的不同需求，为用户提供更丰富的使用体验。手机客户端作为移动设备功能的拓展，开始受到越来越多用户的关注，甚至有将移动互联网手机客户端化的趋势。

根据苹果软件和安卓软件平台的手机客户端开发应用情况，手机客户端移动应用大致分为五大类：工具类、社交类、生活服务类、休闲娱乐类、行业应用类。

**1）普适需求的工具类手机客户端**

工具类应用，可以理解为用户在一定环境下，需要了解某事物所使用的工具，并且这种对工具的需求并不具备普适性的特征，并不是每位用户都需要此类工具，例如手电筒、安全卫士、流量监控器等。

**2）人情交往的社交类手机客户端**

社交类手机客户端是指能够支持用户之间相互通信交流的移动应用软件。通信沟通类手机客户端主要包含可以使用户同步沟通的即时通信应用，用户可以通过应用相互传送图文、声音、视频，如微信、QQ 等，以及保证用户之间异步沟通的移动邮箱，如网易邮箱等。

**3）生活服务类手机客户端**

在一个手机客户端为主要载体的时代，App 开发热潮不减，并逐渐渗入到百姓的日常生活领域。生活服务类的手机客户端作为智能“生活助理”的角色，为人们的日常生活提供便利。其可以分为生活信息处理和生活智能助理两部分。生活信息处理为用户提供生活中衣食住行等方面的信息，使用户的生活更加便利；生活智能助理为用户提供时间管理、移动定位、移动支付以及一些事务的助理服务。这方面的手机客户端目前有大众点评网、去哪儿、支付宝等。

**4）解压释情的休闲娱乐类手机客户端**

高频度强压的生存条件下，很多人需要在繁重的工作之余，利用有限的时间去放松情绪。这样的心理需求越来越普遍，休闲娱乐类的手机客户端如雨后春笋般，一时间充斥着整个手机娱乐市场。休闲娱乐类手机客户端是指能够为用户提供休闲和精神娱乐享受的移动应用产品。休闲娱乐类手机客户端中主要为游戏类手机客户端，几近占据该类手机客户端中一半的市场份额。除游戏之外，还有图文娱乐、移动音频以及移动视频等，如电子书、网络电台、网络视频等。

**5）行业应用类手机客户端**

行业应用类手机客户端是指能够支持用户进行指定行业工作的企业级移动应用软件。其分为一般应用和专业应用两个部分。一般应用主要是负责制订工作计划进行项目管理的 Office 类手机客户端。专业应用根据企业用户所处的行业又各不相同，在各个产业都有应用，因为其用户都是专业性很强的企事业单位，并且其设计开发具有一定的保密性，所以数量很少，如中国移动推出的蓝海领航、中国联通推出的警务新时空等客户端。

### 8.1.2　手机客户端的特点

总体而言，手机客户端有以下四个特点：

**1）精准性**

手机客户端的精准性表现在用户属性特征的准确。手机客户端大部分都是用户主动下载的，在一定程度上说明下载者对客户端感兴趣，并且多数手机客户端都会提供分享到微博、微信等社交媒体的功能，会聚集具有相似兴趣的目标群体。同时，手机客户端还可以通过收集手机系统的信息、位置信息、行为信息等，来识别用户的兴趣、习惯。例如，识别手机的型号、系统，辨别是旗舰机还是中端机，就能估计用户的收入水平和兴趣爱好；可以通过识别用户常看的页面，分析其行为习惯，获得关于用户属性特征的准确判断。

**2）互动性**

手机客户端提供了比以往的媒介更丰富多彩的表现形式。移动设备的触摸屏就有很好的操作体验，文字、图画、视频等一应俱全，实现了前所未有的互动体验。而且，手机客户端还打开了人与人的互动通道，通过在内部嵌入 SNS 平台，使正在使用同一个手机客户端的用户可以相互交流心得，在用户的互动和口碑传播中，提升用户的品牌忠诚度。该程序是企业产品和服务的最好传播者，下载、安装该程序的一般都是企业的客户或者潜在客户，一旦他们下载使用该软件之后就会成为企业的长期忠诚客户，能够留住老客户、吸引新客户。

**3）创意性**

手机客户端是一种新的工具、新的媒体、新的呈现方式，带来了前所未有的创新性体验。它带给人的是方便、是实用，以前人们只能通过浏览器浏览网页、上网购物、查询资料，现今手机客户端不仅实现了一键达到目的的要求，更是延伸到了生活和工作的各个领域。

**4）超强的用户黏性**

如今人们无论去哪都是手机不离身，一有空当就会把手机拿出来玩，哪怕是上厕所的时间也不放过。手机客户端抢占了用户的这种零散时间，而且只要不是用户主动删除，手机客户端就会一直待在用户的手机里头，品牌就有了对用户不断重复、不断加深印象的机会。与传统的广告方式相比，手机客户端软件能够降低广告成本，宣传效果更佳，无须按点击和播发次数付费，其图文并茂、形象生动的广告表现形式，无论在费用还是效果方面都比传统的广告更胜一筹。

### 8.1.3 手机客户端的发展历程

手机客户端的出现最早可追溯到1997年NOKIA手机所内置的贪吃蛇游戏。当时手机都为单色显示屏，依靠导航按键进行操作，所以游戏相对简单，但其带给用户的娱乐性是不容忽视的，并且游戏性的本质使得目前市场上出现的手机客户端仍以游戏为主。由于是在手机出厂前内置于手机内，用户无法对其进行自行修改，这些游戏多被用户认为是手机功能的一部分，但从今天对手机客户端定义的角度可以看出当时贪吃蛇之类的游戏即是目前手机客户端的雏形。

随着移动设备进入功能性时代，手机客户端的发展也进入了一个新的时期。随着JAVA等编程技术的发展与普及，出现了许多可供用户自由安装、卸载的应用程序，其中以游戏娱乐类为主，即形成了最初的手机客户端。同时，GPRS的推广使得手机与互联网相连接，有关互联网的手机客户端开始产生，使得最初以提供娱乐为主的手机客户端开始向资讯、社交、工具等方向发展。智能手机的出现同时也促进了手机客户端的发展，相较于非智能手机，智能手机拥有自己的操作系统、独立的处理器，以及更大的显示屏幕，促使了手机客户端的开发标准化、操作流畅化以及表现多元化，为设计开发提供更多便利。最早的手机客户端商店NOKIA的Ovi也是在这个时期出现的。

自2000年以来，全球信息通信科技呈现一片蓬勃发展的势头。以摩托罗拉、诺基亚、爱立信等当年的手机巨头为例，不同品牌的手机分别更新换代，使手机从2G迭代到3G，同时手机的外观设计也从按键式逐渐变成了触摸式，使得App的质量与数量发生了巨大的变化。

2007年，苹果公司CEO乔布斯重新定义了智能手机，并推出iPhone第一代，这种仅有一键操控的划时代产品，让人们的生活悄然发生变化，彻底改变了移动终端设备的格局，引领了触屏设备的大爆发，改变了用户和手机制造商对手机的认知：手机的软件比硬件更重要。

2008年，苹果推出了iPhone 3G和iOS系统环境下的App Store，最初其中只有500个App应用。在同一年，HTC公司出产了史上第一款安卓系统手机G1，自此安卓手机中的App应用软件就开始了安卓系统下的井喷式发展。

据CNNIC《2019年第43次中国互联网络发展状况统计报告》数据，截至2018年12月，我国市场上监测到的移动应用程序（App）在架数量为449万款，如图8-2所示。

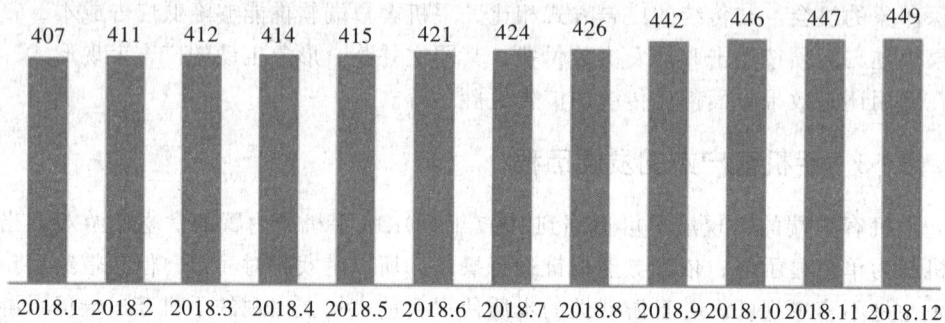

| 407 | 411 | 412 | 414 | 415 | 421 | 424 | 426 | 442 | 446 | 447 | 449 |

2018.1 2018.2 2018.3 2018.4 2018.5 2018.6 2018.7 2018.8 2018.9 2018.10 2018.11 2018.12

来源：工业和信息化部                                                            2018.12

图8-2  移动应用程序在架数量（单位：万款）

如图 8-3 所示，截至 2018 年 12 月，我国本土第三方应用商店移动应用数量超过 268 万款，占比为 59.7%；苹果商店（中国区）移动应用数量约 181 万款，占比为 40.3%。

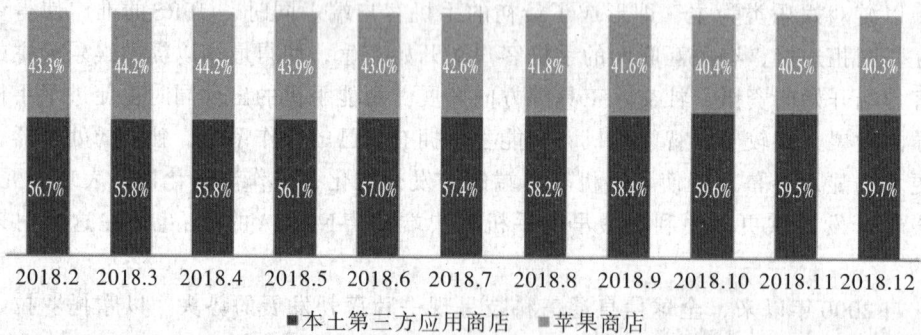

| 43.3% | 44.2% | 44.2% | 43.9% | 43.0% | 42.6% | 41.8% | 41.6% | 40.4% | 40.5% | 40.3% |
| 56.7% | 55.8% | 55.8% | 56.1% | 57.0% | 57.4% | 58.2% | 58.4% | 59.6% | 59.5% | 59.7% |

2018.2 2018.3 2018.4 2018.5 2018.6 2018.7 2018.8 2018.9 2018.10 2018.11 2018.12

■本土第三方应用商店  ■苹果商店

来源：工业和信息化部                                                            2018.12

图8-3  第三方应用商店移动应用数量和苹果商店App数量占比

市场研究公司 App Annie 在 2019 年 1 月 17 日发布报告称，2018 年，全球 App 下载量突破 1 940 亿次，中国是全球移动应用（App）下载量最大的国家，几乎占到了全球整体 App 下载量的 50%。报告称，2018 年全球消费者在 App 上的支出达到了 1 010 亿美元，与 2016 年相比增长 75%，其中，中国市场支出占到了近 40%。这 1 010 亿美元的 App 支出中，游戏占到了 74%。消费者 App 支出最多的 5 家公司分别为腾讯、网易、动视暴雪、万代南梦宫（BANDAI NAMCO）和 Netmarble，全部为游戏公司。2018 年，全球网民在购物 App 上花费的时间为 180 亿小时，与 2016 年相比增长 45%。其中，中国网民在购物 App 上花费的时间是印度网民的 7 倍，是美国网民的 11 倍。在 App 安装量方面，美国、日本、韩国和澳大利亚用户在智能手机上平均安装了 100 多款 App，而中国和印度用户平均安装 50 ~ 60 款 App。无论是下载量还是消费支出，中国 App 市场的规模毫无疑问已成为全球之最。

## 8.2  手机客户端设计

### 8.2.1  手机客户端界面设计的重要性

手机客户端的用户界面简称 UI，用户界面设计也就是我们常说的 UI 设计。在《现代汉语词典》中，"界面"一词被解释为物体与物体之间的接触面，泛指人和物互动过程中的界面或接口。用户界面对大多数人而言并不陌生。现今社会移动通信技术发展迅猛，手机安装有众多功能不同、大小各异的软件，并且每个软件中也有多个界面，因此用户界面日常可见。但多数人对用户界面的理解是片面的，人们普遍认为用户界面由用户和界面组成，实际上，用户界面还包括用户和界面之间的交互关系。

UI 界面设计在手机客户端中具有非常重要的作用，其设计在追求个性化的同时也应关注人们使用的便捷性。往往很多设计者在界面设计时，一味地追求美观，但操作起来非常繁杂，从而使大众不愿去使用，因此，界面设计在注重特色的同时也应考虑用户的需求。当今生活节奏很快，没有谁愿意多花时间在烦琐的手机 App 上，都喜欢直观美观的设计风格和便捷的操作。当然，在使用手机客户端时，界面设计得过于简单，让大众选择的范围较小肯定也是不受欢迎的。简而言之，手机客户端中界面设计应更多地考虑用户的需求，做到简洁而不简单，让内容和形式达到高度统一，更好地体现产品的功能性和价值，从而实现人机交互的方便快捷，达到理想的使用效果。

### 8.2.2  界面设计需考虑的问题及解决措施

手机客户端的界面设计大致可以分为两个时期。

**1）设计前期**

在设计前期通常需要考虑以下四个问题：系统响应时间、用户帮助措施、出错信息处理及命令交互。①

（1）系统响应时间。系统响应时间有两个属性：长度与易变性。系统响应时间长度可以反映出系统响应的快慢。响应时间易变性就是指系统响应时间相对于平均响应时间的偏差。用户在使用软件或者某一系统时往往比较敏感，他们常常会担心一些问题，比如响应时间长是不是代表系统出现故障；操作过程中某一步出错是不是代表此操作之前的操作都将失效；在填写信息过程中，是不是某一部分内容忘记将无法进行之后的操作等。

（2）用户帮助措施。当用户使用一款陌生的软件时，难免会遇到操作方法或是功能查找等难题，即使是用户曾经使用过的软件也会面临新的问题，这就需要用户界面提供相应的帮助。

（3）出错信息处理。用户在对系统网页进行操作时，如注册过程中，输入密码与确认密码不一致，未能及时提醒用户输入错误，而直到提交时才报错，若不为用户提

---

① 王薇. 基于用户至上界面设计原则的问题及解决办法 [J]. 电子世界，2020，586（4）：168-169.

供错误信息位置，则必然给用户带来极大不便。出错信息处理不当会增加用户使用该系统的不适感及挫败感。

（4）命令交互。鼠标点击选择操作很方便，但也存在一些用户习惯于键盘命令序列操作，所以为满足不同用户的不同需求，应当考虑命令交互问题，即可以让用户自己选择自己熟悉的操作方式。

针对上述各问题，有以下几个解决措施：

（1）合理化系统响应时间。首先，响应时间长短应设定合理，以避免给用户带来不良体验。其次，即使响应时间相对较长，但是如果响应时间易变性低，这样也有助于用户稳定工作，用户不至于因为一些不必要的担心而打乱工作节奏，乱了正常工作的步伐。因此，系统响应时间易变性应调整至较低，系统响应时间需要设计人员合理调控。

（2）用户使用帮助说明。用户使用系统工作时，经常会遇到各种问题，找不到某个功能或是操作有误时的解决措施，这时候便需要帮助信息。为了解决这一难题，应该具体设置帮助措施，尽量增加界面的友好性。例如，现在我们每下载一款新的软件，在使用之初都会有页面指导，从而让用户尽量多地熟悉该软件的功能，不至于让用户感觉到太过陌生。

（3）错误处理。首先，应当允许用户犯错误，即便用户在操作过程中出现错误，错误提示信息也要表达友好，礼貌提示；其次，错误提示也可以伴有一定的视觉冲击或是听觉提示，可以用鲜亮色彩或者某一设定的声音来提示用户。在我们平时使用一些应用程序时，都会遇到输入或操作有误的情况，比如设置密码时格式错误，会在输入框周边出现红色字体提示信息，以告知我们输入有误，这样可以尽早改正，避免产生更多麻烦。

（4）人机交互。首先，界面应保持一致性，使用一致的术语、一致的步骤；其次，为保证少错或不错，应尽量减少用户输入操作，同时，也要允许用户取消绝大多数操作，尤其在执行较大破坏性操作前，一定要再次请用户确认；再次，要适当增加用户使用的灵活性，允许用户自由选择自己喜爱的交互方式；最后，为使用户不至于有被控制的不良感受，应让其拥有掌握大部分控制的权力，具备拒绝或者接受的权力，为用户营造一种和谐舒适的使用氛围。例如，曾有些程序的删除操作没有再次确认提示框，导致用户花费大量时间做好的东西因为误用删除操作，一切努力前功尽弃，需重新操作，这让用户感到十分沮丧。

**2）设计后期**

用户使用一款软件或某一系统，第一印象便是视觉赋予的，这便是视觉感知，它也是用户与界面交互过程中最频繁的感知行为。因此，UI设计后期中应该考虑的问题是如何设计出简洁大方、舒适美观的页面。

相应的解决办法是：

（1）UI设计要支持大脑的图案查找能力，也就是尽量将信息转化为可视化的视觉设计，尽量放大图案信息的作用，优化认知功能。早在20世纪初，一个由德国心理学家组成的研究小组提出了格式塔原理，这一原理的提出不仅打破了以往人们对视觉感知的片面理解，而且使设计领域迎来了又一个春天，而视觉思维便是在此原理基础上提出的。它是视觉感受与理性思维融合的新产物，其对 UI 设计也有一定的启示作用。经研究发现，相较于文字信息，人脑其实对图案信息的捕捉分析能力要更好一些。因此，设计出好的界面的关键是，了解视觉思维，并遵循视觉思维带来的启示方法。

（2）紧密围绕定位进行设计。首先，设计人员要根据该界面的主题思想以及所面对的用户需求找出最佳方案；其次，设计应趋于平淡化，不能过于浮夸或华丽；最后，界面应当给用户清晰明了的感觉，而不能使用户产生负面情绪。

### 8.2.3　手机客户端界面设计的视觉元素

手机客户端的界面设计作为开机给用户的直观印象和第一印象，图标样式、文字元素、布局设计等都会对用户视觉产生影响，手机客户端界面设计中视觉艺术元素的应用要更多考虑用户的使用感受和美观效果，将手机的技术和艺术效果相结合，界面设计有助于更好地传递信息和服务用户，满足用户的沟通需求、娱乐需求和视觉需求，为人们的生活增添色彩，做到精神化的审美和人文上的关怀高度统一，因而在界面设计中应当合理应用文本、图形、色彩三个元素。①

**1）文字元素**

文本元素作为手机客户端界面设计时的必要一环，能够从整体上把握整体风格的设计元素，不仅能够更为简洁地体现出具体设计元素结合之间的要求，而且能够针对特定设计环节进行相关补充说明。手机客户端在进行界面设计时要对各种设计元素进行完整组合，对界面设计元素进行分析，确定这些元素的作用发挥在哪些地方。

文本设计元素作为界面设计中不可缺少的元素，在表现实用性和艺术感方面都有着强大的影响力。文本元素在手机客户端界面设计中所展现的形态语言是比较丰富的，表现出的语境和语义要更加完美。在界面设计中，首先引起用户注意的是各级菜单的名称以及可供选择的各级菜单语言选项。这些信息的传递需要文本元素的组合，以形成最终具有艺术感和实用性的手机界面设计。文本通过不同的组合方式也能表现出不同的语言效果，这也为设计者提供了很大的发挥空间，从而帮助设计者利用不同的文本组合方式，实现用户要求的不同的设计效果。

界面设计不同于简单的页面设计，它需要考虑用户的需求及交互式的体验，因此，在设计时文字不要过多且不可繁杂，让人难以理解，应以简单明了、富有创意的文案为主，也可以将文字进行图形化处理。中国的文字文化博大精深，从甲骨文、象形字到篆体，再到隶书、草书、楷书、行书等，在设计时我们可以从中找到适合界面风格的字体来进行借鉴和创意，让受众感觉到文字设计的魅力，而不是单纯的、毫无创意的文字堆砌。另外，在文字排版上也需要注重版式设计，要不断优化字体设计，

① 房景丽. 新媒体时代 UI 界面设计应用与发展研究［J］. 北京印刷学院学报，2019，27（12）：30-32.

达到美观的视觉效果。

### 2）图形元素

生动、简洁、富有创意和语义的图形往往比文字更具有概括性和直观性，是人类进行信息传播最为明了的方式之一，因而在千百年来，图形元素和图文结合一直都被设计者所强调。

随着现代科技的飞速发展，在这个"读图"时代，图形元素的应用更加频繁，我们也比以往更注重通过图形和图片进行无声的信息传播和交流。图形元素比文本元素更具有稳定性，也比色彩元素表述的意义更加直白简洁。它是一种视觉语言，看图就可以理解所表达的意图，相比之下，文字就显得苍白无力；图形元素也最直接，有时文字表达不清楚的，图形就可以帮助人们很好地理解设计意图，其不受到地域上的限制和语言障碍的束缚，是人人都可以理解的元素。对于文化差异还能够起到减少差异的效果，成为世界性的语言，在信息传播的作用上更是有一图抵万言的效果。因此，手机客户端界面设计用最直观的视觉传播图形元素来展现具体可感的形象世界，能够涵盖更广的范围，传递更好的艺术效果。

但是图形元素也不是十全十美的，设计作为主观的产物，优秀的设计作品必须是能够帮助用户与设计者建立情感沟通的，使得设计者与用户在设计作品中能够产生某种程度的情感共鸣，而产生此类共鸣的前提是，需以设计作品为特殊的纽带，连接在设计者与用户之间。这种情感共鸣能够使人对设计作品有更加深层次的感官、视觉元素的体验，但是这种设计艺术元素仅仅依托于图形元素从根本上来说是做不到的。

想要设计的作品更有创意和感染力，利用图形元素的象征意义是个不错的选择。不管是传统的图案，还是被赋予一定寓意的图像符号，从二维连续图案到三维空间立体图案，都具有其独特的魅力。我们将这些图案不断进行重组设计，又设计出一些具有其他意义的视觉元素，正是因为这些头脑风暴式的设计，才能将一些繁杂不好理解的文字信息简单明了地呈现出来，如很多大型数据都用图形符号来进行展示，既让人们的信息交流变得更加流畅，也让图形元素变得更加具有魅力。

### 3）色彩元素

色彩元素是传递信息的重要载体，能给人们带来不同的视觉感受。相对于文本元素直接影响用户的体验效果，色彩元素所表现出来的影响力是较小的。这是因为相对于文字的影响，色彩能够通过具体的配色来直观地影响用户的情绪，虽然不能直接地说明，但是可以对用户的主观情绪进行潜移默化的影响。设计师在进行手机客户端界面设计时可以根据不同颜色带给人的心理感受来进行色彩选择。

根据统计，人对色彩的感知为八成，对形体的感知为两成。对于形体的感知，主要是对物体的空间、结构、位置、外形进行把控，这些都是通过色彩的明亮度和对比度来实现的。不同色彩给人的感知是有区别的，比如：红色属于暖色调，给人喜庆、热烈、鲜艳、阳光、温暖的感觉；蓝色给人冷静、沉稳、知性的感觉，特别是皇家蓝，犹如孔雀开屏羽翼上的灵动色彩，非常浪漫与高贵。在进行UI界面设计时，蓝色运用非常普遍，如一些科技公司、医院、学校等的界面设计都会选择蓝色作为主色调。蓝色的沉稳、知性是其他颜色不可替代的，当我们打开电脑时，它的界面设计大多都是以蓝色为主色调的。当然，UI界面设计师在进行界面设计时，在色彩元素的应用上需要投入更多的精力，不但要考虑整个界面的主色调，还得讲究色彩的搭配和谐，才能让色彩元素的应用恰到好处。

在界面设计中，一般分为主色调和搭配色。主色调是能够充分调动人的情绪的颜色，通常是红色、蓝色等，带给人们心理上的希望和活力，这些活泼鲜明的颜色也代表了一种乐观向上的态度。搭配色是为了让各个界面板块被区分开来，单一的搭配色会显得整个界面过于单调枯燥，而颜色过多或者花哨会显得界面太杂乱，因此恰到好处的色彩搭配才是界面设计的色彩加分项。合理利用主色调和搭配色之间具体的比例关系，加大色彩元素对用户的主观影响，能够帮助设计师更好地把握用户的主观体验感受，从而实现更好的视觉感受。

## 8.2.4　手机客户端设计的基本原则

目前，移动设计在我们的工作中越来越重要，除了掌握基本的UI设计技能之外，我们也要对移动互联网的特征有所认识。为了能在交互设计和用户体验上做出比竞品更优秀的手机客户端产品，我们必须知道移动设计的基本原则。从移动互联网特征的角度来看，手机客户端设计包含以下几条基本原则：

**1）内容优先，布局合理**

提供符合用户期望的内容是手机客户端获得成功的关键。对于手机而言，屏幕空间资源非常珍贵，为了提升屏幕空间的利用率，界面布局应以内容为核心。如何设计和组织内容，使用户能快速理解移动应用所提供的内容，使内容真正有意义，这是非常关键的。

布局合理的根本目标是要简化页面的导航，从而优先突出用户需要的信息。使界面简洁的途径就是减少控件的数目，使程序的主功能显然易见，引导用户操作，可以选择通过摘要形式展现信息，使导航和提示处于明显的位置，因为手机上的信息展现和Web上的信息展现都有一个共同的出发点——方便阅读。任何有助于用户迅速判断某条信息是否有价值的方式都可以借鉴，以防止用户花了大量的时间去阅读一些对他来说没有意义的内容。因为Web可以展现很详细的信息，而手机上显示一篇稍微长点的文章就需要好几页，所以我们不能只简单地把一篇篇文章直接适配到手机版，而是需要提供一个新的方式，让用户可以总览全局，一下子看到所有的文章，这就需要把信息缩略成摘要的形式，但是这也需要分情况考虑。比如，对于论坛来说，需要显示标题+作者+时间；对于微博来说，需要显示全部；对于新闻来说，需要显示标题；对于博客来说，需要显示标题+时间+评论。

同时要做到减少滚动。显而易见，用户在Web上就很讨厌滚动操作，在手机上更是如此。但是我们面对的问题是，手机客户端需要把大量的信息整合到终端上展现给用户，势必造成一些不得不进行的滚动和翻页。为了减少垂直滚动，我们可以按照以下方式来布置内容：

（1）将一些导航功能（菜单栏等）固定地放在页面的顶端或底端；

（2）将十分重要的信息放置在靠近顶部的位置；

（3）减少每一页的信息量，让内容更简练、不冗长；

（4）重要的操作可以重复布置在页面的最底端。

**2）为移动触摸而设计，具备易学性**

点击操作是PC时代交互的基础，在触摸屏设备上基于手指的手势操作已经代替了鼠标的点击操作。点击操作要简化手势交互规范，优先设计自然的手势交互，而不是TAP点击，选择与其他手机客户端相似的操作方式，不强求使用与其他手机客户端相冲突的特殊手势。

可触区域必须大于7mm×7mm，尽量大于9mm×9mm。为获得更流畅的展示效果，手势操作需要提供过程及反馈演示。

对于移动产品，提倡的是简单、直接的操作，倾向于清晰地表达产品目标和价值。让用户快速学会使用，尽量不要让他们查看帮助文档。界面架构简单明了，导航设计清晰易理解，操作简单可见，通过界面元素的表意和界面提供的说明就能让用户清晰地知道操作方式，不断引导用户在情境中学习手势操作，只有通过这样的设计，才能让用户的学习和使用没有负担，而不是通过帮助系统来教会用户操作。

**3）转换输入方式**

文字输入一直是移动端的软肋之一，因其屏幕较小、不同使用场景（如走路时）和单手操作等问题，所以不管是手写输入还是键盘输入，在手机客户端上的操作效率都相对较低，输入的出错率也比较高。因此，手机客户端的设计要减少文本输入，转化输入形式，简化输入选项，变填空为选择，通过使用手机已有的传感器输入。

**4）操作流程必须确保流畅性**

在移动产品的操作过程中会碰到多种多样的情况——找不到目标、不知道该怎么操作、操作后没有及时反馈等，这都会对产品的流畅性造成影响。在移动产品的设计中主要从手指及手势的操作和用户的注意来考虑产品的流畅性。更流畅的操作能带给用户更舒服的感觉，进而提升用户黏性。

手机客户端的设计要充分考虑到移动端使用场景的多样性和突发性，在移动情境中，被各种其他的事情打断是很正常的和难以避免的，例如，在玩手机时突然没电了、写微博时又被老板叫去做重要的事情、在搜索商品时收到一条重要的信息等，所以手机客户端在使用过程中要明确网络中断状态或编辑中断状态，及时保存用户的操作，减少重复操作，衔接用户的记忆而不是让用户从头开始。

## 8.2.5　手机客户端常见的布局方式

导航是手机客户端设计时要着重考虑的，在实际的手机客户端设计中，要考虑信息优先级和各种布局方式的契合度，采用最合适的布局设计方案，以提高移动产品的易用性和交互体验。目前，常见的手机客户端布局方式大概包含以下几种：

**1）宫格布局**

这种布局方式也是我们目前常见的一种方式，是符合用户习惯和黄金比例的设计方式，宫格是一种比较古老的设计，它最基本的形式其实就像是一个三行三列的表格。采用宫格布局可以非常方便地适配所有的移动手机机型。因为这样的结构是最有利于内容区域随屏幕分辨率不同而自动伸展宽高，同时也是 iOS 和 Android 开发人员比较容易编写的一种布局方式。使用宫格布局，信息内容的展示方式简单明了。知名的 App 设计采用九宫格、六宫格等方式布局的有携程 App、途牛 App、支付宝 App 等，图 8-4 为锤子手机界面。这种布局方式的好处就是进入到具体功能页的速度很快，直接的选择方式可以有效减少操作步骤，缺点是不能显示太多的信息，标题的长度也有限制。

图8-4　锤子手机界面

**2）列表布局**

列表布局就是以列表的形式展示具体内容，并且能够根据数据的长度自适应显示，常见于功能比较单一的应用场景，是手机客户端中常用的一种方式，如图 8-5 所示的三星应用商店界面。iOS 和 Android 系统都有现成的列表布局插件和模板。列表布局常见形式有：文字列表、图标和文字的混合列表、标签和控件（复选框、按钮）列表、图片和视频缩略图与文字组合列表。其遵循由上至下的阅读习惯，所以用户使用起来不会觉得困难。列表形式的布局中，信息可以纵向伸展，用户可以很好理解信息的层级关系。这种列表形式一般会设计在信息的导航栏或者隐藏导航栏里使用。每个部分的标题长度比较长，可添加的信息也非常多。

**图8-5 三星应用商店界面**

但这样的列表形式也有缺点，就是用户一般记不住整体的信息架构，容易忘记操作的步骤，而且每次操作都需要从头开始，很容易让人感到疲倦。想要找到需要的功能操作页面，就要翻找一层一层的类别选项，这也导致操作时间相对较长。

**3）标签导航**

标签栏通常以文字、图标或者文字图标组合进行展示。点击标签，主内容区的页面会跟着切换，展示对应的内容。在 iOS 系统中，标签栏一般在屏幕下方，经常使用图标，并在图标下方加上对应的文字。在 Android 系统中，标签栏通常在屏幕上方，这时操作速度比较快，因为手指离屏幕下侧部分的距离是最短的，因此可以在很短的时间内进行操作。

　　由于手机的尺寸有限，通常建议标签栏中的标签数量不要超过 5 个。如果超过 5 个，iOS 通常用"更多…"来收起更多的标签。顶部标签采用滑动标签方式，展示更多标签。现在比较常见的是 App 中再嵌入一个 App，通常是点击一个标签，直接进入到另外一个框架，展示更多内容。

**4）满屏切换**

　　满屏切换又称 Gallery 布局，一般在最初的操作方法演示、图片展示、少量信息展示时使用，使用满屏切换的内容多以图片为主。这种用于浏览功能的布局，优点是满屏浏览时界面信息不会受到其他部分的干扰，其切换形式一般有抽线式和点切换式，纵向和横向切换都是可以的。

**5）抽屉导航**

　　抽屉导航又称汉堡导航，是把更多标签集合在一起，隐藏在抽屉中，点击抽屉图标就会展示出来。和标签栏一样，被选中的项目会高亮展示。抽屉里的栏目样式不限定，常见的是文字列表或者带图标的列表，当然还有其他更多形式。抽屉的样式有两种：一种直接覆盖在原页面上；另一种是将原页面挤过去并排展示。抽屉的图标一般是放在左上角，但也有次要的图标放在右上角。图 8-6 为酷狗音乐 App 的抽屉导航界面。

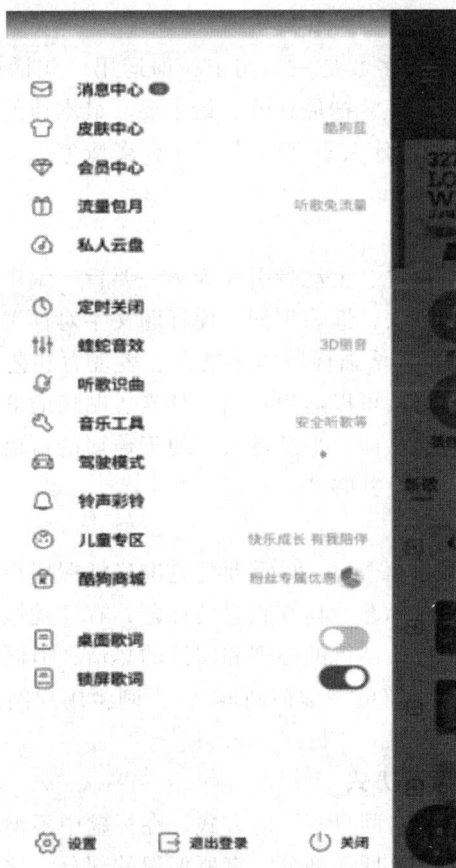

图 8-6　酷狗音乐 App 的抽屉导航界面

抽屉导航的使用也一直备受争议，支持者认为，手机屏幕小，隐藏菜单，能展示更多的内容；反对者认为，抽屉将功能隐藏起来，需要多一步操作，很多功能不明显，影响了使用。当然，两种说法都没有错，只是我们要合理使用，对于常用的功能应用，使用抽屉并没多大影响，用户会很快适应。

## 8.3　手机客户端的具体编辑

本节主要阐释手机客户端的具体编辑原则和技巧，以标题制作法则、转载文章技巧和活动策划为主要着力点，帮助手机客户端呈现出最好的展示效果。

### 8.3.1　手机客户端标题制作法则

在移动互联网迅速发展的智能媒体时代，大部分读者在阅读手机客户端推文的时候，首先都会看标题，标题决定了大部分读者会不会点进去看，内容至上的手机客户端竞争很大程度上取决于标题的竞争。一个好的标题，既要对想要表达出的内容作出高度概括，又要激发受众的阅读兴趣，这就需要编辑在对手机客户端的传播规律和传播特点充分了解的基础上，掌握好标题制作的相关技巧。

**1）集合有效信息**

手机客户端的推送标题多数是一个句子，即运用一句话揭示想要表达的核心内容。制作标题时，要选好角度，把最新鲜、最重要、最本质的内容展示出来，让受众一看到标题就了解"发生了什么事情"或"什么事情怎么了"，增强标题的信息冲击力。

**2）简练生动接地气**

推送的标题应以简明扼要、生动吸引人为第一要旨。编辑标题时，还要注重标题的艺术性，可以借鉴文学手法，锤炼字词，使标题文字对仗工整、修辞优美达意，显现出简练而传神的"文眼"，增强标题的感染力、表现力和艺术性。新闻标题还要贴近生活，有烟火气、人情味，可以运用直白、朴素、贴切的群众语言，借鉴有趣又不低俗的网络语言，制作通俗易懂、平易近人、便于传播的口语化、人情味标题，迎合受众求闲、求新的心态，引发共鸣。

**3）准确把握用户心理**

在进行手机客户端标题制作时，最重要的是准确把握用户心理，利用标题吸引用户，从而让用户主动地点击标题。具有悬念的标题，有"犹抱琵琶半遮面"的弦外之音，往往更能激发受众关注、期待的心理和阅读的热情，但同时要注意拿捏好悬念的度，不可人为制造与事实不符的"虚假新闻"。为刺激用户阅读，还可以通过标题的制作，人为地制造一种紧张感。

**4）使用"自问自答"的方式**

制作标题时可以选择"自问自答"的方式，在标题中不但提出问题，自己还做了回答。这类标题最重要的就是回答部分、有所保留的部分，这会让读者觉得奇怪，作者为什么要这么说，或者回答非常有诱惑力，让读者急切地想要了解，更可以引发用户深层次的思考，获得更深刻的记忆。

**5）合理使用数据**

数据会给读者以权威性和专业性，在注意力愈发难以集聚的现状下，读者普遍会选择注目引用数据的标题，无论是单纯列出作为论据，还是对趋势或比例进行分析都要将准确性视为重中之重。

**课堂互动8-1**

要求：以人民日报手机客户端为例，分析其在推送内容时所采用的标题制作技巧。

分析提示：人民日报客户端是人民日报秉承中央推动传统媒体和新兴媒体融合发展要求，在移动互联网上开设的"新窗口"和"新天地"。人民日报客户端不仅生产有品质的新闻，更是用户一站式获取资讯信息和政务服务的高效平台。"闻""评""问""听""帮""视""图"等版块的划分，让人民日报客户端的界面更加简洁、清新，独树一帜。用户不仅能在客户端内阅读到人民日报的全部精彩内容，更能及时、准确、权威地了解到国内外正在发生的重大事件。图8-7为2019年3月30日人民日报手机客户端主页。

图8-7　人民日报手机客户端主页

浏览人民日报客户端后，可以分析出其在推送内容时所采用的标题制作技巧：

1.集合有效信息，把最重要、最本质的内容展现出来，读者阅读时一目了然，如图8-8所示。

图8-8 标题（1）

2.标题生动接地气，贴近群众语言，拉近与读者的距离，如图8-9所示。

图8-9 标题（2）

3.设置有悬念的标题，激发用户阅读，增强对用户的吸引力，如图8-10所示。

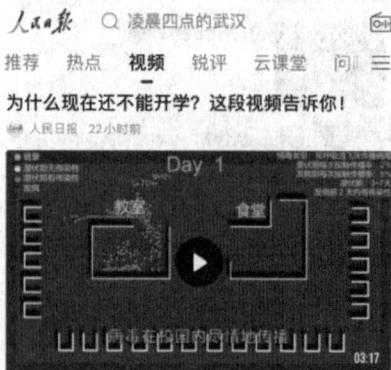

图8-10 标题（3）

4.标题制作时自问自答，但保留回答部分，吸引读者继续阅读，如图8-11所示。

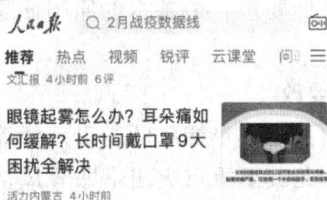

**图8-11　标题（4）**

5.模仿畅销书或引用畅销书名制作标题，加强深度，如图8-12所示。

**图8-12　标题（5）**

6.用经验分享的方式制作标题，引起读者的学习兴趣，吸引读者浏览，如图8-13所示。

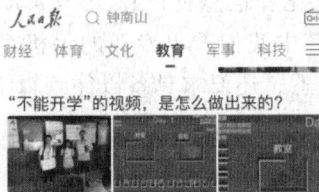

**图8-13　标题（6）**

7.采用数据，简洁明了，突出重点，如图8-14所示。

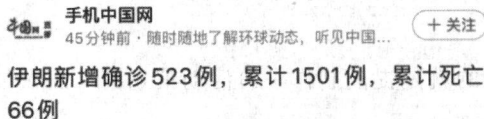

**图8-14　标题（6）**

## 8.3.2　手机客户端转载文章技巧

手机客户端在转载文章时一定要注意，如果作者载明未经授权不得转载的，请勿转载，否则构成侵权。如果作者未声明，转载时一定要注明来源。

在转载文章时同样有着一些编辑技巧，也就是拿到了其他手机客户端和账号原创文章的转载授权时，应该如何编辑发布？如何做好内容私有化和内容再优化呢？主要有重新排版和增删内容两个技巧。

重新排版是文章转载的最低要求，最基本的原则便是"弱化原账号风格，强化你的账号风格"，具体有三点：

**1）字号大小和文字颜色要改**

正文的、重点语句的、图说的、小标题的、引用的等不同部分的字体大小、文字颜色全部改成本账号常用的，尤其要重点突出本账号风格的品牌色。

**2）特殊格式要换掉**

比如小标题，有的是黑色加粗、字号变大，有的是品牌色加粗居中，有的是实用排版工具里的小框框等，都要加以修改。

**3）其他**

本部分需要将空格、分段、留白、图片等全都换成自己的标准。

增删内容的原则就是：更准的内容定位，更高的用户价值。删掉不符合手机客户端用户定位的话语和词句，使之更符合本手机客户端受众的行为特点。

### 8.3.3 手机客户端的活动策划

"看准网"对手机客户端编辑的职责要求有：有一点文案功底，喜欢写作，对iPhone要有所了解和热爱数码产品；有喜欢的论坛并会跟网友互动；有较好的新闻敏感性；负责手机客户端日常更新和维护；负责手机客户端的栏目管理及专题等活动策划；负责手机客户端功能优化和信息推广；热爱移动互联网相关工作，熟悉iOS、Android等移动应用系统。在其中我们看出专业的手机客户端编辑不仅要对互联网和各移动操作系统有所热爱和熟悉，还要求具备以往编辑工作所必需的文案功底和活动策划能力。

活动策划就是根据既定目标，通过策划并执行短期活动及在一定时间内快速提升产品指标的运营手段，从设计新颖、具有创意性的玩法到制作契合主题的活动，从充分酝酿、预热、及时的活动发布到完整的过程执行，从后期持续发酵到及时的效果评估等全过程。

**1）活动策划案**

活动策划必不可少的就是提前制作一份活动策划案。那么如何写一份优秀的活动策划案呢？

（1）明确活动目标。目标是活动的起点，后续的策划方案、细节执行都是围绕目标进行的，不定目标，会在后续的执行中丧失重点，活动产出效果也无法明确界定。活动的目标一般分为四种：①拉新：对于处在需要用户增长阶段的产品，做活动能够有效地吸引新用户，激活并注册为新用户。②促活跃：对于成熟期的社区产品，可以通过活动提高访问次数、增加社区发帖量等。③促销：常见于电商平台用来增加某款商品的订单数。④品牌维护：常见于一些用户规模较大的产品，做活动以提高用户对产品的认知。

（2）量化活动目标，并确定时间。上一步只是大概确定活动的方向，但是目标是模糊的，无法落地执行，比如使产品日活跃用户越多越好和使产品日活跃用户数达到1万，显然是后者更容易拆分并落地执行。在时间选择上可以借助节日或热点助推活动效果，如支付宝的春节集福活动、微博的帮助汪峰上头条活动、Keep 的瓶盖挑战活动等，如果急需活动带来效果，则应尽快上线。

（3）确定活动理由。做活动的理由首先可以分为：时间理由（情人节等）、季节变化（换季）、历史上的今天（周年庆）。以时间为理由做活动，无论什么行业，只要结合实际，都有一定的价值。中国传统和现代社会的变迁、社会的炒作都促进了活动的形成。

其次，商品本身的理由，常见于电商、游戏行业。比如，电商基于商品本身价值的促销、游戏基于收费模式的促销。针对商品本身的一些属性进行促销活动，就需要策划人员对商品有足够的了解，并且能够抓住消费者最感兴趣的点去组织和引导。

最后，利用社会热点、娱乐热点、新闻热点等做活动。热点可以作为活动素材、理由的内容。利用热点引导自身的活动价值。

（4）设计活动规则，确定好活动宣传投放渠道。活动规则的设计决定了用户关注的利益点是否足够吸引用户来参与活动。活动规则首先要保证流程简单，文案清晰无歧义，当然必须有活动设计本身与活动理由的无缝衔接，然后选择好活动奖励方式和设计好活动奖励呈现形式。

宣传渠道的投放可以选择在官网站内推广，利用产品官网来推广活动，在站内最显眼的地方，或者用户最关注的板块添加活动引导信息，这样能够最快速地吸引用户关注活动。在微博平台，可以由官博发起活动相关话题，炒热活动气氛，让网友带着话题转发微博。在官方微信公众号上，提前推送一篇详细有趣的活动图文推荐，用有趣生动、真心实意的口吻向用户介绍活动内容，让用户知道为什么这次活动值得参加，如果图文做得有创意，也许还能带来用户的自发分享。

（5）确定策划方案。这一部分是活动策划的核心步骤，需要根据产品和用户确定活动形式和策划方案。活动形式大概有补贴活动，如美团外卖下单送红包、滴滴赠送打车券；话题活动，如 Keep 的瓶盖挑战活动；有奖活动，如微博的转发抽奖活动；游戏活动，如支付宝的集福活动、百度的地图大玩家活动。

**2）活动策划案撰写原则**

在策划方案上，有以下原则可作为参考，以保证策划方案的质量。

（1）在产品的基础上把用户需求和活动目标结合起来。网易云在 2018 年 6 月 23 日举办的"毕业留言墙"活动（如图 8-15 所示）刚好符合这个原则。

首先，这个活动是建立在网易云音乐基础上的，用户无论分享活动或者发帖都会对网易云的拉新、促活有很棒的效果。其次，给母校留言本身是一件能引起共鸣的事情，能够在线上营造出特定人群回忆校园时光的氛围，使大家的参与度都很高，因此这是网易云在顺应用户需求的前提下把活动目标结合起来的一场留言活动。

**图8-15　"毕业留言墙"活动（1）**

（2）要有吸引力和有趣，操作便捷，规则易懂。

我们之所以愿意去关注一些幽默博主和玩游戏，是因为这些行为能给我们带来积极的心理反馈，更重要的是不需要我们去理解、思考，浅显、直接的乐趣可能是如今普通民众所缺乏又渴望获得的。产品的营销活动要针对这点，让用户因为轻松、有趣而参与活动。如图8-16所示的网易云"毕业留言墙"活动，充分满足了吸引用户注意力和有趣两个条件，下面的留言更能激发用户参与留言和分享的兴趣。

**图8-16　"毕业留言墙"活动（2）**

操作和规则设计得越精简越好，很多人会因为烦琐的操作和难懂的规则直接关掉页面，跳出率会非常高。这里提供一个原则：如果活动规则设计得需要用户去思考，那么表示还需要改进。

"毕业留言墙"在活动参与和规则设计上比较精简，如图8-17所示，用户参与活动只需要搜索母校名字进入留言即可，活动规则是进入母校留言墙留言和收藏母校歌单，活动奖励是全国 4 亿人见证收藏最多学校的毕业时刻，同时也在一定程度上增加了网易云的特色歌单数量，丰富了社区内容。

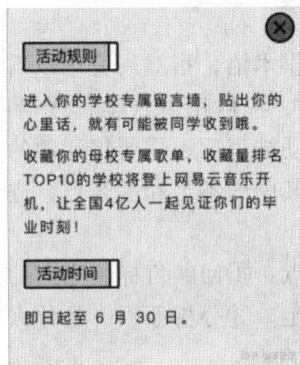

图8-17　"毕业留言墙"活动规则

（3）能给用户带来物质或精神上的奖励。奖品能够提高用户的参与度，如简书的有奖征文活动。奖品越丰厚，用户的参与度越高，在设置奖品时也要考虑到活动预算与产出比。

（4）跟进活动前的准备。"一场战争在打仗前胜负就已分晓了"，说的便是战前准备的重要性，活动也是如此，要做出一份详细的活动策划方案，以文字的形式对整个活动流程进行梳理，查缺补漏，包括每个环节的时间点、预期效果活动文案、资源的到位情况等。运营官还需要跟进活动的需求、UI设计，确保对活动的预期能够一一实现。

同时要明确有多少预算和物料、上线排期和数据监控，需要申请多少推广资源，包括内部渠道和外部渠道。内部渠道有站内资源（网站手机客户端或广告位）、官方媒体，如官方微博、社区和社群等。外部渠道如广告联盟、搜索引擎、"双微一抖"、应用商店等。

在做活动之前还有极重要的一步就是做风险预控，做活动需要有 Plan B，一旦出现突发情况，有备选方案。可能遇到的风险有：用户对活动的参与度不高，是否需要临时调整还是直接下线；过多用户参与导致服务器出现 Bug；活动规则出现漏洞，被用户找到；外部渠道资源没有及时到位；用户的反馈达不到预期。

（5）上线活动前的预热。进行预热，一是因为用户有可能在活动时间没有注意到活动，会降低活动的预期效果，所以要传递活动信息，告知用户；二是因为活动预热能够吊足用户胃口，持续吸引用户关注，有助于在活动上线后迎来爆点，扩大宣传面。预热的基本形式是把活动形式、活动奖励和活动时间通过多种渠道告诉用户。

（6）活动上线后紧盯效果，及时公布活动结果。在活动上线后，要加强对活动数据的监控，对数据出现异常波动甚至回落时，需要追查具体原因，并根据当前情况作出调整，记录并总结活动的数据情况，为二次传播和复盘做准备。同时，密切关注活动过程中的用户反馈，对正面反馈进行引导传播，扩大影响力；对于负面反馈，分析原因，作出临时调整。在活动上线后要注意将活动结果及时告知参与的用户，需要用户对活动进行反馈，有助于提升下次活动的参与度。活动结果做到公正、透明，这是基本原则。

（7）活动复盘。复盘，围棋术语，指对局完毕以后，复演该盘棋的记录，以检查对局中招法的优劣与得失关键，一般用以自学，或请高手给予指导分析。和围棋一样，活动也需要复盘，每次活动结束后，需要把活动的每一个过程从确定活动目标到活动下线重新审阅一遍，找出其中的不足和闪光点，进而总结出规律，指导下次活动做得更好。

复盘的原则大致有以下四点：①回顾目标，当初的目标是什么。②评估结果，与预期目标相比有什么亮点和不足。③分析原因，是什么导致了失败或成功。④总结规律，优化到下一步计划中。

**课堂互动8-2**

### 支付宝"锦鲤"营销活动

2018年9月29日14：00，支付宝在微博上发布了抽选中国锦鲤的互动微博。支付宝"锦鲤"活动就是一次特别常见的微博转发抽奖，转发微博就可以参与抽奖，只不过冠上了一个"祝你成为中国锦鲤"的主题。奖品是一份需要3分钟才能看完的礼单，包括到全球各地刷支付宝限额免、吃饭免单、两部手机……中国锦鲤单条微博阅读量破2亿，周转发量超过310万，互动总量超过420万。"中国锦鲤"中奖者"@信小呆"一夜爆红，两天内狂涨85万微博粉丝。

要求：运用本节知识，分析本次支付宝"锦鲤"营销活动是如何进行的。

分析提示：此次支付宝"锦鲤"活动之所以吸引众人目光，与"豪华的"奖品包有着重要关系。但光有奖品还是不够的，能够充分调动用户的参与性才是最重要的一点，恰好支付宝抓住了这一点。首先，活动时间恰当，国庆长假让网友有充足的时间来参与活动，同时也可以把支付宝的理念传递到位。其次，强大的品牌联动，通过发布微博，大量的商家迅速在评论区给出了自己的"礼物"，表达了对锦鲤的宠爱和尊敬，大量品牌企业、商家的及时参与使活动得到最大范围的传播。最后，最重要的一点就是支付宝的造势，各种精彩话题为活动带来不少关注度。另外，在如今的社交平台中，"锦鲤"这个词和微博生态非常契合，"锦鲤"概念本身就带有传播性，用户在微博转发锦鲤是非常普遍的事情。

## 8.4　手机客户端文案设计

### 8.4.1　手机客户端文案概述

**手机客户端文案**是指用户打开手机客户端即时界面上所显示的文字，其主要作用是在特定场景中有效地传达信息，在用户操作成功时给予鼓励，在用户受挫等待时给予安慰等。根据手机客户端文案作用的不同，其形式即使是在同一产品中也是多样的，如按钮、警告弹出框、辅助提示和图片加文字等。对于手机客户端开发来讲，功能创新和数据分析固然重要，文案也很重要。好的文案不仅要准确传达有效信息，选择合适的场景以减少用户在使用手机客户端时可能遇到的障碍，同时也承担着用户传递品牌内涵的功能。

### 8.4.2 手机客户端文案的分类

根据手机客户端中特定场景的不同，手机客户端文案有多种表达方法和表现形式，其作用也各不相同，大致可以分为以下三类：

**1）基本型需求——功能描述类文案**

功能描述类手机客户端文案，即描述手机客户端功能的文字，多用于手机客户端中的功能导航、按钮和引导页三方面，此类文案组成了手机客户端的基本骨架，是用户对产品的基本需求。如果功能描述类文案缺失，给产品带来的负面影响是不可限的；即使是此类文案充分，用户对产品的印象分也不高，谈不上满意。

功能描述类手机客户端文案注重语言文字表达的简洁性及准确性，其作用是介绍产品功能并引导用户正确使用。这一类文案的形式有两种：

一是一个词组：如图8-18所示的淘宝手机客户端中的"微淘、消息、购物车、我的淘宝"等功能模块导航。

图8-18 淘宝手机客户端的功能模块导航

二是主标题加副标题的表现形式：主标题是手机客户端功能的整体概况，副标题是对功能的进一步补充说明，采用人性化的、富有韵味的文字更能详细地表达产品的功能和应用场景。

**2）期望型手机客户端文案——提示类文案**

提示类手机客户端文案，即提示用户更详细、正确地了解产品功能，更好地使用产品的文字，多用于最新的加载页面、登录页面以及警告弹出框三个方面，通过提示语让用户更好地使用客户端，避免一些不必要的困惑，满足用户的基本心理需要，是用户对产品的期望型需求。

提示类文案若出现的时机正确且文字表达合宜，此类文案出现得越多，用户对产品的满意度越高；反之，越低。与功能描述类手机客户端文案相比，提示类文案不仅在文字内容上更为贴近人的心理需要，语言形式上也更为人性化、口语化。提示类文案的形式不限，其语境可以是公事化语气，也可以是日常语气，其主要目的是要让用户在使用产品时能够更贴心地与之沟通交流，减少错误使用行为及使用过程中遇到的不满和困惑，更多地满足用户的期望型需求，提升用户体验。如图 8-19 所示的快手登录注册时的登录提示。

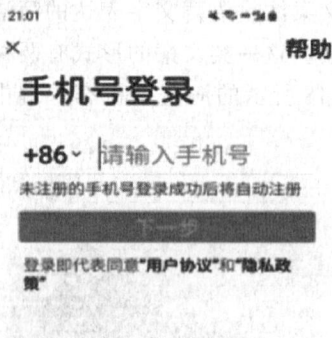

**图8-19 快手登录注册时的登录提示**

**3）兴奋型需求——情感体验类**

情感体验类手机客户端文案，一般用于引导页、闪屏等方面，用以情动人的方式引起用户的共鸣，满足用户的兴奋型需求。情感体验类文案的增加对于提高用户满意度的作用是巨大的，即使没有此类文案，也不会使用户对产品有负面情绪。闪屏，根据不同的节日、重大事件等提供给用户别样的惊喜与体验；引导页则会根据生动的语言、故事化的生活场景等引起用户情感共鸣，除了有一些产品功能的介绍外，更多的是传达产品的态度，营造产品是一款享受生活的应用，让用户更明白产品的情怀，并与整个产品风格、公司形象相一致。悬浮框一般会用让人更加轻松的语言方式向用户表达一些错误提醒，以缓解用户不好的使用体验情绪。

与以上两类文案相比，情感体验类文案在语境上更加贴切生活，更加趣味化。这类文案通常比较具象、生动，容易引起用户产生深层次的情绪，从而加强用户对产品的喜爱，使用户在产品使用中具有惊喜感和兴奋感，令用户好感骤增。图 8-20 为2014 年春节时 UC 浏览器的闪屏，其文案为"是家柔软了时光"，只此一句话，我们就可以想象出——幸福就是吃着父母忙前忙后准备的年夜饭，看着屋外闪耀的烟花，与家人相聚，是家，柔软了时光，明媚了春光。除此之外，UC 闪屏一直在各个节日进行更新，被用户所熟知。

图8-20　2014年春节时UC浏览器的闪屏——"是家柔软了时光"

### 8.4.3　手机客户端的文案设计方式

交互时代已然全面来临，手机客户端文案不再仅仅是产品中的单一物品，它更是一种体验和一个过程，以用户体验为导向的服务型设计也正在成为一大趋势。分析用户对产品的基本型需求、期望型需求、兴奋型需求三种需求的特征，从用户角度出发总结出不同类型手机客户端文案的设计原则。

**1）基本型手机客户端文案——言简意赅，抓住核心**

这一类文案承担的是功能引导作用，是手机客户端的骨架，所以，在最短时间内使用户了解产品、准确获得有效信息，是此类手机客户端文案设计的重中之重。此类文案设计应主要采用公事化语气并且删减不必要文字，让最重要的文字凸显出来，以确保用户快速接受有效信息；如果表达起来困难，可以采用换行的方式辅以一小段文字进行解释或补充。重要的一点是，文案不仅要精准贴切，更要将专业的术语转换成用户听得懂的语言，避免使用生涩、难以理解的词汇。对于用户而言，像"购物车"这样的描述词足够使用户充分理解其所代表的功能模块的内容，所以不需要进一步补充说明。

**2）期望型手机客户端文案——多场景化设计**

期望型手机客户端文案多为手机客户端中的提示语，其作用为提示用户避免出现误操作，或在用户操作成功时给用户以鼓励和赞扬，或在用户受挫和等待时给用户以安慰。即使是在同一手机客户端上提示类文案出现的场景也是不同的，所以多场景化设计，根据不同的特定场景设计提示文案，着重文字的语境是关键。需要注意的是，即便是期望型文案，也不是越多越好。时机合适、程度恰当是手机客户端提示类文案设计的前提，文案要出现在适当的时机，不需要的时候出现的文案叫打扰，需要的时候给用户提示才叫合适。

**3）兴奋型手机客户端文案**

兴奋型手机客户端文案多出现在手机客户端引导页、闪屏中，让用户在使用中产生惊喜感，是产品品质的再升华。兴奋型文案的设计可以从以下三点入手：

（1）抓住娱乐天性。每个人都对新鲜事物、热点事件保持着好奇心和关注度。手机客户端文案可根据用户的这一心理特性进行完善和改进，以满足用户的兴奋型需求，给用户带来更好的体验。通过这种方法吸引用户注意力，使产品能够更好地运营，并提高用户的忠诚度。可以在引导页加入一个极其简单却又独特的小游戏，如FlappyBird、别踩白块儿或者更简单的指尖游戏，吸引用户，同时加入成绩分享接口，加速其在用户群之间的扩散。或者从目标用户过的节日入手，加入祝贺或设计相关小活动，增加用户的带入感和默契感。或者从目标用户能接触到的热门事件入手，加入互动议论、热搜词汇建议等。

（2）善于利用"痛点"。手机客户端要想为用户所接受，就必须首先满足用户的需求。所以，在情感体验类文案设计方面，要善于利用生活"痛点"，对现实生活中的"痛点"进行渲染，以引起用户心理共鸣，巧妙让客户深刻理解客户端的核心功能。如"码上买，不怕宰"。

（3）传达品牌形象。尽管引导页仅仅在首次打开移动手机客户端时短暂出现，但它是移动手机客户端的整体用户体验的一部分，并且是用户最先感知到的一部分。所以，引导页上的文案承担着传达产品形象的功能，让用户更了解这个产品的情怀，并与整个产品风格、公司形象相一致。以飞猪为例，通过清新、生活化场景的插图打造了一款乐享生活、跟着感觉走的出行应用，在你出行前就帮你计划好所有的行程安排，只要一个行李箱，说走就走，与产品的理念相契合。智能手机公司可以从性能优化入手，着重强调此版本的性能改进或者可以从UI或交互设计等体验改进入手，着重强调提高用户的体验。社交类手机客户端可以尝试在引导页讲述一个与产品理念相关的轻故事，阐述情怀和利用哲理性的文字激发用户产生共鸣。

**课堂互动8-3**

　　要求：探讨当前热门手机客户端的文案设计方式。

　　分析提示：一个好的手机客户端文案可以快速传达App的品牌概念和价值，吸引受众使用。当前热门的手机客户端文案的设计方式主要有以下几种：

　　简洁明了，直接表达主题，展示App核心。这样的文案设计方式可以让用户一目了然地知道App的功能或所传递的价值，准确传递出有效信息。例如，美团App的文案简明扼要地传递给用户其主要功能——吃喝玩乐都可以在美团上找到，如图8-21所示。

图8-21　美团的文案是：吃喝玩乐尽在美团

　　多场景化设计，根据不同场景设计不同的文案，给用户指引。这样的提示文案加上合适的多元场景，出现在适当的时机，给用户体贴的心理感受，有利于强化用户对App的使用，增强用户黏性。如图8-22所示的马蜂窝旅游的文案，采用多场景化设计，为用户提示使用指南，同时传递App的核心功能。

图8-22　马蜂窝旅游的指引文案

　　善于利用生活上的"痛点"，引起用户的情感共鸣，巧妙让用户理解客户端的功能，吸引用户使用。考拉海购App利用大众期望打折买到优惠商品的心理设计文案，让用户有一个情感共鸣和心理期待，吸引用户使用，如图8-23所示。

图8-23　考拉海购的文案图

传达品牌形象，让用户迅速感知到品牌所传递的价值和态度。如图8-24所示的携程旅行的文案，传达出品牌为用户以放心的价格提供放心的服务的形象，迅速提升用户好感。

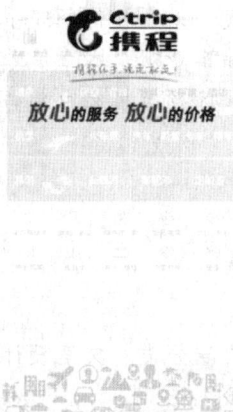

图8-24　携程旅行的文案：放心的服务，放心的价格

**职业工作站**

在信息时代，手机客户端的重要性日益突出，因其具有便捷性和更丰富的用户体验，手机客户端在很多方面已然超过了浏览器在用户使用移动互联网中的作用，并且在未来，用户首选手机客户端的意愿会更加强烈，手机客户端编辑的重要性也日益凸显。手机客户端编辑需要对互联网及移动互联网产品用户体验有自己的见解，时刻关注网络热点话题，寻找公司与热点的结合点，与团队共同创作热点话题内容，并负责手机客户端产品相关板块的内容建设，包括：栏目内容的选取、推荐推送、专题策划、制作；利用移动互联网思维，负责前方记者稿件的审核、加工、创新编辑方法，提升稿件的传播效果。总而言之，手机客户端编辑就是为企业核心业务和手机客户端更广泛地使用和传播服务的。

随着智能手机和iPad等移动终端设备的普及，人们逐渐习惯了使用应用客户端上网的方式，不仅如此，随着移动互联网的兴起，越来越多的互联网企业、电商平台将手机客户端作为销售的主战场之一。泽思网络的数据表明，手机客户端给手机电商带来的流量远远超过了传统互联网（PC端）的流量，通过手机客户端进行营利也是各大电商平台的发展方向，原因不仅仅是每天增加的流量，更重要的是由于手机移动终端的便捷，为企业积累了更多的用户，更有一些用户体验不错的应用使用用户的忠诚度、活跃度都有了很大程度的提升，从而对企业的创收起到了关键性的作用。手机客户端编辑的作用也日益凸显，虽然在信息时代遭遇到了信息的质量、权威性、商业广告等多项挑战，但只要手机客户端编辑不因各种诱惑而丧失职业道德感，能坚守全心全意为人民服务的世界观和事业观，做到诚实、客观公正、与时俱进、真抓实干，积极研究和探索就足以有效应对各种挑战。

## ◼ 本章小结 ➡

本章介绍了手机客户端的概念、分类、发展历程、发展现状，手机客户端编辑在信息时代的新特点、遭遇的新挑战，以及如何坚守手机客户端编辑的职业道德感及坚守全心全意为人民服务的世界观和事业观。本章简单介绍了手机客户端标题的制作方法和手机客户端文案的设计方式，以及手机客户端转载文章的技巧。

## ◼ 主要概念和观念 ➡

☐ 主要概念

手机客户端　手机客户端文案

☐ 主要观念

手机客户端的概念　手机客户端分类　文案设计　界面设计

## ◼ 基本训练 ➡

☐ 知识题

▲ 简答题

(1) 什么是手机客户端？

(2) 手机客户端的文案设计是什么？

(3) 手机客户端文案设计的基本原则是什么？

▲ 选择题

△ 单项选择题

(1) 通常建议标签栏中的标签数量不要超过（　　）个。

A.3　　　　　　　　B.4　　　　　　　　C.5　　　　　　　　D.6

(2) 下列选项中属于手机客户端的特点有（　　）。

A.流量大　　　　　B.互动性　　　　　C.动态性　　　　　D.差异性

△ 多项选择题

(1) 手机客户端的分类有（　　）。

A.普适需求的工具类手机客户端

B.生活服务类手机客户端

C.解压释情的文体类手机客户端

D.人情交往的社交类手机客户端

(2) 手机客户端标题制作技巧有（　　）。

A.集合有效信息

B.简练生动接地气

C.准备把握用户心理

D.可以选择"自问自答"

□ 技能题

▲ 单项操作训练

（1）查找、打开几个需要编辑工作的手机客户端。

（2）在手机应用商店上找到不同类型的手机客户端并分析其区别。

（3）在互联网上找到一个手机客户端编辑器并进行简单使用。

▲ 综合操作训练

帮一个手机客户端做日常的编辑工作。

**━ 综合应用 ➡➡**

□ 案例题

### 让人一见倾心的手机客户端欢迎页文案

对于任何一款应用，App欢迎页文案就是它给人的第一印象，精美的设计让App样貌加分，恰到好处或出人意料的文案展示是内涵表现，一款App产品就如同一个人，如何能从最开始就给人留下好印象？几乎所有的应用都会在欢迎页上下功夫。

（1）最常见的手机客户端欢迎页的设计，是通过对产品功能精确凝练的文案描述，让用户第一时间明确手机客户端的调性和感知相关特色功能，通过文案的描述可以明确自己未来可以在产品中做什么。以图8-25"足记App"为例，通过文字和图片结合的方式，一句话概括产品主要功能，并通过大标题和小标题对产品功能做进一步的描述。

**图8-25 足记App欢迎页**

足记App文案：一张照片+一句字幕；这是你每一天的足记；美图、私聊、个人主页；更多功能为你逐步开发。

（2）一款产品的存在是能解决人们的某种需求，所以很多工具性产品多会选择通过欢迎页文案直击用户"痛点"，深度挖掘用户生活中有所困扰的问题，通过传达产品能为用户解决某项问题，从而让用户产生好感并为产生依赖提前做好准备，以图8-26"好奇心日报"为例。

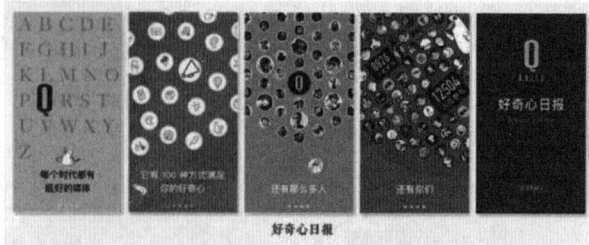

**图8-26　好奇心日报欢迎页**

好奇心日报文案：每个时代都有最好的媒体；它有100种方式满足你的好奇心；还有那么多人；还有你们；好奇心日报；好奇驱动你的世界。

（3）手机客户端欢迎页文案除了介绍功能、解决问题外，很多产品还会通过简单的几页介绍抒发自己的情怀和表达态度，通过一些场景化的文案描述或激励人们的信心，或令人反思。这一类欢迎页文案一般是利用情怀或态度打动用户，这个情怀或态度与产品的整体调性相符，以图8-27"简书App"为例。

**图8-27　"简书App"欢迎页**

资料来源　公子鱼. 如何打造让人一见倾心的APP欢迎页文案【案例篇】[EB/OL]. [2016-07-15]. https://www.digitaling.com/articles/28653.html.

问题：（1）从文案设计角度来分析这些客户端欢迎页的独到之处。

（2）模仿这些客户端欢迎页为"手机淘宝"和"京东"设计文案。

□ 实训题

设想自己在从事一个手机客户端的编辑工作。你对编辑工作如何定义？如何进行日常的发表推文和设计文案呢？

□ 讨论题

（1）你觉得手机客户端将朝什么方向发展？

（2）现有的手机客户端编辑工作有什么缺陷？

# 第9章
# 互联网运营技巧

## 学习目标

□ 知识目标：

  了解运营的概念、分类及特点，编辑和运营的关系；学习网站的运营与管理；熟悉微博和微信的运营策略；掌握移动客户端的运营策略。

□ 能力目标：

  熟练掌握网站管理和运营的手段，促进网站的优化与改进；能够根据不同的定位对微博和微信进行良好运营，提高传播能力；掌握移动客户端中产品运营、用户运营、内容运营等不同类型的运营技巧，输出优质内容，增强用户黏性。

□ 素养目标：

  通过运用所学网站管理与运营的技巧，培养方法论意识，形成适应互联网编辑习惯的思维模式和编辑模式；培养开放包容的意识，善于听取他人的意见，善于学习其他互联网运营的先进经验。

**【引例】**

## 今日头条合理运营，成为最受欢迎资讯类移动客户端

今日头条是一款基于数据挖掘的个性化信息推荐引擎，为用户推荐有价值的、个性化的信息，是国内移动互联网领域成长最快的服务产品之一。今日头条于2012年3月创建，累计激活用户数达4.7亿，日活跃人数超过4 700万，月活跃人数超过1.2亿。单用户每日使用时长超过57分钟，"头条号"平台的账号数量已超过6.5万个，与今日头条合作的各类媒体、政府、机构总计超过16 000家，签约合作的传统媒体机构超过2 000家。

今日头条采用的运营及推广营销策略大概包含以下几步：

在产品探索期，今日头条的策略并不是在运营上，更多是在渠道和内容上做管控。比如，在2013年被多家媒体投诉以后，今日头条与各家媒体签订合同，授权允许今日头条转载。另外，今日头条为了用户增长，与华为、小米等手机厂商合作预装载，这也是今日头条早期注册数高速增长的原因。

在初次增长阶段，今日头条走了一条与其他人不相同的路线，没有像其他移动客户端一样，做大量运营活动去拉新。相反，今日头条建立了一支国内最大规模的增长黑客团队，在这一阶段的产品和运营，其实都是由黑客团队驱动完成的。"增长黑客"这一说法源于硅谷，指没有强资源和大笔资金加持，而是通过数据驱动，精细化运营，聚焦于用户需求，深挖用户心理，寻找能让用户自发传播的点，发挥创意，绕过限制，以近乎零成本的方式快速推动产品实现增长。同时，今日头条也开始通过售卖广告获取收入。

2015年以后，今日头条也发生了一个很大的转变，从一个内容分发平台成长为一个内容生产平台，并且开始与微信公众号竞争，利用机器分发对抗社交分发。同时，为了解决内容侧的供给问题，今日头条推出"千人百万粉计划"。2015年10月，头条号新增原创内容和打赏功能，帮助内容创作者获得更大的收益。

在产品增长期，为了提高内容质量，今日头条做了大量的工作，包括头条号扶持计划。在2016年"头条号创作者大会"上，今日头条的创始人宣布要拿出10亿元进行补贴，鼓励内容创作者；另外，今日头条投资了300多家团队的内容生产；再者，今日头条宣布成立"头条号创业空间"，成立2亿元的基金。2016年，今日头条开始在信息流中插入推送广告。激进的广告方式让今日头条的营收大涨到了百亿元人民币的级别。

在产品成熟期，今日头条的核心运营也从用户增长转向收入增长，另外，今日头条开始尝试其他变现方式，比如做电商和做知识付费。同时，今日头条也利用自身流量孵化出下一个为公司带来巨大流量的产品——抖音。

在各式各样移动客户端陆续出现、智能手机应用市场化作一片"红海"的同时，各类移动客户端之间的竞争进一步扩大了，数以千计的移动客户端挤在苹果和安卓的商店中，等待着被发掘。一个相同的功能，可能有几个乃至几十个不同的移动客户端与你竞争，即使功能完备、制作精良，若未能在应用榜单上出现过，就不能被大众所

熟知，那么等待着这款移动客户端的，只能是惨淡收场。可见，在做好产品本身的情况下，更需要的还是移动客户端的推广运营，只有被人所了解的移动客户端才是好的移动客户端，否则只能是失败者。

随着互联网的发展，不仅移动客户端需要良好的推广运营，其他互联网平台也需要不断提高运营能力，掌握高超的运营手段，这样才能在日益激烈的互联网环境中获得受众的青睐。

资料来源　喻于义. 今日头条产品分析［EB/OL］.［2018-09-07］. https://www.jianshu.com/p/0ff55a1ac1db.

在本章中，我们主要对网站、微博、微信和客户端这几类最典型的互联网平台的运营方式进行讲解，希望同学们掌握不同的互联网平台的运营技巧，在今后的学习和工作中能有所应用。

# 9.1　运营概述

## 9.1.1　运营及互联网运营

**1）运营的概念**

狭义上的运营又称为生产运作。生产主要指以一定生产关系联系起来的人利用劳动工具，改变劳动对象，以适合人们的需求的过程，即物质产品（有形产品）的制造过程；运作则是指组织把投入的有形或无形资源转化为服务无形产品和有形产品的过程。[①]

一般意义上讲，**运营**可定义为社会组织将其投入的资源转化、增值为社会用户所需要的产品或服务的过程。它包括物质转化过程，即使投入的各种物质资源进行转换，也包括管理过程，即通过计划、组织、指挥、协调、控制等系列活动，使上述的物质转换过程得以实现。

可以说，运营是包括生产和经营的全过程的，不过它的底层逻辑偏向于洞察客户对产品或服务的需求，进而创造出产品或服务来实现商业价值的过程。

**2）互联网运营的概念**

**互联网运营**是指社会组织通过网络技术、数字技术和移动通信技术进行信息传递与接收的交流平台（包括固定终端、移动终端），将其投入的资源转化、增值为社会用户所需要产品或服务的过程。从广义上看，就是社会组织基于网络技术、数字技术和移动通信技术，通过互联网、无线通信网，向电脑、手机、电视机以及各类数字化电子屏等终端传播信息的媒体形态，包括网络媒体、数字电视、IPTV、车载电视、楼宇电视和手机媒体等实施物质转化和管理的过程。[②]

① 张青山，等. 现代运营管理方法［M］. 北京：电子工业出版社，2015.
② 陈鄂，金鑫. 新媒体运营［M］. 重庆：西南师范大学出版社，2019.

### 9.1.2 互联网运营的分类

互联网运营种类繁多，运用平台多元，形式变化迅速。就目前而言，互联网运营基于媒介平台、媒介技术、生产方式、运营层面及运营目标可进行不同的分类，见表9-1。

表9-1 互联网运营的分类

| 类别 | 媒介平台 | 媒介技术 | 生产方式 | 运营层面 | 运营目标 |
|---|---|---|---|---|---|
| 具体类型 | 网站运营 | SEO（搜索引擎优化）运营 | UGC（用户生产内容） | 内容运营 | 社区运营 |
| | 微博运营 | | PGC（专业生产内容） | 用户运营 | |
| | 微信运营 | P2P（点对点）运营 | | 活动运营 | 社群运营 |
| | 移动客户端运营 | | OGC（职业生产内容） | | |
| | 电子商务运营 | | | | |

本章将基于媒介平台的运营分类，为同学们主要介绍网站运营、微博和微信的运营以及移动客户端的运营。

### 9.1.3 互联网运营的作用

**1）互联网运营提高用户自主参与的程度**

在互联网时代，用户是市场的中心，消费者的需求直接决定着市场的导向，因此，运营主体只有在海量的信息中进行科学决策，精准运营，让用户（消费者）能够不断参与到运营过程中，才能完成用户转化，实现盈利。同时，用户通过自主参与与互动，需求也随之升级，对个性化、定制化的服务要求越来越高，从而也正向推进互联网运营方式与技术的不断提升。

**2）互联网运营有效降低营销成本**

与传统媒体需要投入大量营销成本购买广告时段、雇用大量营销业务员不同，网络时代的运营主体（企业）有更多可选的营销渠道，且大部分渠道都是免费和开放的。例如，可以在微博和微信上发布产品信息，与用户实时互动等，为运营主体（企业）提供近乎零成本的运营。同时，运营主体（企业）也可以将产品（服务）信息传递给某一消费者，再经由他借助社群力量转发，从而引起其他好友的关注和分享，实现数十万、数百万次的传播，引爆产品（服务）的销售。

**3）互联网运营满足用户个性化需求**

与传统媒体相比，互联网运营的最大特点就是能为消费者提供个性化、定制化的服务，如搜索引擎的关键词推荐、电商平台的销售品推荐、各类应用平台咨询推荐等。随着互联网与社会生活的深度结合，消费者的个性需求越发凸显，市场也根据消费者的个性需求不断地调整运营策略，加上大数据和算法技术的发展，为运营主体（企业）获取消费者需求提供了便利，使精准定位、满足个性化需求的产品（服务）

得以实现。

**4）互联网运营提升危机公关的效果**

消费者是独立的个体，会有不同于他人的需求，特别是在互联网时代下，用户（消费者）的个性化需求强烈，对产品（服务）有着独特的需求，对同一产品（服务）会产生出不同的需求效果。因此，在运营主体（企业）为其提供产品（服务）时，必然会出现令部分消费者不满意的情况。面对此类问题，通过互联网运营，可以充分弥补传统媒体时代面对碎片化信息传播回馈不及时、舆论控制力差等不足，运营主体（企业）可以通过智能技术在任何时间、地点及时回复用户需求，进行舆论监测，以加速解决问题，消除负面影响。

### 9.1.4 编辑与运营的关系

在传统媒体时代，媒体机构一般采取采编和经营分离的方式，编辑人员不参与运营工作，运营人员也不得插手编辑业务。在互联网环境下，生产者和运营人员边界逐渐模糊，媒体业务形态多样化，编辑人员的工作性质随之发生了改变，编辑人员在干好本职采编工作的同时，也要承担运营的任务。编辑与运营互为依存、相互作用，趋向一体化。

**1）编辑是运营的基础**

互联网运营的对象之一是内容或是内容产品，无论是哪一个，都是为了给用户提供有品质、有附加值的信息而进行的一系列与内容有关的工作。内容运营的目的有两个：一是通过对内容的质量、更新频率、原则进行运营，留住已有的用户，并提升已有用户的黏度与活跃度，维持住已有用户的忠诚度；二是通过对内容的推送、分发、传输等进行运营，以吸引新的用户。总的来说，就是以内容为手段维持存量用户，扩大增量用户规模。[①]

在内容运营各环节中，编辑是内容运营的基础。编辑的内容更新、组织原创内容、运用多媒体手段创作内容等工作都与内容运营的目的相关，编辑的筛选编发稿件、策划设计互动、监测管理数据等工作是为了吸引新用户，特别是面对内容过剩而又同质化严重的情况时，编辑工作的质量直接影响到内容运营的效果。

**2）运营是编辑工作的助推器**

在个性化、数据化时代，编辑好内容并非易事。今天的编辑，不能再以自我为中心，而是要具备运营思维，用数据、反馈来指导编辑工作，确定编辑方向和思路。

微博和微信平台已经开放了部分后台数据，为微信订阅号和微博账号的运营者提供一些数据，比如用户属性数据，包括性别、语言、省份、城市等；文章浏览数据，包括图文阅读量、原文阅读量、分享转发数、评论跟帖数等；账号关注数据，包括当日关注人数的增减、月度关注人数的增减、关注度增减率等。这些与运营有关的数据都会对编辑工作起到积极作用。

---

① 詹新惠. 网络与新媒体编辑运营实务 [M]. 北京：中国传媒大学出版社，2019.

互联网时代强调内容产品意识，内容生产者不仅要生产出优质的内容，而且需要对内容产品进行运营，以实现产品的精准到达和传播，只有到达用户，并且让用户停留和阅读，甚至发表评论，才代表传播的实现和影响力的到达。

### 3）互联网环境下编辑与运营一体化发展

随着互联网的飞速发展，传统的编辑和运营的防火墙被打通，编辑与运营相互作用、互为依存，一体化发展成为现实。

运营的手段和策略成百上千，编辑只是内容运营的手段之一，但编辑的作用和价值对于运营来说是基础性的、无可替代的，编辑可以促进好的运营的产生。编辑强化运营思维和意识，是互联网环境下编辑和运营一体化发展的前提。编辑只有具备了运营意识，才能知道用户需要的是什么，才能抓住受众的注意力。

因此，编辑与运营一体化发展是当前互联网发展现实的需要。编辑是运营的基础，运营是编辑的先导；编辑要有运营意识，运营要依托编辑的专业性。编辑人员与运营人员要在实践中强化协同，真正做到融合两种思维模式。

目前因为这种一体化发展，已经促生出了新岗位。这一类岗位包括"用户运营""产品运营""活动运营""新媒体运营""商业化运营""数据运营"等。从广义来讲，这类岗位的职责是为用户群体有针对性地设计功能、活动、内容，对活动进行分析及有目的的组织和管理，增加用户黏性、用户贡献和用户忠诚度。也就是说，一切围绕互联网产品和用户的人为干预都属于互联网运营范畴，而这些人为的干预最终离不开用户转化的"漏斗"：拉新、留存和促活、转化。

①拉新，即为网站或移动客户端带来新的用户。拉新的手段多种多样，可以通过在各个平台进行广告投放吸引用户浏览、下载、使用、付费，也可以按照活动策划的思路，制造具有传播性质的话题和事件吸引用户。当然，特定电商平台也可以通过促销活动直接吸引新的付费用户。优秀的互联网运营可以在多平台、用多种方式获得用户关注和用户转化，取得"叫好又叫座"的效果。

②留存和促活，当用户被吸引到平台上后，将其留在平台上就是重要的需求。衡量用户是否留下的重要指标是活跃用户数，对于活跃用户数一般会加上一个周期，一天的活跃用户数称为日活跃用户数（Daily Active Users，DAU），类似地，还有周活跃用户数（Weekly Active Users，WAU）、月活跃用户数（Monthly Active Users，MAU），这也是衡量平台规模的基准数据。

为了让活跃用户数增加，就要一边增加新用户，一边留住老用户。运营岗位需要通过各种机制促进用户的活跃度，让用户持续有理由留在平台上，称为"留存"。留存所对应的指标称为留存率，再细一点可以分为次日留存、7日留存、次月留存等。

用户活跃度和用户留存之间是高度相关的。如果产品的用户体验具有足够的交互性，用户就愿意多花费时间来体验，而持续性的时间花费必然使用户养成长期体验产品的习惯。所以，如何持续输出优质的内容或者高参与度的活动来引发一轮又一轮线上流量的聚集成为互联网运营的关键技能。

③转化，互联网平台在获取用户的关注和活跃度后，要通过转化用户付费盈利。

促进用户付费有多种多样的机制，主要形式包括售卖广告、售卖商品、售卖服务等。转化的工作是精准匹配消费者，为其提供尽可能合适的价值，同时降低用户的消费门槛，并持续促进用户的复购。例如，抖音短视频平台会基于用户消费习惯将合适的商品推荐给用户，实现精准匹配；淘宝、京东等电商平台策划"双十一""618"等大型促销节，让利用户，促进用户消费等。

## 9.2　网站的运营与管理

一个网站从无到有，从简单到完善，经历了项目策划与立项、网站需求分析、网站设计、网站编程与实现、网站运营与维护的过程。从策划到运行，再到最后被升级替换的全过程里，网站的运营与管理是耗费时间最长、工作最琐碎、工作内容庞杂、质量要求很高的阶段，其工作质量的好坏决定着网站的功能是否能充分发挥、目的是否能达到、访问者是否满意并再次访问。

### 9.2.1　网站运营管理的内容

网站运营是一切与网站相关活动的总称。例如，建站策划、日常的技术、美工、市场、销售、内容建设等，皆属于网站运营的范畴。不过在实践中，一般的运营主体（企业）在宏观运营之外，会独立于技术、美工、市场、销售等工作部门设立专门的网站运营部门，负责微观层面的网站运营。这里我们重点讲述微观层面的网站运营。

微观层面的网站运营一般包括需求分析与整理、频道内容建设、网站推广方法的实施及效果跟踪、网站流量统计分析、网站分析及改进建议、网站优化等 6 个方面的内容。

**1）网站的需求分析与整理**

对于网站运营人员来说，最重要的就是了解用户需求，并在此基础上提出具体的网站改善建议和方案。网站细节的改变，应当是基于对用户需求的把握而产生的。符合需求的创新更能显现网站的特色，才会吸引更多的用户来使用。例如，新浪网的文章里常会提供与内容极为相关的其他内容链接，供访客选择浏览，就是充分考虑了用户的兴趣需求。

**2）频道内容建设**

频道内容建设是网站运营的重要工作。网站内容展示了网站的定位和特色。频道内容建设包括频道栏目规划、信息编辑和上传、信息内容的质量提升等。编辑人员所能做的也是网站运营范畴内的工作，属于网站运营工作中的重要组成部分。

内容建设是一个长期积累的过程。网站内容质量的提升，应当是编辑人员最终的追求目标。很多小型网站和部分大型网站的编辑人员就承担着网站运营人员的职责，不仅要负责信息的编辑，而且要提需求、做方案等。

**3）网站的推广**

一般来说，除了大型网站，比如提供各种网络信息和服务的门户网站、搜索引擎、免费邮箱服务商等功能性网站之外，普通的企业网站和其他中小型网站的访问量通常都不高，因此网站推广工作尤其显得重要。

网站推广被认为是网络营销的主要任务之一，是网络营销工作的基础。网站推广的目的在于让尽可能多的潜在用户了解并访问网站，通过网站获得产品和服务等有关信息，为最终形成购买决策提供支持。

网站推广需要借助于一定的网络工具和资源，常用的网站推广工具和资源包括搜索引擎、分类目录、电子邮件、网站链接、在线黄页、分类广告、电子书、免费软件、网络广告媒体、传统推广渠道等。所有的网站推广方法实际上都是对某种网站推广手段和工具的合理利用，因此制定和实施有效的网站推广方法的基础是对各种网站推广工具和资源的充分认识和合理应用。

**4）网站流量统计分析**

网站流量统计是通过对统计网站访问者的访问来源、时间、内容等信息加以系统分析，进而总结出访问者的访问来源、爱好趋向、访问习惯等一些共性数据，为网站进一步调整做出指引的一种新型用户行为分析技术。

网站流量分析系统可以向商业网站提供页面访问计数、排行和访问分析服务，可以分析网站流量，对整个站点乃至任意页面的访问流量进行数据分析，并对网站分析出完整的统计报告，随时可以了解网站乃至任意页面的流量动向和受欢迎程度，并依此做出相关调整策略。

目前，国内已经推出不少免费网站流量统计系统，可以了解网站的基本访问数据。以一统天下免费网站流量系统为例，它可以统计到的基础数据包括如下内容：

（1）访问量，包括网站的独立访客数（IP）及页面访问量（Page View）。

（2）访问时段，即24小时内的访问量的分布。

（3）访问者来自地区，对国内访问的分析可以精确到省。

（4）来自搜索引擎的访问，可以统计出搜索引擎种类及关键字分布。

（5）客户访问时所使用的浏览器及操作系统。

（6）客户访问时所使用的分辨率。

（7）访问来源，可以统计出来自其他网站的链接所导入的访问量。

（8）页面热点统计，可以统计出网站上最受欢迎的页面的排名。

（9）同时在线统计，可以统计出15分钟内网站上的同时在线的人数。

（10）回头率分析，可以统计出访客回访网站的频率。

**5）网站分析及改进建议**

对网站流量进行统计后，可以据此对用户访问网站的情况进行分析，从中发现用户访问网站的规律，并将这些规律与网络营销策略相结合，从而发现目前网络营销活动中可能存在的问题，并为进一步修正或重新制定网络营销策略提供依据。

**6）网站优化**

网站优化是一个整体过程，从网站建设到网站的运营，整个过程都离不开优化策略，每个环节都必须有优化思想。

一般的网站优化包括针对搜索引擎的优化和网站自身的优化。搜索引擎优化

（Search Engine Optimization，SEO），是针对各种搜索引擎的检索特点，让网页设计适合搜索引擎的检索原则（即对搜索引擎友好），从而获得搜索引擎收录并在排名中靠前的各种行为。网站优化需要在搜索引擎许可的优化原则下，通过对网站中代码、链接和文字描述的重组优化，以及后期对该优化网站进行合理的反向链接操作，最终实现被优化的网站在搜索引擎的检索结果中得到排名提升。

### 9.2.2　网站运营管理的6S理论

6S理论源自5S。5S是发源于日本、风靡于世界的一种现场管理理念，其5个词语（整理（SEIRI）、整顿（SEITON）、清扫（SEISO）、清洁（SEIKETSU）、修养（SHITSUKE））中每个词的日语发音的第一个字母都是S，所以叫5S。后来，又在5S的基础上增加了一个S（坚持（SHIKOKU）），成为6S。

6S理论是网站管理工作的基础。将6S理论运用到网站管理维护中，可以提升网站质量、网站形象和服务水平，提高网站管理工作效率。6S理论实施不到位的网站，必然会出现资金、精力的浪费。

**1）整理**

整理的含义是：区分必要的栏目和不必要的栏目，去掉可以去掉的栏目及版块；重新分类，使网站版面井然有序，不至于出现混乱的感觉。通过整理，可以提高网站管理人员的工作效率，力量更集中，目标更明确，同时使网站的主题更鲜明。

**2）整顿**

整顿的含义是：调整页面设计，优化用户体验。网站应当用最简单高效的方式充分满足用户的需求，争取让用户可以在10秒钟之内找到所需要的内容。网络竞争比传统经济中的竞争更残酷，在传统经济中，用户会因为地理等因素而选择一家公司，但在网络上，用户轻点鼠标就会离你而去。所以，一定要在网站最醒目的地方告诉用户这里能满足其所需，让他们安心留下来。

**3）清扫**

清扫的含义是：去掉网站内的一切垃圾内容，比如广告等，让网站保持干净整洁。清扫的对象包括漂浮广告、过多的站内广告、垃圾邮件等各种影响网站形象的内容，当然还包括清理过期内容、及时清理缓存等，这样还能提高网站的运行速度。

**4）清洁**

清洁的含义是：将清扫工作持之以恒、制度化、公开化，另外，清洁还包括找到垃圾内容产生的源头并堵住它。比如，修补网站程序，阻止广告群发软件的登录；从一开始就禁止灌水、发广告和软文，防止这一现象成为风气而不断蔓延，从而创建一个没有污染的网站。

**5）修养**

修养的含义是：网站管理人员的一言一行都体现了自身的修养，代表了网站的形象，因此，要对管理工作负责，对用户负责；要发扬团队精神，严格执行规定。

管理团队成员要养成良好的习惯，这一点非常重要。要想把网站管理工作持之以恒地做好，团队中的每一个人都要对规定有认同感并自觉遵守，要知道自己必须要做的事，逐步养成良好的习惯，努力成为一个优秀的人。

**6）坚持**

网站有了流量之后才有可能赚钱，于是很多网站只是盲目扩充栏目、大量采集内容，希望通过增加被搜索引擎索引的数量来增加流量，却不注重网站质量和核心竞争力的打造，导致了很多垃圾网站出现。随着互联网的发展，很多领域必将出现同类网站过剩、供大于求的局面，搜索引擎这时也会对收录的网站变得苛刻和挑剔，不少网站就会在网络时代的快速发展中败下阵来。

随着网络的规范化，靠过去的思路发展的网站即使勉强坚持，其收入也将不断缩水，不具备竞争优势的网站在网络经济的大潮中必将被淘汰。如果想把网站作为一项事业长远经营下去，就必须要有产品的观念，把网站当作自己经营的独特产品，注重产品的独特性和高品质、服务的贴近性和灵活性等，这样才会有长久生存和发展的空间。

要提高网站的品质，6S 是最基础的工作。如果能够找到最精准的定位，实现最专业的品质、最快速的响应、最贴心的服务、最灵活的工作方式和最合理的价格，网站就会跃上新的台阶。

### 9.2.3　网站运营管理的重点

为了实现网站建设与运营的目标，应明确网站运营与管理的重点，以应对网站建设与运营中遇到的实际问题。

**1）注重搜索引擎优化**

有很多网站在建立初期，使用了大量的 Flash 和图片等，网站虽然华丽好看，但却没有给搜索引擎的爬虫留有进入企业网站的入口，结果就是网站建起来了，却没有人知道，访问者寥寥无几。

一般而言，网站应该以大气简约为美。网页设计要考虑到各种浏览器的兼容性，网站要有清晰的结构和站内搜索系统，让客户更容易找到自己需要的信息。同时，要坚持做搜索引擎优化，关注网站在搜索引擎上的排名。

**2）重视网站推广**

从某种程度上来说，网站推广甚至比网站本身更重要，因为通过推广才能让互联网用户知道并浏览网站。一个网站在策划与建设阶段、网站发布初期、网站增长期、网站稳定期都需要有推广意识，应该做好全过程推广工作。

**3）选择合适的网络营销方式**

网络营销方式多种多样，一般使用比较多的营销方式主要有搜索竞价、软文营销、论坛营销、线下营销、事件营销等。这些营销方式各有特点，结合实际选择更适合本企业的网络营销方式既能节约成本，又能获得个性化营销推广的效果。

**4）增强国际化搜索引擎优化意识**

目前国内企业对部分搜索引擎的竞价排名和关键词广告趋之若鹜，诚然这些手段在推广中起到了很大作用，但是在国际采购中，潜在客户的信息查找方式是多样化的，很多外国客户除了选择世界知名搜索引擎之外，还会选择很多国内的搜索引擎和黄页来查找信息。因此，搜索引擎国际化对网络推广同样有着不可替代的作用。

**5）制定全球推广策略**

很多企业意识到了网络推广在国际贸易中的作用，但是企业在进行网站的全球推广过程中，一般会将企业的全球网站放在国内的服务器上，而国外潜在客户在打开企业网站时会非常慢。如果国外潜在客户打开网站之后，10秒钟还没有打开网页，可能立刻就会将其关闭而转向竞争对手的网站。

所以，从网站的制作和投放策略来看，针对全球客户的企业网站需要有国际版，条件许可情况下把国际版网站放在国外服务器上推广。根据经验，把全球网站放在国外服务器上还有另外一个优势：有效地提高搜索引擎的更新频率和排名。如果同时用相同的方法对两个英文网站的某个关键词进行搜索引擎优化排名，往往花费的精力不同。放在国外服务器上的网站可能仅用三四个月就排到了Google第一页，而放在国内服务器上的网站往往要花更长的时间才能排到第一页。另外，放在国内服务器上的网站，对于目标客户所在地区的用户而言，用Google这样的搜索引擎很难找到。

## 9.3　微博的运营

随着互联网技术的发展，社交媒体已经进入到了大众生活的方方面面，成为大众获取信息、娱乐休闲、购物消费的重要渠道。以微博为代表的社交媒体平台借助巨大的用户量和丰富的功能，成为企业（包括电商平台）、媒体和政府对外展示的重要窗口。然而，要想对微博进行良好运营，需要根据不同的定位及功能，在运营微博的过程中采取不同的策略。

### 9.3.1　企业微博的运营

新浪微博数据中心发布的《2018微博电商白皮书》对微博平台庞大的网络兴趣用户画像、消费特征展开剖析，分析了微博电商蓝V的影响力、传播力、内容特征及营销案例，对电商行业的微博运营和营销进行了总结：

第一，微博网购兴趣用户呈现年轻化且拥有高学历的特点。85后、90后和95后等年轻用户是网购用户的主力，占比超过60%，大学本科及以上学历兴趣用户占比接近80%。第二，性别和收入水平对网购品类偏好存在明显影响。71.8%的男性用户对电子产品表现出强烈的购买欲，62.4%的女性用户则更青睐化妆品。随着收入的增高，用户的网购需求从必备品向品质类产品转移。第三，明星同款、网红推荐产品受欢迎。超过60%的用户愿意购买明星同款，70%以上的用户对网红推荐的产品持积极态度。第四，大多数用户倾向于微博信息流广告。在不同平台的电商营销方式中，62.5%的用户更愿意接受微博信息流广告，且被微博广告吸引后，即使不直接下单也会被深度"种草"。

因此，企业及各电商平台建立官方微博，是提高运营能力、提升市场竞争力的有效手段。如今微博平台上的企业官方微博账号众多，几乎覆盖全部行业品类，开通官方微博成为企业宣传的标配。企业利用微博的内容形式多元、传播速度快、影响范围广、交互即时等优势，可以达成拉近与粉丝的距离、塑造品牌形象、推广新品和服务、提升品牌美誉度、促进销售等目的。

企业对微博的运营可从以下几个方面入手：

（1）对企业微博进行精准定位。在开展微博营销活动前，对自身定位和对目标群体定位是企业的首要任务。企业微博首先要对自己的品牌和产品特性有充分的认识，并根据自身的个性化特点进行自我定位，判断企业是否适合微博营销，在之后的微博营销实践过程中，对于品牌、产品、目标客户群以及目标市场的精准定位始终是指引运营团队沿着正确的方向前进的指南针。企业应确定品牌愿景和建立企业微博的目的，针对不同产品特点，确定不同受众范围，再据此进行企业微博的形象定位。清晰的形象定位有助于用户快速理解该品牌特点，并在随后的交互中形成情感关联。此外，企业应设计相应的语言风格，不断强化主体角色，强化企业官微在用户心目中的形象。

（2）组建专业的运营团队。许多企业盲目跟风开设微博，选择将微博运营交给公关公司，或仅由少数的几名员工进行日常管理，会造成微博的运营与企业的发展规划脱节，企业无法根据运营需要进行相应的营销计划的设计。此外，运营团队经验不足，对微博特性和传播特点理解不够，模仿力与创造力均薄弱，或不具备足够的微博运营的知识与技能，无法持续稳定地进行内容生产，都是企业微博运营无法进步的重要原因。

企业微博运营时要组建专业的运营团队，责任心、专业素质、创新意识、对热点的敏感度，以及对运营经验的总结理解是团队应具备的条件，缺一不可。企业微博运营水平的提升以运营团队的不断成长为基础。

（3）多形式内容营销。微博已经拥有了多种内容发布形式，包括博文、图片、动图、视频、头条文章、直播、音乐、网页链接等，还可以通过#带话题的方式将所有话题相关信息收拢到话题相关页，通过点击或搜索话题就能直接了解全微博的话题相关内容，非常适合配合企业开展事件营销。发布微博时还可以通过@的方式圈出相关账号，引流其他账号或利用该账号的名人效应扩大宣传效果。可以说，在微博平台上进行内容营销具有得天独厚的优势。

企业进行微博内容营销，应以坚持原创性为原则，通过多种展现形式，在自己发布的微博中展现其独特性和趣味性，吸引粉丝积极参与，并适当地融入品牌因素，在交流中将品牌价值传递出去。

（4）人格化运营。互联网为大众提供了宽松的发言环境，一直以晦涩严肃的"官腔"发布微博，会给粉丝带来距离感，也会与微博轻松休闲的语言环境格格不入，而"说人话"的语言方式可以很快打开粉丝心房，拉近双方距离。人格化运营强调要让用户感觉自己如同在与一个真人对话，他会倾听、有情绪（甚至是坏情绪），对用户的反馈可以感同身受，并可以给出真诚有效的回应。

确定品牌的人格化形象，首先要找到品牌的价值与定位，在此基础上了解自己的目标消费群体特点与喜好，用相同的话语、价值观来吸引消费者，同时要避免和竞争者所塑造的人格形象雷同。企业可以在运营过程中，确定自己人格化微博的性别、性格、角色等，给用户一种与真人在微博上交流互动的亲切感觉。

（5）矩阵联动运营。一般来说，企业会至少经营一个官方微博账号。当企业做到一定规模，拥有多个子公司、分业务线等时，企业往往也会为其开通相应的官方微博，分散营销任务，方便消费者更为精准地找到相关信息，同样也成倍地扩大了企业微博影响力的覆盖面。建立起较为完善的微博矩阵，有利于实现链式传播，多角度向用户展示品牌魅力，针对性地为细分消费者群体服务，以良性互动带动整个矩阵的协同发展。这样的运营策略也有利于企业微博从曝光、互动、兴趣等方面吸引粉丝关注。

除了经过官方认证的企业旗下的蓝V外，企业管理者与员工的个人微博、企业开通的小号，乃至与企业没有竞争关系的其他品牌官方微博都可以成为官方微博矩阵的一部分。

（6）及时进行危机公关。当品牌负面消息爆发，微博用户对于负面消息的关注会使该消息在短时间内迅速传播，而品牌微博下的评论也会被负面内容占据。如果不能在第一时间给出让消费者满意的回应，该事件导致的不良影响将持续扩大，造成企业舆论失控，品牌声誉与形象受到极大威胁的局面。

利用微博进行危机公关需要企业进行舆情监测，这方面可以依靠专门负责监测的代理公司等；在负面消息出现时进行快速反应，如果信息属实，需要坦诚面对问题，主动发布信息，承担相应责任；若只是谣言等，则需及时澄清，必要时追究有关方面的法律责任；积极在评论区和私信中与用户互动，了解并掌握舆论动向，利用创意与智慧巧妙应对，如此才能最大限度地发挥微博的传播优势，帮助企业化险为夷。

**课堂互动 9-1**

要求：当某家企业的负面消息爆发时，分析该企业如何通过微博平台进行危机公关？

分析提示：

（1）通过微博后台的数据进行舆情监测，明确舆论走向，把握受众的情绪点；

（2）及时快速进行反应，如果信息属实，第一时间在微博平台上承认错误，主动发布信息，承担相应责任；

（3）即使只是谣言，也需要在第一时间内通过微博平台发布相关声明，澄清事实；

（4）将微博声明置顶，向网民表明诚意；

（5）在微博评论区与私信中积极与受众互动，善用创意与智慧巧妙应对，也要用诚意打动受众；

（6）可以用付费推广的方式，让自己的声明被更多受众看到，表明诚意，挽回企业形象。

### 9.3.2　机构媒体对微博的运营

微博是发展新媒体的代表性平台，传统媒体在发展的过程中，应该充分利用微博的特点，通过开通官方微博拓宽信息发布的渠道，提升传统媒体的影响力。

媒体运营官方微博的策略有：

第一，增加微博有效粉丝量。从某种程度来说，当官方微博中活跃的粉丝数量越多时，传统媒体所具备的影响力就越广。基于此，传统媒体在运营官方微博时，首先需要完善的工作就是增加微博活跃粉丝数量。官方微博在发布信息时，要保证信息的质量，以优质的信息吸引粉丝的关注，增加有效粉丝量。对于微博中的热点话题，官方微博要积极地引导参与讨论，并通过传统媒体平台对热点话题中的遗漏信息进行补充，从而吸引更多的粉丝关注。此外，官方微博还需要注重与粉丝之间的互动，通过回复粉丝中比较有代表性的评论，实现与粉丝之间的互动。

第二，提高官方微博运营的重视程度。传统媒体开通官方微博之后，要设立专门的运营人员管理微博，对微博发布的内容要十分注重，实现线上线下双线作战，提升传统媒体的影响力。《人民日报》开通官方微博之后，高度注重官方微博的运营，组建了一支专业化程度非常高的运营队伍，包含微博编辑、美编以及舆情分析员，并对团队中每个人的职责进行明确，通力合作，通过微博提升了《人民日报》的影响力。

第三，增强官方微博的亲民性。传统媒体在运用官方微博时，必须要具备亲民性，这样才能吸引更多的受众关注微博。亲民性的打造可通过微博内容来实现，然而在发布微博内容时，不能只注重粉丝娱乐化口味的满足，还需要注重微博内容的质量，以优质内容吸引更多的粉丝关注传统媒体。

第四，设置话题。对于传统媒体及其官方微博来说，设置话题是十分有益处的，能够促进二者的发展，这种益处主要体现在三个方面：一是丰富了报道的内容，通过恰当的话题设置吸引大量微博用户参与话题讨论，这不仅会增加微博的人气，而且会使传统媒体平台中发布的内容更加有价值和吸引力；二是体现传统媒体的价值取向和人文情怀，从而有效地提升传统媒体的品牌形象，吸引越来越多的受众关注传统媒体，提升传统媒体的影响力；三是引导正确的舆论导向，对于当前的热门话题，公众在参与讨论时难免会出现偏激的言辞，通过话题设置，可以引导舆论正确发展。

第五，构筑微博矩阵。微博矩阵的构筑，是指将母传统媒体的形象建设工作分包给各个部分，通过母媒体的官方微博以及各个部门的子微博，为传统媒体打造良好的媒体形象，发挥资源整合的作用，提升传统媒体的影响力。

第六，优化文字和图片。传统媒体在发布微博消息时，通过"文字＋图片"的形式可以更好地提升传播力。相关研究证明，通过视频等形式来丰富微博内容的影响力并没有"文字＋图片"形式的影响力高。由此可见，传统媒体在进行信息发布时，要充分利用文字和图片组合的形式，以此提升微博及传统媒体的影响力。

**课堂互动 9-2**

截至 2020 年 2 月 10 日，《人民日报》的官方微博已经有 1.11 亿粉丝，《人民日报》的官方微博已经成为广大网民收看新闻、获取资讯的重要渠道。

要求：对《人民日报》官方微博进行关注，总结《人民日报》微博运营的特征以及具体运营策略的体现。

分析提示：

（1）对公众关心的热点问题及时作出回应，提升与网民的互动能力，如图 9-1 所示。

图 9-1　《人民日报》发布信息

（2）增加官方微博的亲民性，提高与网民的共情能力，如图 9-2 所示。

图 9-2　微博亲民性

（3）设置优秀栏目，发挥主流媒体舆论引导的能力，如图9-3所示。

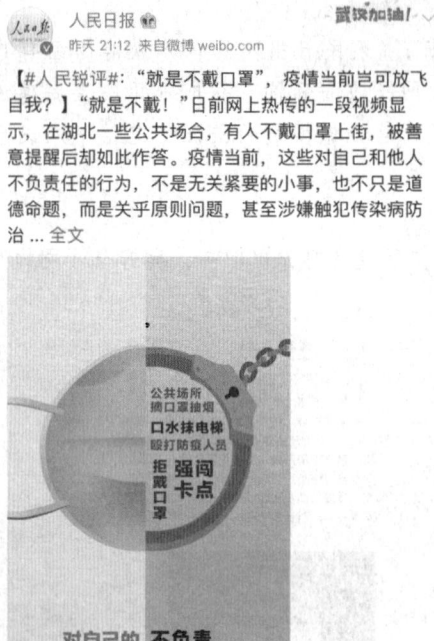

图9-3 《人民日报》#人民锐评#栏目

（4）体现价值取向与人文情怀，有效提升传统媒体的品牌形象和影响力，如图9-4所示。

图9-4 人文关怀的体现

（5）优化"文字+图片"的形式，生动直观，吸引粉丝，如图9-5所示。

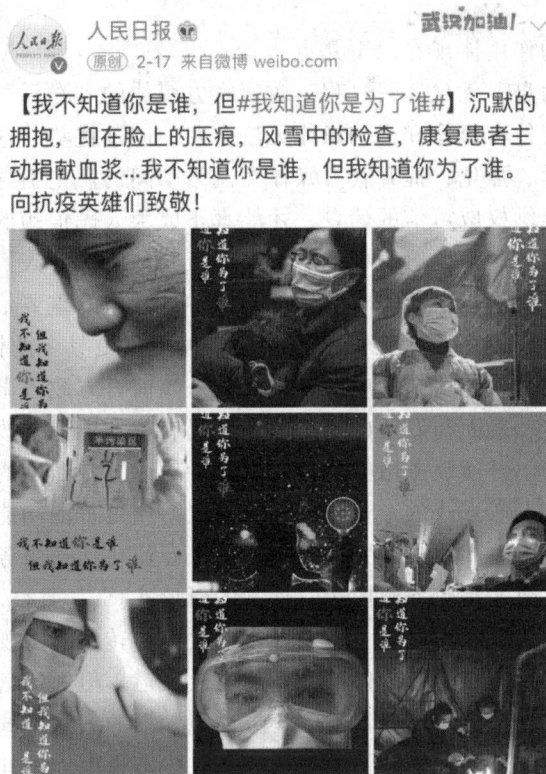

**图9-5 图文结合的微博**

以上五点便是《人民日报》微博运营的几个典型策略。这样的运营不仅可以增加内容的可读性，吸引读者阅读，将新闻信息快速传播给受众，拓宽信息发布的渠道，增强媒体的传播力和影响力，而且可以通过设置相关议题更好地了解受众所需，把握基本舆情，发挥传统媒体的公信力，进行正确的舆论引导，传递出媒体的价值取向和人文关怀，从而有效地提升传统媒体的品牌形象。

### 9.3.3 政务微博的运营

官方政务微博作为政务信息发布的新媒体互动平台，是建设"服务型政府"的重要尝试，其信息发布的便捷性、去中心化和互动性等特征，有效弥补了传统官方媒介的不足。

《中国互联网络发展状况统计报告》中的数据显示，截至2018年12月，经新浪平台认证的政务机构微博达到13.83万个，政务微博的在线服务用户规模达3.94亿，占整体网民的47.5%。由此可见，我国的官方政务微博已呈"遍地开花"之势，成为网民获取官方信息的重要渠道。

网络问政是政府部门新的服务方式，它不仅拓宽了现实中的服务渠道，也促进了政府机构的服务手段与理念的变革。此外，在运营过程中，政务微博亦能通过对网络舆情的监控，实时回应网民群体关注的问题，使其成为当前政府媒体优化政治传播体系的有益尝试。

政务微博运营的作用体现在以下几点：

（1）发布权威信息，优化运营过程。政府官方媒体的"喉舌"身份，决定其信息发布的权威性，是其他自媒体和机构媒体无法企及的制度优势，这一优势理应在官方政务微博上得以延续、强化，提升官方媒体在网络空间的舆论引导功能。官方政务微博只有持之以恒地提供权威可信的信息，才能真正成为人民信赖的媒介。

（2）提供专业内容，强化运营根基。在移动互联网时代，人们对新媒体的阅读体验，有了更为广泛和更深层次的需求。作为新媒体平台中的重要信息提供者，官方政务微博应主动顺应这一趋势，为受众的碎片化阅读提供更具专业性和可读性的信息，以激发其积极正面的行为与情绪反应。一方面，从当前官方政务微博专业化内容建设的现状来看，行业的覆盖面与专业内容的饱和度仍有待加强。要改变这一状况，应鼓励和支持更多行业部门开通政务微博，提供更具针对性、专业性的行业信息。另一方面，信息内容本身及生产方式的专业化也是政务微博应具备的功能。官方政务微博应按照新媒体平台的内容生产范式，更加高效地提供专业化信息服务。当前，微博内容生产与发布的矩阵化模式是政务微博运营探索的新形式。

（3）与受众互动，增强沟通能力。微博中的评论、转发、短视频以及微直播等功能，为微博博主与"粉丝"受众提供了沟通的有效渠道。但由于官方政务微博隶属于各级政府机构和行业管理部门，习惯于"官方语境"下的表达方式，忽视了与受众的对话与互动，而且政务微博严肃谨慎的表达方式在一定程度上也让受众产生了心理区隔。令人欣喜的是，现在越来越多的官方政务微博通过提高互动频率，创新互动形式，营造"共情"氛围，加强与受众的沟通。官方政务微博通过强化与粉丝的互动共情，不仅打破了固有的线性传播方式，增强了受众黏性，令其获得心理归属，而且让官方政务微博保持活跃度，提高宣传能力和服务能力。

（4）及时回应，有效应急。当前，我国正处于社会转型期，社会矛盾积聚，会伴之以一些不可避免的突发事件。在危机事件爆发时，极易通过去中心化的互联网传播迅速扩散，生成网络舆论。建立科学稳妥的网络舆论应急机制，以最快的速度及时感应舆论氛围，及时回应社会关切，防止谣言扩散，实现对舆论的正确引导，这是官方政务微博的职责所在。

政务微博要在所辖领域、行业建立舆情监督体系，依托所在政府机构，与下辖行业中企事业单位建立良性的沟通机制，及时了解行业动态，还可借助新浪的数据分析平台，利用大数据、信息捕捉等工具，对所涉行业的舆情进行动态追踪。

## 9.4 微信的运营

作为目前最火热的社交平台之一，微信运营是非常受重视的。下面来介绍一下企业的微信运营、机构媒体的微信运营和政府的微信运营。

### 9.4.1 企业微信的运营

微信已经成为企业运营的一种全新方式和主要手段，微信对于企业的价值包括拓展营销渠道、改善用户结构、变革客户服务与管理模式等。微信不仅意味着新渠道、新手段，也意味着新思维，企业利用微信进行营销的新方式有变广告为直销、变季节性营销为场景性营销等，而且微信创造了新的广告投放方式，通过大数据进行广告的个性化推送。

企业进行微信公众号运营，为自身打造全新价值链和产业链，成为当下十分普及的一种发展方式。

企业在进行微信公众号运营时要把握以下几点：

**1）内容为王**

首先，从产品出发，产品是企业的本质核心，也是内容的来源，产品有很多卖点，如包装、材质、功效、品牌、价格、使用方法、注意事项、日常生活中的用处和一些相关案例等，都可以作为内容。

其次，产品周边也是进行内容推送的重点。

最后，结合热点。热点是大众都喜欢跟风追随的，产品内容能够结合热点，会使企业的品牌、广告更快速地被用户接受并传播，因此，需要多多关注网络，当热点出现时及时抓住。如果热点出现时没有及时抓住，随后在撰写内容时就要更加深入，添加更全面的图片，进行创意排版，给用户呈现出精心准备的、有质量的文章，用户就会对企业公众号产生好感，以后有新的热点出现时，用户就会想到到企业的公众号上看看企业的观点。同时要注意，有的热点看着不太相关，深挖一下是能发现与之相关的元素的，企业可以让产品发散多种元素，当元素有相重合的地方时，就可以做热点营销。

**2）活动营销**

活动营销是企业通过参加重大的社会活动或整合有效的资源策划大型活动来提高企业及其品牌知名度、美誉度和影响力，促进产品销售的一种营销方式。在做活动营销时需要注意以下几点：

（1）活动形式：多多关注一下各行各业的 QQ、微信中的活动，当看到好的活动就记下来，作为自己的活动备选方案，从中总结出适合自己的创意活动，并进行创意性的改变。

（2）活动诱惑：做内容用情感驱动，做活动要用利益驱动，尽最大可能促进用户转发、分享，要抓住用户的"痛点"，企业的产品受众是哪些人，他们最关心什么利益，一定要做好分析。

（3）活动流程：活动规则一定要越简单越好，用户注重时间效益，如果活动能让用户方便操作，快速完成，则传播效果会更好。

（4）活动频次：活动虽然是吸粉引流、提高转化率的好方法，但是也不能每天都做，需要掌握频次。一般情况下，在企业人力、物力充足的情况下，每月可以做一次活动，例如服务号可以每次推送文章时都带上一些活动，给用户带来新鲜感和期待感。

**3）推广引流**

最快捷的引流就是付费推广和活动引流。现在各种媒体平台蓬勃发展，受众面非常广，企业可以利用多个媒体平台去引流。传统的平台有豆瓣、知乎、百度贴吧、微博、QQ群、爱奇艺、优酷等，新兴的平台有搜狐号、大鱼号、头条号、百家号、一点号、企鹅号、网易号、抖音、快手、微视、秒拍等，它们都带有巨大流量，所以企业不要局限在微信上，全面开花，才能得到更好的推广效果。

**4）用户互动**

企业和用户进行互动，有助于巩固老用户，发展新用户，增强粉丝黏性。在做用户互动时要抓住以下几个要点：

（1）清楚企业的用户定位。了解用户画像，即用户喜欢什么，不喜欢什么。

（2）学会引导用户。比如发起一个互动话题、一个投票、一个小活动等，都可以让用户和企业产生互动。

（3）融入用户。企业可以将一部分老用户聚集起来，创建一个群组，及时得到用户的反馈意见，了解用户真正想要的是什么。

（4）用户变现。企业所做的一切都是为了使用户变现，或者宣传推广自身产品，所以企业和用户互动的时候，可以适当发送奖励让用户为企业做宣传推广。

此外，微信商城也是企业进行营销的一个有效方式。无论是利用微信本身的功能，还是利用第三方应用，在微信中开店，已经变得简单方便，微信商城日益成为企业的一个直营渠道。它的优势在于其直接嵌入人们最常使用的微信平台中，被人们打开的概率更高，且微信商城中的商品信息很容易在微信朋友圈或微信群中分享，并且发起的团购活动也可以促进商品的营销。

### 9.4.2　机构媒体微信的运营

媒体应该利用微信公众号向受众提供高纯度、高营养的信息。首先，要把微信公众号作为媒体平台信息提纯的平台，是一天当中最有价值的信息汇集渠道。另外，由于微信容量相对较大，字数和版面的限制较小，所以一些深度报道也适合通过公众号进行传播。当然，媒体利用公众号发布信息时，需要创新的展现方式，以适应更快捷、更碎片化的阅读。

媒体通常以整个媒体机构或某个部门的名义来设置公众号，但某些时候，将媒体人的个人品牌与相关内容作为特色加以突出，会使公众号显得更为个性化，也可以充分利用名人的号召力。

媒体公众号经过认证，就有了"自定义菜单"的功能。自定义菜单指的是在订阅号的页面底部长期存在的功能项。它可以是常设性的互动功能，也可以是公众号的固定栏目。媒体在进行栏目设置时，可以延续传统媒体的优质栏目，发挥优质栏目的作用，巩固既有受众群体，也可以设置全新的栏目，扩大潜在受众群。因为公众号空间有限，所以栏目设置不宜过多。此外，为了不影响公众号的排版，栏目名称要简洁，避免太长的栏目名称。此外，还可以将媒体最重要的资源通过菜单提供给用户，以便用户随时查阅。媒体的一些其他资源和服务功能也可以在菜单中提供入口。媒体还可以通过开通公众号的留言板功能，与受众交流互动。

### 9.4.3　政务微信的运营

当前，政务微信成为越来越多的政府机构采用的宣传方式。政务微信通常有两种形式：订阅号和服务号。政务微信中的公众号是政府发布政务信息的重要窗口，百姓可以通过订阅公众号来获取与切身利益相关的信息，了解政府部门的最新进展及相关工作。政务微信中的服务号则致力于满足移动状态下公众更丰富的实时服务需求。

从信息发布的角度看，政务微信更多的是充当权威信息发布平台的角色，政务信息主要应该集中于机构本身最权威的信息资源发布上。政务微信的日常信息推送，既要保证信息的权威性与服务性，又要以微信用户所能接受的形式展现给受众。

从服务的角度来看，政务微信中的服务是个性化的一对一服务，是便民利民的"办事窗口"，这不仅需要政府的创新思维，创新对新媒体的利用，也需要政府切实提高服务能力。

## 9.5　移动客户端的运营

移动客户端运营的涉及面比较广，这里从产品运营、用户运营、内容运营、渠道运营等层面进行简要介绍。

### 9.5.1　产品运营

产品运营是整个运营工作的根本，是不可忽视的重要部分。广义上，一切能促进产品优化的工作都叫产品运营。狭义上，调查分析用户的需求，并反馈给迭代产品的人，就是产品运营。产品运营围绕着"产品"和"用户"做文章，根据用户的需求去不断完善产品，来达到更多人使用产品的目的。产品运营以用户体验为主，最终目的是优化用户体验。

那么产品运营要做什么呢?

（1）在产品研发期即产品上线前，产品运营首先要搞清楚产品定位以及目标用户。清晰的产品定位和目标用户定位是运营推广的基石。

（2）在产品种子期即产品内测期，产品运营的主要目的在于收集用户数据和问题反馈，与产品策划一起分析讨论，进行产品的优化升级。内测即内部测试，是指移动客户端的小范围测试，在内测阶段，移动客户端公司邀请一部分用户对移动客户端进行多方面测试，以确保移动客户端在公测时能顺利运行。

（3）在产品成长期即产品的爆发期，此时产品的用户数量大幅度提升，就需要对产品进行活动策划来实现新一轮的目标。通过优化营销渠道，策划营销文案，加大营销推广的力度，快速获得新一批客户。

（4）在产品成熟期和稳定期，产品运营要做好产品策划和用户之间的桥梁作用，着重关注产品小版本的迭代更新和优化。版本迭代，就是在现有产品的基础上，按照一定步骤，对产品进行更新的过程，每一次迭代都是为了让产品变得更加有用，变得越来越被用户依赖。

（5）在产品衰退期，用户流失严重，用户数量减少、活跃度下降，对营收的贡献也急剧下降，此时需要逐步减少对产品的扶持力度，加快推出新的产品。

### 9.5.2 用户运营

用户运营以用户为中心，遵循用户的需求设置运营活动，制定运营战略和运营目标，严格管控实施过程与结果，以达到预期设置的目标与任务。通俗来说，用户运营就是对用户进行维护，根据用户使用产品的情况，对产品进行优化升级，调整推广策略，达到扩大用户数、提高用户的留存、提升用户的活跃度的目的，归根结底就是要跟用户打好交道。

**1）进行用户运营的基础**

（1）充分掌握用户特征，如性别、年龄、集中区域、受教育程度、兴趣点等。对用户的分析决定运营人员采用何种运营策略、使用何种运营工具、发布哪些运营活动和内容。

对于用户特征与产品的联系，各类型移动客户端都不尽相同，电子商务类考虑购物习惯、消费预算等；交友类考虑是否单身、择偶标准等；游戏类考虑是否喜欢3D游戏、是否有同类型游戏经验，以及对用户使用场景的考虑等。

（2）了解用户规模的增长或缩小情况，对用户进行适当的分级，了解产品处于什么样的时期，用户处于什么样的时期，才能找到对用户进行运营的目标所在，从而选择合适的运营方式。

（3）掌握用户行为，通过对用户行为数据的分析，了解用户为什么来、为什么走、为什么活跃、为什么留存，然后对新用户的增长、已有用户的活跃和留存、活跃用户的促付费、流失用户的挽回做出对应的措施。

**2）用户运营的核心工作**

用户运营的核心工作包含开源、节流、维持与刺激四个方面。

（1）开源是指拉动新用户，扩大用户规模，重点是用户注册数的提升。用户规模的扩大一方面要选择正确的注册渠道和方式；另一方面要提升注册转换率，注册转换率是将新闻、广告等媒介吸引来的用户转换成注册用户的比率。

注册转换率可以通过账号共享的方式提升，将移动客户端的注册方式改为手机号、邮箱账号联合登录，不但可以廉价地获取用户，还更加容易使用户转发扩散。提升注册转换率还需要做好注册以及注册后的引导流程，图文并茂地引导用户从哪里开始、怎么玩，展现核心功能和核心玩法。

（2）节流是指保持现有的用户规模，防止用户流失和进行流失用户的挽回。节流包括定义流失的标准、建立流失预警机制和对已流失用户进行挽回。定义流失的标准就是确定用户多久未登录算作流失。流失预警机制建立在用户行为数据分析的基础上，找出流失用户共同的行为特征和属性特征，调整产品的运营方式。流失用户的挽回是通过各种渠道向用户推送信息，并且在挽回后对用户加强引导和关怀，告诉用户移动客户端的新功能和新改进。

（3）维持是指已有用户的留存。当用户流失维持在了一定的量，不能威胁产品的运营时，企业接下来的动作就是维持。其实这一点与节流有点类似，但是工作内容更加具体和细致。

维持已有用户的留存，存在着三个关键点：

①利用推送设置，提高留存率。此时可以给用户一个允许推送的理由，一个人做某件事情都是需要动机的，用户接受产品的推送信息也是需要动机和理由的，所以在希望用户授予推送权限时，一定要给用户一个清晰的理由。

例如，用户在第一次打开滴滴出行时，弹出窗口假如提示"是否允许移动客户端为你推送消息？"这个时候的通过率一般不高。但如果换一个场景，当用户第一次打开滴滴出行时，移动客户端提示"允许弹出窗口可以让你在退出移动客户端后依然收到司机的接单信息"，此时通过率就较高。

②确保推送时间个性化。大部分产品都会设置合理的推送时间，比如在中午 12 点、下午 6 点左右推送可以获得较高的关注度和打开率。但不是所有用户都需要在这个时间段推送，推送时间的确定需要各移动客户端根据自己的产品性质、用户特征以及推送消息的具体内容来选择，这样才能提高产品的打开率。

③满足用户的潜在需求。用户的潜在需求是用户对某种产品或服务有着还没有呈现出来的明确欲望，一旦条件成熟，这个需求就会显现出来。企业需要时刻关注用户的潜在需求，进而采取行之有效的开发措施。微信的成功就在于它满足了用户的潜在需求，对于即时聊天这个需求，QQ 在这一点上就已经做得非常出色。但是 QQ 更偏重 PC 端的功能，用户移动端的潜在需求还没有得到满足。即时聊天最初依靠的是打字，但打字速度过慢影响了聊天的体验感，此时用户希望有一种不用打字就能沟通的方式，就像打电话一样。微信灵敏地捕捉到了这个需求，开发出语音和视频功能。

（4）刺激即促进用户活跃进一步向付费转化。促进活跃主要是指提升用户使用产品的频次，需要从产品、内容和活动三个方面来展开工作。

①产品：提高产品的丰富性和吸引力来提升产品体验，移动客户端的功能和页面设计要充分考虑用户体验，也可以采用登录打卡领积分、会员成长得勋章和累积积分兑换奖品等方式增加用户黏性。图 9-6 为支付宝会员登录领取积分以及做任务领取积分以获得优惠。

图9-6 支付宝会员登录、做任务领取积分

②内容：内容是基于产品的内容运营，如营销类网站会定期推荐热品上下架和专题促销，如图9-7"京东"的热品上下架展示。

行业垂直类的互联网网站，以电商网站为典型代表，则会有相应的社区存在，每期都有对应的内容话题推荐及引导，用户之间的关系就像一个社区，会产生不可思议的粉丝效应，如图9-8所展示的淘宝"微淘"界面。

③活动：可以采用网站拉新的活动，通过品牌和渠道的推广来引流，增加网站访问量和用户量；或是做网站的营销活动，通过新品上线和多样产品的促销提升活跃度；或是做用户运营活动，通过行之有效的SNS营销，发挥老用户的口碑力量带来更多新用户，如微博、微信等的社群里的小活动。

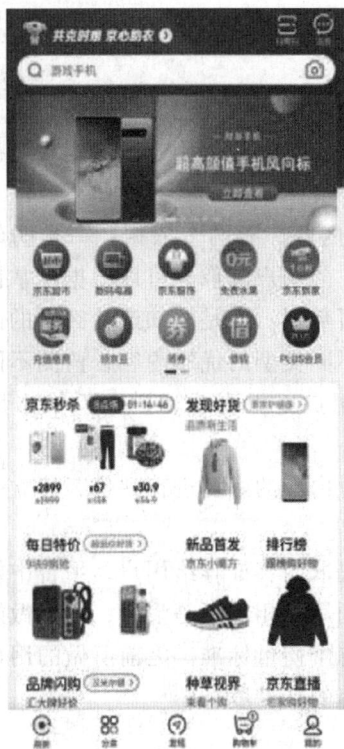

图9-7　京东的热品上下架

图9-8　淘宝"微淘"

转付费主要是核心用户的需求。用户运营就是通过一系列的行为让未付费的活跃用户付费，让已经付费了的对产品有极高依赖的用户持续付费。如电商类移动客户端，通过移动客户端应用内的活动、优惠刺激消费者。比如天猫双11时的准点抢购、秒杀、限时抢，实时显示商品数量和抢购人数的变化，制造一种紧张迫切的氛围，催促抢到商品的用户马上完成付款。另外，也可以通过发放商品优惠券、优惠券红包、限时满减等，刺激那些举棋不定的用户因为商品的优惠而最终产生付费行为，图9-9为"天猫双11限时抢"界面。

图9-9　"天猫双11限时抢"界面

游戏类移动客户端的付费转化就是玩家付款购买游戏道具，让玩家充分认识到付费购买是获得喜欢的道具最快的渠道。

### 9.5.3　内容运营

内容运营主要的工作是对产品的内容进行策划、编辑、优化、发布等，目的是向用户推出与产品相关的优质内容，让用户发现产品的价值与作用，增加用户对产品的信任度。内容运营的三要素为：

（1）引进内容的要求，即确定引进什么样的内容，有两个依据：一是明确用户群，找准产品的受众群体，寻找用户的典型特征，为用户画像，可以根据已掌握的信息对用户群进行推敲，以及参考一些第三方的分析数据。二是要知道什么样的内容是用户喜欢的，确定内容方向。通过尝试不断推荐不同类型的优质内容，监测不同内容的数据，分析哪些内容受用户欢迎，哪些内容用户不太喜欢，进而反推出用户的喜好。

（2）内容评判的标准，指在找准用户群后，对内容的好坏进行评价，建立一套所有工作人员达成共识的评价机制。

（3）内容推荐的标准，就是如何从内容库中选取内容推荐给用户，平台中好的资源位是非常稀少的，如果资源位没有得到较好的利用就相当于是浪费，所以做好内容的筛选很重要，选择什么样的内容上推荐位也要有个衡量标准。之前所做的用户画像和测试用户喜好都是为了提高日后给用户推荐内容的精准度。

### 9.5.4　渠道运营

渠道运营通俗来说就是通过一切可以利用的资源和流量使产品销售增长的手段，包括免费、付费、换量、人脉积攒、产品的吸引力、圈内人的推荐、策划活动、内容营销、用户口碑等手段都可以是渠道运营的方向。

在运营移动客户端时，我们要学会从运营中找到问题，总结良好经验，做优质渠道，改良产品。对于渠道推广，有以下内容可供参考：

推广的第一步是要上线，这是最基础的，最大范围的覆盖可取得良好的推广效果。移动客户端推广的线上渠道除了各大下载市场、应用商店外，还可以采用运营商如中国移动、中国电信、中国联通的渠道推广，这些运营商的用户基数较大，可以将产品预装到运营商商店。

除线上推广外，线下渠道同样也是渠道推广的关键部分，尤其对年纪较大的用户有着更大的吸引力。但线下的店面多，店员培训复杂，需要制定完善的考核及奖励机制。利用纸质宣传单和各种海报做宣传同样是线下推广的重要一环。

下面重点介绍一下应用商店的推广。

**1）应用商店简介**

应用商店是当今移动客户端推广的关键渠道，在做产品推广的过程中，首先要理解用户触达移动客户端的逻辑。其基本流程是：用户访问应用商店——看到展示位/搜索/分类——仔细浏览产品展示（文案、图片、评论、标签、其他）——下载安装激活。

目前国外的应用商店中苹果的 App Store 和 Google 的 Google Play 远远领先于其他平台，是推广的重点。国内安卓应用市场有着百家争鸣之势，简单地可以划分为三大阵营：百度、阿里巴巴、腾讯公司的百度手机助手、PP 助手、应用宝；手机厂商的应用商店，如小米应用商店、OPPO 应用商店、华为应用商店等；第三方应用，如安智市场、豌豆荚应用商店等。在这些应用商店中，除了流量的大小及渠道用户活跃度不同之外，渠道流量来源不同，渠道用户属性也各不相同。例如，腾讯应用宝依靠的是自身强大的社交平台，用户分布更广，属性也更加丰富；小米应用商店依靠的是小米不同定位手机的出货量，用户更偏向年轻化、多层次。

现在应用市场渠道非常多且各有不同，但本质只有一个，就是位置和展示。加之渠道本身并没有对用户做区分，所以大多移动客户端在应用市场推广的目的都是使产品有更好的曝光展示，获得更好的展示位置。

当然，如果产品品牌度和知名度足够高，应用市场会为产品提供搜索下载的入口，这个时候被动发现就演变成主动搜索发现。

**2）应用商店推广流程**

第一阶段：上线前

（1）应用商店的基础搭建。应用商店的基础搭建就是在产品未上线之前，为上线而做的所有准备工作。以安卓应用商店为例，需要做好以下的准备：与公司、产品相关的资料（营业执照、软件著作权、公司电话号、公司企业邮箱、法人身份证复印件、ICP 备案号等）；与产品上线相关的资料（各个应用商店的账号注册、各个商店渠道包、产品 icon、不同尺寸的产品宣传图制作、与产品功能宣传的相关文案、测试账号、关键词等）；产品推广准备资料（版本管理及大事件记录、上线流程图、各商店活动资源整理、各商店首发规则明细整理、各商店渠道联系人整理等）。

在这些资料中，有一些是用来做应用商店开发者后台账号申请的，有一些是为后期免费推广所做的准备工作。要做好这些准备，可以通过查看每个商店的开发者后台，或通过第三方平台去搜集整理，还可以加入与渠道运营相关的互联网交流群，通过不断交流分享获取一些资源。

（2）制定推广策略。制定推广策略时要结合产品的生命周期来思考每个阶段的策略。制定推广策略主要从以下四个方面入手：

① 确定产品的目标用户。推广时首先要考虑的是该产品的目标人群具有什么属性，哪些渠道用户的属性正好与之相匹配。

② 确定推广预期目标。以目标为导向是策略中必不可少的一部分，在推广初期目标可以是每个月完成多少下载激活安装量，也可以是熟悉每个应用商店的具体使用方法，或梳理商店活动申请流程等。

③ 确定推广方式。应用商店推广方式一般可以划分为免费推广和付费推广这两大类。付费推广可以是直接在应用商店开通广告服务，也可以通过商店的各个代理来获取一些广告资源位。免费推广常见的有首发、活动、专题这三种，这些都可以在应用商店后台申请。

④ 分析渠道数据。分析渠道数据的目的是预估渠道的带量能力以及评估在该渠道的投入成本。这个时候要对不同应用商店做详细的分析。分析的主要依据是用户来源、用户属性两个维度。这些数据和判断一方面来源于生活经验，另一方面可以借助百度指数或各大应用商店的数据报告来判断。

第二阶段：上线中

产品在审核期，需要做好以下几项工作：

（1）竞品分析。对竞争对手产品的分析可以从产品功能和产品推广这两个维度进行。产品功能的分析可以通过下载体验友商产品来实现。产品推广的分析可以借助查阅竞争对手在各个流量渠道的部署情况，以及他们的宣传文案和素材来进行。

（2）合作渠道拓展。要尽可能多地去接触和了解第三方渠道，为接下来做付费推广计划做好准备。

（3）掌握各类统计数据。了解各应用商店日常的下载、激活、注册数据，同时要统计移动客户端在各大商店的分类排名、核心关键词排名等数据，方便后期进行产品优化分析。

第三阶段：上线后

产品上线一段时间后，可以看到每个市场的真实反应。此时需要参考第二阶段获取的各类数据记录，着手准备优化排名，提高下载量。

（1）优化素材。素材的好坏决定了用户到达展示位之后产品的下载转化率，制作素材需要有足够的前期调研，同时也要与设计师进行最充分的沟通，从而使设计图上直观地体现出产品的最主要功能或解决了用户哪些"痛点"问题。

（2）充分利用数据，做好重点突破。各应用商店排名和关键词数据有助于验证优化方式是否有效。数据会帮助我们发现某个市场的带量能力受哪些因素影响，这就方便随后的优化操作的发力点，如增加相应的好评、修改相应的描述文案等。

### 职业工作站

## B2C直销网站运营思路

1.运营目标

拓展网站销售量，打造企业到客户（B2C）直销品牌。

2.运营计划

（1）前期：提升销量和打造品牌知名度。

①通过新社会媒体营销、搜索引擎营销、视频营销等多种整合式在线营销模式快速扩展市场，提升网站访问量，增加网站用户，从而进一步达到扩展网站商品销量的目的。

②借助联盟推广、活动推广、新闻推广、借势推广等多种模式进一步辅助在线推广与拓展市场的作用。

③初步建立网站自己的品牌形象和品牌文化，并且提供相应的优质服务；品牌的

建立由网站本身做起，包括 Logo、客服。树立网站的品牌口号、宣传标语和服务宗旨等。对网站进行一定的符合品牌文化的修改，将品牌变成可记忆、易于传播的符号，如 Logo 等。对客服进行符合网站品牌形象和品牌文化的培训。

从根本上改善网站的服务和界面也是提高点击率、增加网站销量的有效途径。从根本上让用户感觉到网站品牌存在的意义，让网站品牌文化和品牌形象融入网站和项目组的每一个细节中。初步达成口碑效应，为第一阶段的目标。

（2）后期：稳定和扩展品牌权威性。

在完成第一阶段的运营计划之后，网站已初步具备 B2C 网站规模，在稳定和持续进行相应的在线营销推广过程中，则需要考虑如何去拓展网站商品种类，渗透更多的传统行业产品，以进一步拓展网站销售量。

通过第一阶段的运营和数据累积，进行网站数据和市场数据分析，选择适合 B2C 行业的商品种类进行市场拓展。进行市场调研和潜在市场分析，以挖掘潜在市场和商品种类。此时网站品牌建立的基本工作已经完成，需要针对品牌进行对外推广和扩张。

①进行品牌排差：这部分在品牌建设阶段已经完成，现在需要做的是尽量避免与大型企业品牌推广冲突，如当当网、苏宁易购和淘宝天猫等。尽量采取避强和排差策略进行品牌的稳定。

②利用借势和造势进行品牌推广。

③借用网络软文化进行品牌推广。

④进行线下活动或者通过茶话会进行线下品牌拓展。

⑤进一步打造口碑效应，即开拓个人媒体宣传。

第二阶段目标是挖掘出四五个传统行业产品种类，扩大网站商品种类群，借以拓展网站潜在用户群体和有效消费用户。建立自己的市场调研渠道和市场分析体制。初步推广网站品牌，打造一定的品牌知名度，并且要在一定程度上得到用户的认可。

总结：第一阶段主要以网站活跃用户和网站商品销量为主，品牌建设为辅。第二阶段主要以品牌宣传和推广为重点，行业市场挖掘为辅，同时持续网站推广和用户拓展。

接下来就应该进行用户行为分析、追踪和网站黏性提升：

（1）用户行为分析。

如何知道用户在网站做了些什么？重点浏览了哪些页面或者商品？哪些商品被关注次数最多？用户从哪个页面离开？为什么离开？

这些数据对整个网站的发展起着至关重要的作用，甚至可以这样讲，如果在线营销是网站发展中的"利剑"的话，那么对网站数据的分析则是人的听觉和视觉。聆听用户的需求，观察用户的行为，这就需要用到网站统计系统和分析体系。

建立一个网站的统计和分析体制，分析用户于哪个阶段购买和咨询较为集中，从而合理地安排客服人员；节日期间用户购买率是否会增加，从而适当增加适合于各节日礼物的商品。

（2）用户追踪。

一个买家一次浏览了某一网站，是否还会有第二次、第三次、第四次？如何让网站的买家在第一次产生过购买行为之后，还会有第二次、第三次；除了口碑和网站良好的服务、商品价格等原因之外，是否还会有其他原因呢？这就需要考虑对用户进行回访和追踪。

在网站不断发展和进步的过程中，累积用户资料，分析用户意图，并且建立网站用户资料库。客户追踪、回访方式有如下几种：

①提示、推荐和节日温馨祝福等模式。

②制定阶段性购物海报并且进行推荐。

③进行有偿、有计划和有目的的用户回访计划。

网站黏性和亲和度也是一个网站是否能留住用户、用户回访率和口碑效应提升的关键。增强网站黏性通常有以下四种做法：

①提高网站用户体验：将商品信息娱乐化和互动化。

②在后期推出资料站，以供用户进行信息索引和信息比对。

③提升细节服务，提供让用户舒服的服务。

④增强网站细节修改，知道用户在什么地方需要用到什么，想要点击什么。或者说用户访问到哪个页面的时候需要进行在线咨询，用户访问到哪个页面的时候需要商品信息，等等。

（3）剩余部分。

网站运营管理人员还需要对以下信息进行采集分析，比如热点商品分析、行业趋势监控、用户需求分析和数据统计、网站改版、界面设计及网站搜索引擎营销拓展等。

资料来源：佚名. B2C直销网站运营思路 [EB/OL]. [2008-09-06]. https://www.chinaz.com/web/2008/0906/37249.shtml.

**▬ 本章小结 ➡**

本章主要对互联网的运营技巧进行了介绍。首先对运营进行了细致的讲解，包括运营的分类、特点，以及对互联网环境下编辑和运营的关系做了总结。其次，本章重点对网站、微博和微信以及移动客户端的运营进行讲解。对网站运营进行讲解时，要了解网站运营管理的内容，掌握网站运营管理的6S理论，并对网站运营中存在的问题有所认识；对微博和微信的运营进行讲解时，要在了解微博、微信具体属性和优势的基础上，学习如何对不同定位的微博、微信进行运营，掌握具体的运营策略；对移动客户端进行讲解时，要了解移动客户端运营的发展历史，对产品运营、用户运营、内容运营、活动运营、渠道运营的技巧有所掌握。只有对这些运营策略认真了解和学习，才能有效应对互联网环境的变化。

## 主要概念和观念

□ 主要概念

运营　互联网运营

□ 主要观念

运营的分类　互联网运营的特点　编辑与运营的关系

## 基本训练

□ 知识题

▲ 简答题

1. 网站运营管理的 6S 理论是什么？

2. 企业进行微博运营的策略有哪些？

3. 媒体进行微信公众号运营的策略有哪些？

4. 移动客户端的产品运营技巧有什么？

□ 技能题

▲ 单项操作训练

1. 找出一个运用 6S 理论管理运营的网站；

2. 在微博上找出一个开通 #××××× # 话题与粉丝进行互动的企业；

3. 看一看京东在微信公众号中采用什么运营方式吸引用户。

▲ 综合操作训练

1. 分析聚美优品如何利用微信公众号进行运营。

2. 为一个以服务为主的移动客户端提供日常的运营策略。

## 综合应用

□ 案例题

网易云音乐在 2017 年频频刷爆朋友圈，风生水起，而让网易云音乐最初走向大众视野、最典型的营销案例是地铁里的那道风。2017 年 3 月 20 日，网易云音乐和杭港地铁合作发起了一个快闪营销图——《看见音乐的力量》（如图 9-10 和图 9-11 所示），把网易云音乐用户的音乐评论搬到了地铁站。一段段来自网易云音乐评论中的扎心文案被贴在地铁内、地铁车站内，震动、触发那一个个掩藏在人们身体内的真情开关。5 000 条走心评论，在人流量最大的地铁里，用音乐这座桥承载着人们的七情六欲，网易云音乐一时间霸屏全网络，大有"十年文案老司机，不如网易评论区"的意味。在地铁里，还有芝麻信用的长文案，再次利用庞大流量的地铁、戳人心窝的文字成功实现刷屏后品牌效应大大提升的效果。

图9-10　看见音乐的力量（1）

图9-11　看见音乐的力量（2）

资料来源　A5安然. 盘点2017年那些成功与失败 却都火爆朋友圈的经典营销案例［EB/OL］.
［2018-01-08］. https：//www.admin5.com/article/20180108/815211.shtml.

问题：（1）从移动客户端运营角度来分析网易云音乐的创意营销活动。

（2）网易云音乐还可以如何在微博平台进行运营来吸引用户。

□ 实训题

（1）假设你为某电商平台运营微博，你将如何开展运营活动吸引用户购买商品？

（2）若你设计出一款为大学生提供校园资讯的 App，你将如何运营来吸引大学生
注册使用？

□ 讨论题

在手机日益普及的今天，几乎大部分企业、媒体都会在运行自身网站的基础上，
运行各自的微博、微信平台和手机客户端。不难发现，越来越多的用户将目光转向手
机而减少对网站的浏览，那么对网站的运营是否还有必要？如何协调手机端运营（包
括微博、微信平台和客户端）及网站运营之间的关系？

# 主要参考文献

一、图书

[1] 李良荣. 新闻学概论 [M]. 7版. 上海：复旦大学出版社，2021.

[2] 彭兰. 网络传播概论 [M]. 4版. 北京：中国人民大学出版社，2017.

[3] 彭兰. 社会化媒体：理论与实践解析 [M]. 北京：中国人民大学出版社，2015.

[4] 万融. 商品学概论 [M]. 6版. 北京：中国人民大学出版社，2016.

[5] 刘红军. 信息管理概论 [M]. 3版. 北京：科学出版社，2016.

[6] 张青山，马军，徐伟，等. 现代运营管理方法 [M]. 北京：电子工业出版社，2015.

[7] 陈鄂，金鑫. 新媒体运营 [M]. 重庆：西南师范大学出版社，2019.

[8] 詹新惠. 网络与新媒体编辑运营实务 [M]. 北京：中国传媒大学出版社，2019.

[9] 廖为民，赵民. 互联网媒体与网络新闻业务 [M]. 上海：复旦大学出版社，2001.

[10] 马玥. 新媒体编辑 [M]. 上海：上海交通大学出版社，2019.

[11] 何苏六，等. 网络媒体的策划与编辑 [M]. 北京：北京广播学院出版社，2001.

[12] 巴克斯特 K，卡里奇 C，凯恩 K.用户至上：用户研究方法与实践 [M]. 北京：机械工业出版社，2017.

[13] 任悦，曾璜. 图片编辑手册 [M]. 4版. 北京：中国摄影出版社，2015.

[14] 匡文波. 网络传播技术 [M]. 北京：高等教育出版社，2006.

[15] 邓炘炘. 网络新闻编辑 [M]. 3版. 北京：中国广播影视出版社，2019.

[16] 刘一丁. 中国新闻漫画 [M]. 北京：中国青年出版社，2004.

二、期刊

[1] 潘蕾. 我国网络综艺节目现状探析 [J]. 新媒体研究，2020（13）：5.

[2] 童云，李雨琪，张启锐. 网络音频直播的特征与商业模式 [J]. 现代视听，2019（11）：17–21.

[3] 李紫丹，周伟兰，刘晓红，等. APP应用现状、挑战与展望 [J]. 软件导刊，2017（4）：3.

[4] 王薇. 基于用户至上界面设计原则的问题及解决办法 [J]. 电子世界，

2020（4）：2.

[5] 房景丽. 新媒体时代 UI 界面设计应用与发展研究 [J]. 北京印刷学院学报，2019，27（12）：30-32.

[6] 邓志慧. 网络编辑如何做好专题策划的"灵魂"和"骨架"[J]. 新闻与写作，2010（6）.

[7] 喻国明，马慧. 互联网时代的新权力范式："关系赋权"——"连接一切"场景下的社会关系的重组与权力格局的变迁 [J]. 国际新闻界，2016（10）.

[8] 陈力丹. 试看传播媒介如何影响社会结构——从古登堡到"第五媒体"[J]. 国际新闻界，2004（6）.

[9] 喻国明，侯伟鹏，程雪梅. 个性化新闻推送对新闻业务链的重塑 [J]. 新闻记者，2017（3）：9-13.

[10] 陆霞，庄小将. 基于消费者满意度的 B2C 网店营销策略分析 [J]. 商业时代，2010（29）：35-36.

[11] 王晓微. 浅析垂直细分电子商务平台的运行模式——以聚美优品为例 [J]. 中国商贸，2011（22）：18.

[12] 龚敏，刘广丹，赵越. 淘宝网消费者购买决策的影响因素分析 [J]. 市场周刊，2016（8）：80-82.

[13] 刘娟. 从节日仪式文化营销——传播的仪式视角下的天猫"双十一"狂欢购物节营销 [J]. 广告大观，2013（2）：84-90.

[14] 李华. 网店名称的语言调查及社会文化分析 [J]. 文史哲，2001（3）：103-106.

[15] 张美娟，刘芳明. 数媒时代的内容营销研究 [J]. 出版科学，2017（2）：8-13.

[16] 张梅芳，朱春阳. 由支配主宰者到网络核心者——腾讯商业生态系统的角色演进 [J]. 编辑之友，2018（8）：56-60.

[17] 秦福贵. 理解受众：传媒渠道过剩时代的制胜法宝——论受众研究在媒介经营中的重要性 [J]. 东南传播，2006（1）.

[18] 姜红. 媒介的核心受众定位 [J]. 新闻爱好者，2003（11）：16-17.

[19] 高世屹，颜彦. 论媒介定位的构成 [J]. 当代传播，2002（3）.

[20] 高世屹，颜彦. 论媒介定位 [J]. 青年记者，2002（4）.

[21] 蔡雯. 谈新闻媒介的受众定位与功能定位 [J]. 中国报业，2002（3）.

[22] 李玉海，唐世军. 电子商务网站评价 [J]. 图书馆理论与实践，2006（1）.

[23] 梁青. 淘宝网：以娱乐营销突围 [J]. 网络传播，2006（7）：60-61.

[24] 宋振军. 涉及图片造假的鉴定 [J]. 辽宁大学学报（自然科学版），2009，36（2）：189-192.

三、电子文献

[1] 澎湃新闻精选. 互动连环画｜天渠：遵义老村支书黄大发36年引水修渠记

［EB/OL］．［2017-04-23］．https：//www.sohu.com/a/136000262_617374.

　　［2］佚名．什么是流媒体技术？［EB/OL］．［2019-04-12］．https：//zhidao.baidu.com/question/281826131.html.

　　［3］艾瑞咨询研究院．2018年中国网络音频行业研究报告［EB/OL］．［2018-12-20］．http：//report.iresearch.cn/report_pdf.aspx？id=3308.

　　［4］央广网．有声读物市场的消费者诉求和产品供应［EB/OL］．［2020-01-15］．https：//baijiahao.baidu.com/s？id=1654875661596228521&wfr=spider&for=pc.

　　［5］智研咨询．2020年中国有声书市场规模、数字化阅读及行业年龄占比分析：数字化媒体带动行业市场持续增长［EB/OL］．［2021-01-28］．https：//www.chyxx.com/industry/202101/927138.html.

　　［6］观研天下．2019年中国网络视频行业分析报告-行业深度调研与发展趋势预测［EB/OL］．［2019-04-18］．http：//baogao.chinabaogao.com/zixun/414644414644.html.

　　［7］刘新月．电商直播经济新业态助力脱贫攻坚［EB/OL］．［2020-08-04］．https：//www.fx361.com/page/2020/0804/6922111.shtml.

　　［8］专门网．我们每天都在打开App，但你知道它是什么意思吗？［EB/OL］．［2020-09-22］．https：//baijiahao.baidu.com/s？id=1678520442719370064&wfr=spider&for=pc.

　　［9］佚名．《中国互联网发展报告2018》发布：网民数量达7.72亿［EB/OL］．［2018-07-23］．https：//baijiahao.baidu.com/s？id=1605850936000370285&wfr=spider&for=pc.

　　［10］中国互联网络信息中心．CNNIC：2019年第43次中国互联网络发展状况统计报告［EB/OL］．［2019-02-28］．http：//www.199it.com/archives/839540.html.

　　［11］人人都是产品经理．掌握这五步，你也能做好一个运营活动［EB/OL］．［2020-04-14］．https：//baijiahao.baidu.com/s？id=1663876546924631585&wfr=spider&for=pc.

　　［12］人人都是产品经理．究竟该如何做好移动设计［EB/OL］．［2014-06-24］．http：//www.woshipm.com/discuss/90863.html.

　　［13］学UI网．界面布局|移动端常见8种界面布局的分析与运用［EB/OL］．［2020-05-11］．https：//www.xueui.cn/experience/app-experience/common-interface-layout-of-mobile-terminal.html.

　　［14］佚名．微博2019年第　季度财报［EB/OL］．［2019-05-23］．http：//stockpage.10jqka.com.cn/WB/finance/？source=baidu.

　　［15］佚名．腾讯2019年第一季度财报［EB/OL］．［2019-05-13］．http：//stockpage.10jqka.com.cn/HK0700/finance/？source=baidu.

　　［16］中国互联网络信息中心．CNNIC发布第47次《中国互联网络发展状况统计报告》［EB/OL］．［2021-02-03］．http：//cnnic.cn/gywm/xwzx/rdxw/20172017_7084/202102/t20210203_71364.htm.

　　［17］百度百科．慕课网［EB/OL］．［2021-02-05］．https：//baike.baidu.com/

item/%E6%85%95%E8%AF%BE%E7%BD%91/12978360? fr=aladdin.

[18] poco.摄影新手在后期修图中最易犯的8个错误 [EB/OL]. [2021-12-12]. https：//academy.fengniao.com/400/4007790_all.html.

[19] 道可特法视界. 有图有真相 | 什么情况下会造成网络图片侵权？如何避免 "雷区"？[EB/OL]. [2018-08-31]. https：//www.sohu.com/a/251224170_528351.

[20] CHERRIES.信息可视化图表设计指南！[EB/OL]. [2015-05-24]. https：// mp.weixin.qq.com/s/ksl5W_9vns1dDxitJyKr4A？.

# 后 记

寒来暑往，在《网络编辑》第四版出版之际，距离《网络编辑》第一版出版已经走过了15个年头。自2020年起，新冠肺炎疫情的暴发给国民经济造成了巨大损失，同时也将数字经济推向了一个新高度，电商、在线教育等行业的逆势增长给《网络编辑》书稿的修订工作提供了新的思路。随着互联网技术的飞速发展与进步，编辑的角色也更加多元化，尤其是进行网络编辑时需要以更为灵活、有创意以及贴近大众的方式，创作出符合当前多元化互联网格局的内容。

在本书修订的过程中，编者始终紧扣发展视角，从读者的需求出发，立足于编辑工作的实际，着眼于时代发展变化，在吸收保留了前三版基础内容的同时，删减了已经过时的相关编辑知识与业务技巧，增添了新兴的、具备互联网发展特色的内容，希望为读者以及相关专业学生提供当前网络编辑工作核心、全面、实用的技巧与方法。经过一年多的努力，从初步修改到成稿，本书第四版最终呈现在各位读者面前。

本书由西北大学新媒体研究院执行院长韩隽担任主编并统稿，西安石油大学吴晓辉副教授、渭南师范学院梁利伟副教授担任副主编。在《网络编辑》第四版多轮框架研讨、资料搜集和初稿编撰工作中还增加了雄厚的新生力量——巨高飞、白鑫、陈婧、谢心雨、尹培泽、赵薇莎、龚庭怡、严天同，他们对新媒体实务更有切身感受，知识结构更新、更多元。可以说，这本历经了15年四轮编撰与修订的《网络编辑》见证了两位副主编从青年学生专业课骨干教师到青年学者的进步历程，也同时伴随着几位同学从学校走入社会，成为专业人才，还接受了来自实践一线的一些意见和建议。具体统筹、撰写、修改等分工如下：第1、2章由梁利伟老师统筹负责；第3、4、5、6章由吴晓辉老师统筹负责；第7、8、9章由韩隽老师统筹负责。第1章初稿由梁利伟初撰；第2章和第5章初稿由陈婧完成；第3章、第7章和第9章初稿由谢心雨完成；第4章初稿由白鑫完成；第6章和第8章初稿由尹培泽完成。初稿校对和后几轮修改中，巨高飞助理研究员协助三位主编、副主编做了大量的组织、协调、校对和修改工作。第7、8、9章移动新媒体内容部分完成后，还特别约请有着国外留学背景，同时具备国内头部互联网企业网络编辑和运营经验的赵薇莎、龚庭怡、严天同三位青年学人参与研讨，补充了最新的电子商务案例和实战内容。

在此，再一次向认真参与本书历次编写修订的各位老师和历届博士生、硕士生致敬，向一直支持教材编写的西北大学新闻传播学院各位同仁表示感谢。此外，还要感谢本书各版次责任编辑，没有你们的认真负责的编辑校对，本书不可能得以顺利再版，书稿一次次付梓，留下的便是编辑和作者之间浓浓的人生情谊。

　　希望本书能够为网络编辑工作者们提供学习交流的平台，让大家在互联网大发展大变革的环境之下不断突破、守正创新。另外，在实际编写过程中难免出现案例、数据收集不完整、不充分等情况，请读者朋友们多加包涵，欢迎大家对本书提出宝贵建议。

编　者

2021 年 12 月 12 日于西安